魅力课程

周清华 编著　　曾军良 主审

科学技术文献出版社
SCIENTIFIC AND TECHNICAL DOCUMENTATION PRESS

·北京·

图书在版编目（CIP）数据

魅力课程/周清华编著 —北京：科学技术文献出版社，2022.7
ISBN 978-7-5189-9160-0

Ⅰ.①魅… Ⅱ.①周… Ⅲ.①课程设置—教学改革—研究 Ⅳ.① G423.02

中国版本图书馆 CIP 数据核字（2022）第 077542 号

魅力课程

策划编辑：孔荣华　　责任编辑：吕海茹　　责任校对：张 微　　责任出版：张志平

出　版　者	科学技术文献出版社	
地　　　址	北京市复兴路15号　邮编　100038	
编　务　部	（010）58882938，58882087（传真）	
发　行　部	（010）58882905，58882868	
邮　购　部	（010）58882873	
官 方 网 址	www.stdp.com.cn	
发　行　者	科学技术文献出版社发行　全国各地新华书店经销	
印　刷　者	北京虎彩文化传播有限公司	
版　　　次	2022年7月第1版　2022年7月第1次印刷	
开　　　本	710×1000　1/16	
字　　　数	399千	
印　　　张	22	
书　　　号	ISBN 978-7-5189-9160-0	
定　　　价	88.00元	

版权所有　违法必究

购买本社图书，凡字迹不清、缺页、倒页、脱页者，本社发行部负责调换

前言
PREFACE

当今教育已进入 3.0 时代，课程是学校教育工作的核心，是提升学校品质最重要的载体，学校课程变革亦呈现 3.0 层次，3.0 层次课程发展是以多维联动课程体系为标志，将课程、教材、教学、科研、评价、管理以及师生发展融为一体，这是文化建构与创新层次的课程变革，是对学校"立德树人"的呼唤。

聚焦整体育人，培养时代新人。百年名校——北京实验学校（原名香山慈幼院），由著名平民教育家熊希龄先生创办于北京市香山静宜园，实施慈善教育和平民教育，开创了中国近代教育的先河，现为北京市海淀区唯一的一所集幼儿园、小学、初中、高中于一体的十五年一体化公立示范学校、北京市幼小初高十五年一体化基础教育综合改革实验学校，并与（北京市）平谷校区、（河北省）三河校区、（北京市）顺义校区、（甘肃省）临夏校区等一同组建了北实魅力教育集团。近十年来，北京实验学校全面贯彻党的十八大、十九大精神，以教育全球化的视野，以"魅力教育"为特色，高效推进75项教育综合改革，其中有48项获得全国、市、区一等奖，学校发展为"海淀区新品牌学校""海淀区教育科研先进学校""北京市基础教育课程建设先进单位""北京市教育科研先进学校""全国科研兴校先进单位""国家基础教育课程教材改革实验单位"，这充分彰显了北京实验学校课程科研的优势，也为学校研发、实施与创新魅力课程奠定了坚实的基础。

2011年6月以来，曾军良校长先后出版了《曾军良与魅力教育》《爱与智慧的教育》《高效学习方略》《魅力教育的激情与幸福》《魅力教育　义无反顾》《魅力教育向未来》《魅力课堂》等一系列魅力教育专著，全面、系统、创造性地论述了魅力教育思想。学校成立"课程委员会",后更名为"学术委员会",不断提升干部、教师的课程领导力、研发力、执行力以及传播力,"北实人"不断从课堂教学走向课程育人,从学科教学走向学科育人。学校全面落实国家、市、区有关课程改革与建设的文件精神,以培养具有"北实精神、中国灵魂、国际视野"的"魅力人"为目标,基于国家课程标准,整合国家课程、地方课程与校本课程,构建"十五年一体化融通课程体系",建立幼儿园、小学、初中、高中课程衔接机制,探索"直通车"育人模式,使课程更加满足学生发展的需求,不断提高学生的核心素养与综合能力,推进课程"整体育人",使学生人人成才,尽展其才,从而实现全科育人、全程育人、全员育人和实践育人,为孩子的幸福成长与终身发展奠基。

课程纵横包容,结构立体融通。为探索十五年一体化创新人才培养模式,学校构建了既能实现幼小初高四个学段无缝链接,又能促进各学科知识整体融合的立体融通课程体系,包括构建横向融通课程、纵向融通课程、立体融通课程,以实现课程知识的广度包容与课程深度的纵向贯通。从熊希龄院长的"慈善教育"到曾军良校长的"魅力教育",学校历史文化是难得的课程资源;从幼儿园的游戏课程、小学的活动课程、初中的实践课程到高中的实验课程,已形成年龄进阶的贯通课程;幼小初高在阅读、优秀传统文化、艺术、体育、科技等方面都已经实现贯通培养;相邻学段之间的衔接课程成为学校的品牌课程;德育课程、四季课程、研学课程等都已形成融通系列;整体研发了四个学段衔接的"入境课程"和"引桥课程",实现幼小、小初、初高有机衔接,整编幼、小学科,小、初学科与初、高学科(融通)课程,促进了学生、教师、学校的可持续发展。

百年阳光雨露,创新特色发展。作为百年名校,学校十五年一体魅力课程体系,有利于学生的整体成长,得到各级领导、家长与社会的高度肯定,"我非常喜欢学校的课程和活动"的学生比例,从2016年的92%提升到2021年的99%。

学校进一步关注课程改革"四新"变化,深入研究、推进义务教育新课程计划,进一步加强地方课程和校本课程研究。学校统筹各学段、各学科、各方人员和资源,研发了230多门校本课程,涵盖了十几个领域,满足了学生个性化学习的需求,校本课程让孩子走进了大千世界。学校每学年都让学生和家长参与网上测评,学生的幸福感每年提升3~5个百分点。

教师的新课程理论与特色课程实践研究取得了突出成效。近十年来,在

《人民日报》《中国日报》《中国教育报》《中国教师报》《人民政协报》《北京日报》《北京晚报》《教育家》《北京教育》《北京晨报》《现代教育报》《人民教育》《中华英才》《海淀教育》以及学习强国、人民日报网、中国日报网、新华网、中国教育新闻网、人民教师网等中央和北京市主流媒体发表了200余篇有关学校课程理论建设的文章，同时还开展了熊希龄人文实验班、科学实验班、1+3实验班等特色课程开发与实践研究。学校的校本课程先后多次获得区、市、全国一等奖，学校还有38位教师承担教育部新疆、西藏内高班25本课程教材的编写任务，并获全国教育科研成果一等奖，为民族稳定工作提供了强有力的教育保障。

当前我国已进入"十四五"时期，全校师生将深入贯彻党的十九届六中全会精神，紧紧围绕"立德树人"的根本任务，开启全面创建魅力教育卓越品牌新征程，全面开展十五年基础教育综合改革实验，全面探寻中国现代化基础教育普适规律，为中国当代基础教育发展提供鲜活样板，为推动中国基础教育发展做出重要贡献，让魅力教育之火点燃基础教育改革之灯，引领中国基础教育发展。

《魅力课程》一书，主要分为十五年一体化魅力课程战略规划理论与实践探究、幼小初高各学科一体化魅力课程案例两部分，既有新课程理念、新课程理论、新课程管理，也有课程创新实践案例，是幼小初高各学段校长、教师参观培训和研究魅力课程的工具书，还可以为高等院校以及科研院所研究魅力课程提供参考与借鉴。《魅力课程》将为基础教育课程改革研究与实践提供普适模式与鲜活样板，创建中国基础教育现代化的卓越课程新品牌。

由于十五年一体化魅力课程体系还在深入探索、创新中，加之写作时间有限，书中恐有不妥之处，敬请各位读者、同仁和教育专家批评指正！

周清华

2022年6月于北京

目录
CONTENTS

 / **探究篇**

第1章　十五年看基础教育……………………………………002

第2章　"课程育人"：才是回归教育本真路径……………007

第3章　素养为本，整体育人………………………………012

第4章　深化课程改革，发展学生核心素养………………016

第5章　创新教育实践，推进高考改革……………………020

第6章　实施魅力教育，创建科研品牌……………………024

第7章　实施一体化魅力教育，创新幼小中衔接研究……028

第8章　北京实验学校十五年一体化魅力课程战略规划…040

案例篇

第 9 章　幼儿园一体化魅力生活课程体系……………………082

第 10 章　小学部一体化魅力活动课程体系……………………095

第 11 章　语文学科一体化魅力课程体系…………………… 109

第 12 章　数学学科一体化魅力课程体系…………………… 125

第 13 章　英语学科一体化魅力课程体系…………………… 139

第 14 章　物理学科一体化魅力课程体系…………………… 158

第 15 章　化学学科一体化魅力课程体系…………………… 173

第 16 章　生物学科一体化魅力课程体系…………………… 183

第 17 章　历史学科一体化魅力课程体系……………………212

第 18 章　地理学科一体化魅力课程体系……………………237

第 19 章　政治学科一体化魅力课程体系……………………246

第 20 章　音乐学科一体化魅力课程体系……………………265

第 21 章　美术学科一体化魅力课程体系……………………276

第 22 章　舞蹈学科一体化魅力课程体系……………………290

第 23 章　书法学科一体化魅力课程体系……………………310

第 24 章　体育与健康学科一体化课程体系…………………322

第 25 章　信息技术与通用技术学科一体化魅力课程体系……336

探究篇

第 1 章　十五年看基础教育

孩子从 3 岁幼儿成长为 18 岁青年的过程中要经历幼儿园、小学、初中、高中十五年基础教育。不同生长阶段人的生理发育、心理发展有不同特点，幼小初高教育需要体现各自不同特色，但生命的成长又是连续的，教育又必须具有其连续性的特征。在现实教育中，幼小初高教育是分块管理、相互闭塞、互不联系，四个学段之间存在较大脱节。因此，从孩子十五年成长的整体角度来研究教育规律，树立先进教育理念，打造基础教育链条，打破基础教育围墙，打通基础教育课程体系，推动基础教育整体健康、连续、科学发展有着十分重要的意义。

一、树立先进理念

教育关注到为谁培养人、培养怎样的人、如何培养人、依靠谁培养人等重大问题，这是每一位教育者必须回答的问题。从事基础教育的教师有怎样的教育理念，就会有对应的教育行为，也必将产生相应的教育结果。基础教育不仅要为孩子的童年留下难忘的美好回忆，又要为孩子一生的幸福奠基，更需要用千万教师的教育梦支撑起伟大祖国的强国梦。北京实验学校海淀本部作为涵盖幼小初高四个学段的百年历史名校，作为北京市幼小初高十五年基础教育综合改革试验学校，十五年基础教育究竟要遵循怎样的教育理念，学校在对百年历史优秀文化的梳理与传承的基础上，紧密结合近十年幼小初高综合改革试验所探索出的规律，认为基础教育需要遵循如下 20 条教育理念，教育才能真正担当起时代所赋予的使命。

（1）没有爱就没有教育；

（2）没有兴趣就没有学习；

（3）教书育人在细微处；

（4）学生成长在活动中；

（5）学习和教育必须贯穿人的一生；

（6）没有阅读就没有人的精神丰盈；

（7）没有深度思考就没有思维的创新；

（8）教育的宗旨是使人成为完全的人；

（9）教育孩子先教做人；

（10）教育就是培养好习惯；

（11）决定孩子一生的不是学习成绩，而是健全的人格修养；

（12）不要堵住儿童的自由想象；

（13）学校教育的目的就在于使学生养成正确的人生观；

（14）读懂学生才能读懂教育；

（15）丰富的精神生活才是教育的真谛；

（16）再好的教育也比不上孩子的内力觉醒；

（17）有好的师生关系才有好的教育；

（18）非凡的激情才能创造卓越的未来；

（19）教育是崇高而伟大的事业，不要干成小买卖；

（20）生命就是一个在"鼓舞"中奔向光明的突破历程。

20条理念的升华，就形成了今日北京实验学校魅力教育的核心思想：

构造"一方池塘"，服务孩子"自然"成长；点燃"一束火焰"，启迪孩子"自己"成长；敲打"一块燧石"，引领孩子"自由"成长；推开"一扇大门"，促进孩子"自觉"成长。

魅力教育就是要努力激活孩子的精气神，塑造真善美，实现孩子今天快乐成长与明天幸福发展的和谐统一，实现孩子"自然、自己、自由、自觉"成长。

二、塑造健康人格

决定孩子一生的不是学习成绩，而是健全的人格修养。基础教育要努力培养孩子们的良好习惯与健康人格，要根据其年龄特点，各学段要创造性地开展学会做人、学会学习、学会健体、学会审美、学会劳动、学会生活的系列教育，促进孩子在德智体美劳诸方面全面发展，塑造健康人格，增强精神营养，激发成长动力，唤醒灵魂自觉。在爱党爱国、真诚待人、诚实守信、认真负责、自信自强中学会做人；在敬重法律、遵守规则、讲究效率、友善合作合理消费中学会做事；在规划人生、主动学习、独立思考、学用结合、总结反思中学会学习；在关注心理、注重睡眠、合理膳食、有效锻炼、体育活动中学会健体；在文化传承、音乐情感、图像识别、美丑判断、艺术魅力中学会审美；在担当干部、发展特长、技能提升、挫折教育、坚韧坚持中学会劳动与生活。积极塑造健康人格，为孩子的终身发展奠基。

三、推动男孩发展

基础教育阶段，整体看女孩的发展优于男孩，这是不争的现实。当代男孩面临四大危机：学业危机、体质危机、心理危机、社会危机。基础教育应该重视性别差异，因性而教。我们的教育不能忽视男孩发育落后于女孩的事实，青春早期女孩比男孩更快成熟，但男孩、女孩各有优势，各具特点。改变看待男孩的视角，改变对男孩的要求，不放弃对男孩的信心。发挥父亲的作用，注重父爱的力量。父教缺失是男孩危机的一个重要原因。改变母亲的教养方式，男孩的问题往往也是母亲溺爱的后果。培养运动好习惯，体育关系到孩子一辈子的幸福，运动既能健身也健心。改变基础教育的评价制度，实现男女孩分开评价，按照男女孩相同的比例给予男孩发展的同等机会，促进男女孩子之间和谐发展、同生共长。

四、激发学习兴趣

基础教育要努力激发孩子对学习的兴趣与对解决问题的追求，培养广泛阅读的习惯。阅读能力是学习最基本、最重要的能力，要培养孩子阅读的习惯与广泛阅读的能力，丰厚孩子的精神生活。要提升传统教室的功能，让适合孩子阅读的大量书籍进入教室；提升孩子睡房功能，让适合孩子在家阅读的大量书籍进入睡房。要加强学习方法的研究与引导，会学才会乐学，乐学才会终身学习。努力探索魅力课堂，增加课堂的吸引力，真正让课堂成为温暖的、美丽的、思考的、开放的、分享的课堂，让课堂成为孩子喜欢的地方，成为孩子学会学习的乐园，成为孩子快乐生长的殿堂。要有效减少传统巩固性作业，适当增加以提高自学能力为主的自主学习作业，培养自学能力，以适应终身发展的需要。要科学推进合作学习的创新开展、永续推进，努力培养团队精神，努力学会与他人相处。教育要通过系列化的学习改革，真正激发出孩子的学习兴趣，促进孩子在快乐学习的道路上前行！

五、增长孩子智慧

智慧是智商与情商的和谐统一。我们的教育要努力开发孩子的潜能，提升孩子的综合能力，促进孩子智慧的提升。教师只有自己成长为高智慧的教师，才能培养出高智慧的孩子。教师不仅要研究如何开发孩子的智能，更要研究如何培育孩子的情商。教育要以提升孩子们的思维能力发展为主线，以推动孩子自主成长为目标，努力开发孩子的智能，提升孩子们的创新素养。学校要创新培育孩子的情商，情商主要是指人在情绪、意志、耐受挫折等方面的品质。人与人之间的情商并无明显的先天差别，更多与后天的培养息息相关。情商是可以通过全面系统的课程培养提高并且改变的。

童年期是人生中一个比较特殊的时期，学生们这个时候面临学习压力的同时，又面临着生理、心理方面的变化。这些都会使他们造成心理失衡和复杂的心理矛盾，严重的便可以产生种种不良的后果，如叛逆、考试焦虑、与同学关系紧张等问题。学校要创设多样化的校园德育活动、艺体活动、校外活动、社会实践活动等来培育孩子们的自制力、热忱力、坚持力 以及自我驱动力、自我鞭策的能力等。智慧是生物所具有的基于神经器官一种高级的综合能力，智慧让人可以深刻地理解人、事、物、社会、宇宙、现状、过去、将来，拥有思考、分析、探求真理的能力。智慧是智商与情商的高度融合，是综合素养下的能力体现，创新培育、增长智慧、创新前进。

六、培养科学精神

进入幼儿时期的孩子都很好奇："自己从哪来的？""为什么会下雨？""这个是什么颜色？""飞机和鸟都怎么飞？""白云为什么不是七彩颜色的？""小狗为什么不会两只脚走路？""树为什么是绿色的？'……孩子问题的背后，都需要教师、家长用心倾听，耐心回答，要善于从小就保护孩子的好奇心，让他有兴趣去探索未知的世界，这样对在未来小学、中学阶段的潜能激发有极大的帮助。在孩子能够自己问问题之前，教师、家长为他示范该怎么问问题，并一定让孩子看到你是一个终身学习者，一个永远都在探究、问问题，并且对世界如何运转充满兴趣的人。你对孩子的好奇心和问题的回应和赞赏越多，他就越有可能不断地提出新问题。童年的好奇心更能决定长大后的成就。

既然孩子都具有学习的欲望与激情，教育就要努力创造条件保护孩子们爱探索、爱思考、爱学习的天性。教育要努力激发孩子的探索精神，幼小中各个阶段要根据孩子的发展特征，创办各种相互对接的导师引领、科学探究室、传承文化室、社团活动室、特长培养室，培养与发展孩子的观察力、动手力、探究力，激发兴趣，培养理性精神、科学精神。教育要注意张扬孩子的个性，促进孩子的特长发展。教育要最大限度地挖掘孩子的天赋与才智，注重早发现、早培养，为未来拔尖人才的培养打下重要基础。教育要注重过程评价、多元评价、激励评价，通过评价推动孩子全体发展、全面发展、个性发展。

七、打通幼小中教研

教育是一个极其复杂而又面临多种挑战的时代使命，要促进孩子在基础教育阶段连续高质成长，就需要提供具有连续高质的十五年教育。因此，需要打破幼小中互不来往的现象，打通幼小中教研。打通教材，确保教材的连续性，让整体教材从易到难，由简单到复杂处于一个循序渐进的发展过程。开发衔接课程，实现两个阶段之间的无缝对接、有效对接、科学对接，为适应下一阶段生活做好准备。打通教师，各相连学段的教师相互走进课堂、研究课堂，让课堂的理念一致。打通学生，各相连学段的孩子们定期开展大手拉小手活动，定期一同上课、一起参加活动。打通幼小中教研，揭示孩子十五年成长的规律，让孩子的成长从过去、现在、到未来，处在一个理念、文化、课程、课堂相对稳定，又充满变化、多样、新颖、提质的创新中，促进孩子有序、健康、愉悦、幸福成长。

十五年看教育，我们的教育如何为孩子的连续成长负责？我们的教育如何为孩子一生幸福奠基？需要有更多的教育工作者去探寻、去实践，去追寻更理想的教育，让我们用忠诚和执着，去构建更理想的教育，我们正走在前行的道路上。

第 2 章 "课程育人"：才是回归教育本真路径

教育的核心是育人，是让孩子成为一个充满快乐、富有智慧、担当使命、努力奋斗、对社会有用的人，而不应将升学质量作为唯一目标。"课程育人"才是回归教育的本真路径。这里的"课程"不仅是学科课程，而是包括德育课程、学科必修、选修课程、校本课程在内的一整套相对完备的课程体系。我之所以强调"课程育人"的重要性，是想通过这个理念带领大家回归教育原点再出发，并以此指引"北实人"从课堂教学走向课程育人。

要打造适合学生的课堂和课程，让教育走进学生心灵，就要倡导全体教师成为课堂的研究者、思考者、推动者，这些推动的背后需要一个专业的团队进行长期的研究、支持、思考，进而对学校的教育、教学理念进行引领和实践。为此，我们成立了"课程委员会"，对教育教学工作实施专业化的管理和研究。

一、"课程委员会"推进学校教育教学改革

"课程委员会"旨在推进学校教育教学改革。"课程委员会"由校长、教育和教学领导、课程科研领导、全体教研组长、全体年级组长、特级教师、外聘专家等成员组成，成员要在"课程育人"方面成为探索者、引领者、示范者、指导者、推动者。实践证明，课程委员会的足迹深深印在了北京实验学校的教学、课堂、校本课程等多个领域，推动了学校教育教学的改革。

为了实现课程育人总体目标，我们制定了五年教学研究发展规划：第一年，课堂探索发展年；第二年，课堂特色发展年；第三年，课堂成果展示年；第四年，魅力课堂开放年；第五年，魅力课程开发年。就"课堂探索发展年"来说，其研究点是基于转变教育、教学理念的初步尝试和实践，主要

包括注重教与学的关系、改造教学流程、将自信教育和激励教育带进每一堂课、建立和谐的师生关系等方面。

为了最大限度地发挥孩子的特长,在课程委员会的推动下,"北实人"积极致力于校本课程的开发与建设。目前,"北实人"校本课程研究的课题达到120个,涵盖了7大领域,真正放大课程范围,让孩子走进大千世界。如今,每个年级都开了10多门课,形成了非常受学生欢迎的教案、课件。这些资料正逐步整合、完善,慢慢地形成系统的、较高质量的校本教材。校本课程的开发对于孩子们来说有着重要意义。比如"行游中国",一方面让学生了解地理知识,另一方面激发学生对祖国的热爱;还有,生活中的趣味化学实验,学校紧密联系课本,选择带有生活趣味的实验,在孩子们接受教育的过程中呈现出生活的鲜活、生动和丰富的特质。这种充分体现社会和生活内涵的校本课程开发,让学生在接受知识的同时提升能力和生命的质量。

二、丰富多彩的德育课程

"生活即教育""社会即学校",教育与人的生活具有同质性,教育就是在社会生活之中促成人的"生长"。为此,北京实验学校通过丰富多彩的德育课程,把社会要求的道德规范与学生的生活世界密切融合,让学生在真实的学习生活中获得教育。

1. 升旗课程

针对如何创新常规德育形式,发挥学生的作用,北实把枯燥的升旗仪式变成学生喜爱的德育课程,采取班级或年级承办的形式,真正让学生成为升旗活动的设计者、组织者和参与者。升旗仪式的完成和国旗下讲话全由学生自编自导自演,每一次主办升旗的学生都是精心准备,从方阵行进到口号响亮,从国旗手的步伐到升旗手的动作,从主持人的仪态仪表到每一篇国旗下讲话稿的反复推敲,每一个教育环节都在影响着学生。

2. 励志课程

学校开设"魅力讲坛",邀请著名的科学家、企业家、艺术家、奥运冠军等成功人士,走进学校,和学生面对面地交流互动,让学生倾听、品味他们成长、成才、成功的心路历程和人生成长故事。青年歌唱家刘和刚老师的报告让学生们在生活和学习中懂得感恩,学会成长;京剧大师孙玉敏老师向同学们提出作为一名中国人,应当了解自己国家的文化艺术底蕴,并要继承、发扬、创新;中央电视台著名节目主持人朱迅、敬一丹的两场报告感动了全体学生、家长和教师，给与会者上了一堂有意义的人生教育课。

3. 校园值周实践课程

当北京实验学校用课程来规范校园值周时，我们发现值周的培养目标应该上升到学生的领袖气质和领导力的培养，从而进一步提高学生的竞争力。同时，学校细化值周的评价方式，通过自评、教师评和学校评，最后给予学生相应的实践活动学分，这也加强了值周过程中的监督力度，形成一个相对完整、相对规范的德育课程。

4. 高中学生人生规划教育课程

北京实验学校的人生规划教育活动逐步形成学校有特色的德育课程之一，取得了良好的教育效果。高中学生人生规划教育的主要内容包括高一、高二、高三三个阶段。这样具有连续性、系列化的人生规划教育促学生以对自己和社会负责的态度，关注自身未来发展，通过"生涯规划"，逐步理解"设计人生"的重要意义，激发内在的学习和创造热情。

5. 班会课程

针对高三毕业班中相对落后的学生，学校曾临时组建过一个班级。为了激励他们努力奋进，笔者主持了"在爱中奋勇前进"的班会观摩活动。班会课上，沿着亲人之爱、同学之爱、师生之爱、校长之爱的情感轨迹，用浓浓的情、深深的爱唤醒同学们的责任意识，激发起同学们不断发展和提高的动力。在北京实验学校，学校充分利用主题班会时间，让每周的主题班会成为学生精神动力的加油站。

丰富的主题教育活动让学生喜欢上了学校，我们努力把学校办成学生喜欢、让学生快乐成长的乐园。北京实验学校管乐团连续七年参加北京市学生艺术节金帆器乐展演，并荣获一等奖，多次参加国际青少年艺术节比赛，荣获"组委会特别金奖"及"维也纳城市表演奖"，极大地鼓舞了师生的士气。

"强身健体，打造和谐团队"的校体育节活动、"让创新的智慧闪光"的科技节，把体育、科技创新与德育元素相整合，以自我教育和同伴教育模式相结合，让学生在自觉的参与、体验和感悟中促进自身发展，在动手实践中学会合作和进取。

在此基础上，学校转变教育观念，大力推进激励教育，让自信之花开在每个学生心里。"北实人"通过校园文化建设，努力营造一个和谐共进、相互信任、激励为主的教育氛围。我们利用橱窗、电子屏、年级学生会、家长会隆重介绍每一位老师，宣传每一位老师；校园里设置了80多块宣传栏，定期介绍和宣传优秀学生。同时，学校广泛开展"七星引路，人生导航"每月一星的"校园之星"评比活动："道德之星""学习之星""礼仪之星""劳动之星""文体之星""文明之星""进步之星"，遍布校园、年级、班级，发现和肯定了每一个学生身上的闪光点，促进了学生的成长。

除此之外，学校还开设博识课程、阅读课程、京剧课程三大德育校本课程，进一步丰富德育课程，深化德育内涵。其中博识课程是以"博闻广见、卓有通识"为基本理念，充分利用优质社会教育资源，使学生博闻广见，开启智慧，涵养性情，提升境界。阅读课程是倡导全校学生走近名家经典，提升精神内涵，开展晨诵、午读、暮省等活动，营造校园读书文化氛围。让学生养成"爱读书、会读书、读好书"的好习惯，引导学生达到从"阅读"到"悦读"的境界。京剧课程是我校京剧进校园活动项目的第一阶段。我们在幼儿部、小学部、中学部分别开设三个京剧课程班，设计不同阶段的课程内容，外聘专业教师每周进行训练指导，定期组织外出学习观摩，分阶段进行成果汇报。让国粹京剧不仅能逐渐成为我校德育特色课程，也为传承中华传统文化，弘扬优秀民族精神做出我们的贡献，使学生长期受益。

北京实验学校通过大型活动丰富德育内容，践行"活动中育德，活动中育人"，突出"活动"与"渗透"，强调"实践"与"体验"，构建学生在学校大型活动中的主体性，提高了学生的参与率，让学生真正成为德育过程中的主体，从而提高了学校德育的针对性和实效性。

三、提供公平而有质量的教育

在新时代，面对不一样的生命个体，如何给每一个孩子提供公平而有质量的教育，需要在新课程改革背景下的课堂教学改革上下功夫。我们需要反思的是，我们的课堂最缺少什么呢？是缺少知识吗？许多老师在滔滔不绝，传道授业；是缺少方法吗？许多老师也是声情并茂，循循善诱；是缺少责任吗？许多老师已经是喉干舌燥，掏心掏肺。其实，课堂最缺的是什么？我们认为最缺的是激情、活力、兴趣、幽默、对生命个体的尊重，最缺的是学习的精气神，最缺的是一种推动学生生机盎然地去学习的力量，最缺的是激励孩子成长的艺术与智慧。"魅力课堂"教学改革就应该从这里开始——它与直接把知识学习的结果如何高效当作追求的目标不同，它是以尊重人的生命发展需要为出发点，目的是为学生的学习注入动力，从而激发学习活力，达到学习高效目标的。因此，这样的改革更加关注过程的魅力，更加充满了人性的温情。我的基本观点：魅力课堂是"引力场""思维场""情感场"，并最终走向人的"生命发展场"。"魅力课堂"构建是基于尊重学生美好天性，激发学生精神动力，努力让教学迸发五彩的魅力光芒，让学生感知快乐的心理体验，从而推动学生自主学习、主动发展、创新发展的改革行动。

教育是一项事业，事业的意义在于奉献；教育是一门科学，科学的价值在于求真；教育是一种艺术，艺术的生命在于创新。我们相信，在北实人的共同探索之下，魅力课堂必将在我校这片教育改革的沃土上焕发出熠熠光彩。教育是大事业，不是小买卖，要以长远的、为国家为民族负责的精神办教育。理想的教育应该是这个模样——充满活力、富有思想、全面发展；魅力无限、精神高贵、品质卓越；孩子向往、教师幸福、社会满意。

第 3 章 素养为本，整体育人

核心素养的提出，是基础教育课程改革的创新点和突破点，为我国持续推进的新课程改革注入了新的生命活力，丰富了以人为本、素养为本、以学生发展为核心的新课程改革理念内涵。

北京实验学校是北京市海淀区唯一的一所集幼小初高于一体、十五年一贯制的公立示范学校，是北京市十五年一体化基础教育综合改革实验学校，总校与四个分校共同组建北京实验学校教育集团（以下简称北实教育集团）。"北实人"与时俱进，以"魅力教育"为特色，全面探究中国基础教育现代化的普适规律，全面提升学生的核心素养，为学生的终身发展与幸福发展奠基；办老百姓满意的教育，实现区域教育的优质、均衡、全纳与可持续发展。北实教育集团独特的十五年一贯制的办学体制，更有利于培养"完整的人"，为整体育人教育理念的落实，提供了更大的改革和发展空间。北实"幼小初高"十五年一体化融通课程、探究课程、综合实践课程、四季拓展课程、社团课程，以及京剧课程、学法指导课程、游学课程、生涯课程、国际课程等特色课程等，构建了学校一体化、时代化、普适化、系统化、序列化、精品化、科学化、实用化、国际化、特色化的魅力课程体系，为推进中国基础教育的创新发展与全纳发展，提供了一个可供借鉴的新课程改革范例。

一、"直通车"育人模式有利于学生整体成长

北京实验学校在校学生的年龄跨度为 3~18 岁，涵盖基础教育的四个学段。目前，学校创建了"魅力教育研究共同体"，以"魅力教育"为特色，已整体构建起十五年一贯制的魅力课程体系，逐步建立了幼儿园、小学、初中、高中、大学的课程衔接机制，探索出"直通车"育人模式。推进课程"整体育人"，使学生人人成才，尽展其才，从而实现全科育人、全程育人、全员育人和实践育人，培养具有国际竞争力的人才。

在课程体系设置上，学校立足提升学生的核心素养和综合素养，整合国家课程、地方课程与校本课程，涵盖基础课程、拓展课程、探究课程、融通课程、综合实践课程、国际课程等多元课程类型；丰富了基于云平台的网上选修课程，形成优质多元、开放共享、个性选择、分类分层的课程结构，实现了课程体系的横向融合与纵向贯通。这样的课程体系更能适应学生需求，有利于提高学生的创新学习能力、团队协作能力、实践调研能力、难题解决能力、讨论沟通能力和自我发展能力，培养学生的创新思维和综合能力，促进学生整体成长。

要把核心素养指标落实到学校的培养目标、课程目标、教育教学活动中去，就要充分发挥评价的导向作用，研制明确、具体、可操作性强、适用于评价的能力表现与检测标准。北京实验学校改变传统以学科成绩作为评价学生唯一指标的做法，将全面素养与创新素养的培养，作为十五年一以贯之的人才培养目标，具体而言，在幼儿园阶段，主要考查学生好奇心的开发程度；在小学阶段，主要考查学生创新意识、良好习惯的养成程度；在初中，主要考查学生的问题意识、理性思维与创新思维的形成程度；在高中，主要考查学生的逻辑思维、探究意识和初步的创新能力的培养程度。这为以"创新素养"为目标指向的纵向课程实施效果的评价提供了充分的依据。由于没有幼升小、小升初和中考的压力，学校建立起一贯制的课程教学评价机制，关注学生全面素养的培养，根据创新素养的多元性品格特点，打破分段式升学压力所造成的仅仅重视知识深度的状况，强调从知识的广度评价学生，为课程实施效果的评价建立科学的指标体系。

二、跨区、跨校、跨学科课程满足学生个性化需求

提供丰富的课程，给学生更多样的"营养"，这是满足学生个性化学习需求的前提和基础。针对独生子女较多，学生自我约束能力不够、学习兴趣不足等问题，学校增强课程的选择性、适切性，以培养具有"中国灵魂、国际视野的现代人"为目标，紧紧围绕五大素养（语言与文学、自然与科技、体育与健康、艺术与审美、实践与创新），以经济、文化、科学、生活等领域的专题为内容，设计课程或课程群，让学生在实际生活情景中学习、运用知识；统筹各学段、各学科、各方参与人员和资源，开发和建设了128门校本课程，研发校本教材100余册，涵盖了11个领域。校本课程让孩子走进大千世界，满足了不同类学生的学习需求，有效地促进了学生核心素养和综合

素养的提升。

教师是课程开发、设计的主体，他们将课程内容、方法与学生的生活经验进行整合，寻求课程的"生长点"，这样开发出来的课程更接地气，更贴近学生的生活，比如生涯指导、金融理财等方面的课程，就很受学生欢迎。

在丰富课程内容建设的基础上，学校建设了跨区跨校选修平台，丰富课程供给模式，给学生更多的课程选择权。学校还开设了熊希龄人文实验班、科学实验班、医学科学实验班、1+3实验班等，加强相关课程的开发与研究，为满足学生个性化学习和发展创造条件。

作为一所综合改革实验学校，北京实验学校非常注重开展课程创新实验，注重课程的整体育人功能及学科内、学科间的联系与整合，关注跨学科综合学习，打破学科界限、融通各学科知识。学校依据课程标准研制三级课程整体建设一体化魅力课程方案，将学科核心素养渗透于学习目标中；着力提升教师课程设计能力、课程整合和综合课程建设能力。课程一体化、跨学科教学有利于培养学生发现问题、分析问题、解决问题的能力。

三、综合实践课程凸显传统文化教育和核心价值观

学生发展核心素养的培养，单靠教室内的课堂教学是不够的，综合实践活动课程是落实学生发展核心素养的重要一环。

综合实践活动课程在原来信息技术、劳技、研究性学习、社区服务和社会实践的基础上，进一步强化学科实践活动，将其作为综合实践活动课程的重要组成部分。学科实践活动旨在使学生通过亲身实践，提高综合运用知识解决问题的能力、交流与合作的能力、创新意识与实践能力，让学生适度地出出力、流流汗，培养学生正确的劳动价值观，增强社会责任感和人生幸福感，促进知识、能力转化为素养并得以全面提升。学科实践活动由市、区县、学校三级采取1：2：2的模式共同开发，形成包括课程目标、课程主题、课程内容、课程实施、课程评价在内的系列课程。

按学校规定，各学科平均有不低于10%的学时用于开设学科实践活动课程，在内容上可以某一学科内容为主开设，或者综合多个学科内容开设，可以与劳动技术、信息技术、研究性学习、社区服务和社会实践活动等统筹；在学习方式上，以实验、观察、制作、调研、实地观察为主要活动方式，采用问题和任务驱动，鼓励学生合作学习、自主学习和体验学习，淡化学科的知识和原理，关注体验和应用，并多样化地展现学习成果。

在日常的教学和实践活动中，学校特别注重加强中华优秀传统文化教育。学校组织老师与专家一道研究、编写出校本国学课程教材，细分为诵读课程教材和研读课程教材。诵读课程教材将蒙学经典《弟子规》《三字经》《声律启蒙》和国学经典《四书五经》的部分内容确定为诵读篇目，主要在低年级推广使用；研读教材是在有一定学习基础的中高年级学生中成立"国学小书院"，在国学老师指导下研读《弟子规》《四书五经》《朱子语类》等。此外，还开设有京剧、民族舞蹈、书法、国画、古筝、剪纸、武术等国学兴趣课程。通过活动实践后，学生们还用漫画、真人秀和原文创编的形式，编写了一套图文并茂，形式新颖，喜闻乐见的《新弟子规》，让国学离学生的学习生活更近、更亲。学校结合校情，依托各种活动，引导学生纵深感受、体验和传承传统文化价值，还通过传统文化教学与学科教学的有机融合研究，使学习内容切实落实到课堂和实践活动中，避免简单诵读、复古表演等形式主义的做法。

第 4 章　深化课程改革，发展学生核心素养

　　课程改革是应对教育全球化的重要举措，也是基础教育改革的核心内容。目前，我国基础教育正从"知识本位"时代走向"核心素养"时代，课程改革的一个重要目标就是发展学生核心素养。

　　北京实验学校是海淀区唯一集幼小初高于一体、十五年一贯制的公立示范学校。近八年来，在教育家型校长曾军良的引领下，学校全体师生协同创新，以"魅力教育"为特色，积极推进魅力课程的研究与实践，全面提升学生的核心素养，为学生的终身发展与幸福发展奠基。

一、育人目标：指向学生终身发展

　　学校以"魅力教育"为特色，全面落实教育部有关课程改革的文件精神，以课程与课题研究为载体，基于提升学生的核心素养，整体构建十五年一贯制的魅力课程体系，建立幼儿园、小学、初中、高中、大学课程衔接机制，探索"直通车"育人模式，充分发挥课程的育人功能，为每一位学生的成才奠基。

二、多元课程：促进学生全面成长

　　学校依托十五年一贯制的办学优势，立足提升学生的核心素养，整合国家课程、地方课程与校本课程，开设基础课程、拓展课程、探究课程、融通课程、综合实践课程、国际课程、特色课程等多元课程类型，丰富基于云平台的网上选修课程，形成优质多元、开放共享、个性选择、分类分层的十五年一体化魅力课程体系，不断提高学生的创新学习能力、团队协作能力、实践调研能力、难题解决能力、讨论沟通能力和自我发展能力，培养学生的创

新思维，促进学生全面成长。

三、课程供给：满足学生个性需求

学校坚持以学生个性需求与发展为中心，丰富课程供给，给学生更多样的"营养"。从以"教"为出发点转向以"学"为出发点，围绕提升学生核心素养构建课程体系；探索以经济、文化、科学、生活等领域的专题为内容设计课程或课程群，使学生在实际生活情景中学习，提升核心素养；推进跨校选修平台的建设，丰富课程供给模式，给予学生更多课程选择，满足学生个性化的学习需求。

四、学科融合：培养学生创新意识

学生发展核心素养的灵魂是创造力的发掘和培养。学校开展课程创新实验，关注跨学科综合学习，打破学科界限，融通各学科知识，贯通价值观、思维力和创造力的培养；强化立德树人观念，更新质量观，着眼教师课程设计、课程整合、综合课程建设能力的提升；提倡自主学习、合作交流、探究实践，培养学生联系生活、发现问题、分析问题、解决问题的能力，造就跨学科、跨领域的人才。

五、魅力课堂：激发学生学习活力

针对我国基础教育高效课堂教学中出现的问题，基于对青少年成长问题的系统研究，学校提出了"魅力课堂"的概念，并经过大量的实践总结出了魅力课堂"三原则""四归还""五讲""六特别""八追求""八策略""十要求"。探讨"激发学习活力"的办法，深究"增强教学魅力"的策略，提高学生的学力，推动学生思维的发展、灵性的生长，这是课堂教学的核心；激发学习的活力，培育学习的激情，激活生命成长的动力，这是课堂教学的关键；增强教学魅力，提升教师品位，提高学科兴趣，建立良好的师生关系，实现学科育人，这是课堂教学的目标。魅力课堂是"引力场""思维场""情感场"，学校致力办最适合学生发展的教育，形成"温暖、思考、美丽、开放"的魅力课堂文化。

六、全员科研：促进教师快速成长

学校遵循课程与科研相结合的原则，彰显课程科研特色，提升学校文化品位，促进学校可持续发展；打造课程科研联合体，将课程科研处建成由特级教师、一线教科研骨干组成，融管理智囊、科研实体、科研管理功能为一体的课程科研联合体，为教师的发展提供理论指导；切实发挥重点课题的引领作用，形成全员科研、全面科研的局面，所有教师都参与校本课题或区市级以上课题研究；与区、市、全国科研管理部门建立长期合作关系，依托高校及科研院所的教育理论优势，建立教师与专家学者沟通的平台，建构具有本校特色的教育理论，促进学校发展；建立"以校为本"的教科研制度，以课例为载体，以备课组为单位，开展教学型科研活动，以课题为载体，以教研组为单位，开展研究型科研活动，以读书为载体，以读书小组为单位，开展学习型科研活动。

七、课程评价：关注学生全面素养

学校致力培养学生的全面素养，将创新意识与创新思维的生成作为考核学生的重要指标。幼儿园阶段，主要考查学生好奇心的开发程度；小学阶段，主要考查学生创新意识、良好习惯的养成程度；初中阶段，主要考查学生问题意识、理性思维与创新思维的形成程度；高中阶段，主要考查学生逻辑思维、探究意识和创新能力的培养程度。

八、社会实践：提升学生综合能力

学校加强综合实践活动课程的开发与实施，要求各学科用于开设实践活动的学时不低于总学时的10%，综合培养学生的人文、科学素养，提高学生综合运用知识解决问题的能力、交流与合作的能力、实践与创新的能力，培养学生正确的劳动价值观，促进知识、能力转化为素养并实现全面提升。

九、深度体验：传承传统文化价值

学校组织专家力量，依据教育部《完善中华优秀传统文化教育指导纲要》，发掘传统文化精髓，研发传统文化诵读和研读校本教材；开展传统文化课程、教材走进校园的实践研究，通过对传统文化课堂教学模式、传统文化与学科教学的有机融合的研究，使学习内容切实落实到课堂上；结合校情，依托各种活动，引导学生纵深感受、体验和传承传统文化价值，让国学更贴近学生的学习生活。

十、全纳发展：创新魅力课程模式

"抱团发展"的共同体研究，是现代教育研究的主要方式。学校创建"魅力教育研究共同体"，借鉴集团总校已有的研究经验，形成高端引领、示范带动、多级联动、资源共享、优质发展的十五年一体化魅力课程新模式，助推集团学校均衡、优质、全纳、可持续发展。

第 5 章　创新教育实践，推进高考改革

高考是高校考试和招生录取制度的简称，既关乎为国家选拔优秀人才，又在很大程度上影响青年学生的人生轨迹。新高考改革已成为中央深改组研究的重要议题之一，十八届三中全会将此列入全面深化改革的内容，国务院还专门出台了高考改革的实施意见。新一轮高考改革，是恢复高考近 40 年来改革力度最大、涉及链条最长、影响范围最广的一次综合改革，不仅涉及考试科目、考试时间等局部改革，还涉及招生编制、录取方式改革；不仅将改革的关注点聚焦于高考本身，更是一次招生录取方式的全方位系统性革新。

高考综合改革的前提是新课程改革。北京实验学校牢固树立创新、协调、绿色、开放、共享的发展理念，贯彻落实立德树人的根本任务，实现教育教学与新高考改革的有机衔接，促进学校多样化和特色化发展；制订可供学生"选择教育"的课程方案，优化教师专业结构，加快校本课程资源开发，科学指导生涯规划，发展学生核心素养，健全教育质量评价机制。通过高中三年教育，促进学生全面而有个性成长，为每位学生的终身发展奠基。

一、建构学校一贯魅力课程体系

全面提升校长、教师的课程领导力和执行力。北京实验学校立足提升学生的综合素养，整合三级课程，涵盖基础课程、拓展课程、探究课程、融通课程、综合实践课程、国际课程与特色课程，丰富基于云平台的网上选修课程，形成优质多元、开放共享、个性选择、分类分层的课程结构，建构具有世界水平、适合学生发展的魅力课程体系，实现国家课程、地方课程校本化、校本课程特色化、课程资源优合化，推进课程整体育人，实现全科育人、全程育人、全员育人和实践育人，培养具有国际竞争力的创新人才。

二、实现课程横向融合与纵向贯通

创新人才培养模式，北京实验学校构建"横向集群"与"纵向螺旋"等立体式课程结构，涵盖基础课程、拓展课程、探究课程。包括融通课程、领导力课程、培训课程、国学课程、德育课程、运动与健康课程、科技创新课程、视觉与表演艺术课程、技术课程、社会文化课程、国际课程、实战课程、荣誉课程、学生自创课程、希望共建课程、综合实践活动课程等。

三、促进教育教学与高考改革衔接

统筹安排高中三年课程，注意课时安排和课程、年级及学科学习之间的均衡性与连贯性。按规定开足开齐课程，严格控制课堂教学时间；做好必修课程分层教学安排，防止造成高一、高二课程多、课时紧、负担重，高三只应对统一高考科目现象。禁止集中时间赶进度、强行统一学生选考科目、统一设置选考科目、简单组合分班等现象发生。

四、充分保障学生自主选课权利

新高考使以往高考的"套餐"模式变成"自助餐"模式，无论是对考生还是高校，双向选择空间都将增大，高中选课制、分层教学和走班教学必将成为新常态。要明确分层教学要求，逐步推行全员走班；建立选课制度，编排选课指南，指导学生根据兴趣特长、学科基础、专业发展趋向、大学招生要求自主选科目、选层次、选班级。淡化选考组合，引导学生有序选择；充分利用实验室、功能教室、图书馆和社会资源，尽量满足学生选课需求；引导学生将学业兴趣与大学专业相结合，进而为将来贡献社会打好基础。

五、积极开展学业和生涯规划指导

从选课、选考、选专业到选职业，学校要成立学生生涯规划指导中心，完善其课程体系和测评系统，科学制订人生规划和职业发展方向，积极开展学生职业生涯实践活动。

六、充分保障教育教学资源条件

围绕新高考，加快推进教师"无校籍管理"制度改革，鼓励教师一专多能；重点培育班主任队伍、学生发展指导教师团队和管理团队，健全教师绩效评价机制；建立适应新高考的资源配备标准，按照不低于1∶1.5的比例配备资源教室；合理配置实验室、心理咨询室、探究实验室、创新实验室和生涯规划指导中心等功能教室；大力推进智慧校园建设与应用，建立电子身份认证系统，实现智能化排课、选课、备课、授课、评课、成绩采集、网络研修和在线指导、综合素质评价、督导评估、教师发展管理，解决学情数据采集、智能组卷、智能批改、智能学情动态诊断、全过程学习测评和个性化补救等关键问题；积极开展慕课、翻转课堂等新型教学模式和新型载体的示范应用；拓展移动学习终端、仿真实验室、创客教室等新技术、新媒体教学应用，推进自主、探究、合作等学习模式，不断提高服务新高考的信息化管理水平。

七、创新多元课程教学与管理模式

突破传统行政班单一管理模式，探索建立行政班与教学班并存、班主任和导师制结合、学科学业评价与学生综合素质评价、过程性评价与终结性评价并举的管理模式。加强与选课走班相匹配的教学管理和质量监控；针对行政班与教学班、班主任与导师并存的现象，积极探索与走班教学相适应的学校管理制度变革。要从学科特点、学生可接受程度出发，探索长课与短课、大班教学与小班教学相结合的新课程教学模式。

八、完善教学质量监控和评价机制

北京实验学校建立以教师自评为主，校长、教师、学生、家长、社会共同参与的评价制度，实现由终结性评价发展为形成性评价，实行多次评价和随时性评价、"档案袋"式评价等方式，突出过程性评价；由定量评价发展到定量和定性相结合的评价，不仅关注学生的分数，更要看学生的学习动机、行为习惯和意志品质等；由相对评价发展到个人内差异评价；由绝对性评价发展到差异性评价。提倡对不同学生采用不同的评价标准，以促进所有学生都在"最近发展区"获得充分的发展。

新高考改革的核心是打破"唯分数论"，实施"两依据、一参考"的多元评价机制。高考、高中学业水平考试以及综合素质评价三位一体的评价录取方式，能更加全面地考量学生。"既看分又看人"，体现了学生考试分数之外的素质；要建立高中学生综合素质评价信息管理系统，确保公开、公平、公正。

高考综合改革在于促进供给侧的结构性改革，不断提升学生的实际获得感。北京实验学校不断提高基础教育供给端的质量和效率，打破单一的课程、考试、评价供给结构，建立丰富多元的课程与教学供给侧结构，实现从需求侧的拉动到供给侧结构性改革的转变。回望历史，放眼世界，每一次成功的教育改革，带来的都不仅是受教育者素质的提升，更有一个国家、一个民族整体教育理念的提升，以及对教育本质更为科学、更为理性的认知，而这正是新一轮高考综合改革的深层次意义所在。

第6章　实施魅力教育，创建科研品牌

近五年来，在魅力教育家曾军良校长的卓越引领下，"北实人"与时俱进，协同创新，以"魅力教育"为特色，全面探究中国基础教育现代化的普适规律，推动了75项教育教学改革，得到上级领导的高度认可与社会各界的广泛赞誉。在北京实验学校发展新时期，我们充分挖掘百年老校深厚的历史文化底蕴，继承与弘扬熊希龄先生及香山慈幼院的办校理念，运用系统思维方式，科学设计研究维度，创新科研管理模式，不断提炼项目成果，实现幼小中教育科研工作一体化，促进教师的专业化成长，促进学生全面、自主、个性及可持续发展。近三年来，我校连续被评为"海淀区教育科研先进学校""北京市教育科研先进学校""全国科研兴校先进单位""北京市教育品牌特色学校""国家基础教育课程教材改革实验学校"。

一、创新教科研工作机制

围绕一个中心：以创建区、市和全国品牌学校为中心；强化两个意识：科研兴校和科研育师意识；建立三个制度：幼小中领导负责和参与制度，加强一体化过程管理制度，奖励科研先进和突出成果制度；突出四个结合：课题研究与新课程改革相结合，课题研究与教学工作相结合，课题研究与改进德育工作相结合，课题研究与师资建设相结合；抓紧五个链条：规范管理，理论提高，专家引领，促成成果，成果转化。

二、探索教科研新模式

建立幼小中学习共同体，加强学习型团队建设，促进教师的内涵发展；建立一体化校本科研新模式：即以课例为载体，以备课组为单位，开展教学型科研活动；以课题为载体，以教研组为单位，开展研究型科研活动；以读书为载体，以读书小组为单位，开展学习型科研活动。

三、开展教科研联动研究

围绕"一个素养、两个打通、三个坚持、四个开展"进行研究。一个素养：加强一体化学科素养研究；两个打通：打通幼小中教学与一体化课题研究；三个坚持：坚持培养幼小中优质毕业生目标，坚持教研四统一原则，坚持传统教研和特色科研相结合；四个开展：开展专题教研，开展不同的学生群体教研，开展幼小中大教研与网络教研，开展校、区、市以及国家课题四级联动研究。目前，我校开发校本课程128门，研发校本教材100余册，涵盖11大领域；承担教育部等9项国家课题研究，承担市级课题10余项，区级课题50多项，以及校本课题210多项，这充分彰显了我校课程科研的特色与优势。

四、建构多元化教科研协作体

充分利用学术团体和专家资源，构建校本大科研体系，进一步提升校本研训的层次和质量。推进教育家教师成长建设工程，与北京大学、清华大学、北京师范大学、首都师范大学及国家、市、区教科院和中外名校开展校本联动科研。含现代教学思想、教学方法和教育技术培训；进行课程教学论培训，指导课程教材研发；更新教师学科知识，指导课堂教学和校本行动研究等。

五、完善十五年一贯魅力课程体系

立足提升学生的核心素养，整合三级课程，涵盖基础课程、拓展课程、探究课程、融通课程、综合实践课程、国际课程与特色课程等多元课程类型，丰富基于云平台的网上选修课程，形成优质多元、开放共享、个性选择的课程结构，建构具有世界先进水平的课程，完善十五年一贯魅力课程体系，实现国家、地方课程校本化、校本课程特色化、课程资源优合化，实现课程体系的横向融合与纵向贯通，培养学生的创新思维和综合能力，提升学生的多元智能与优异成绩，推进课程整体育人，使学生人人成才，尽展其才，实现全科育人、全程育人、全员育人和实践育人，培养具有国际竞争力的人才。

六、加强幼小中魅力课堂范式研究

一是激情导入，诱发魅力。教师选择恰当的情景，激发学生了解知识的发生和发展的过程；二是自主探究，孕育魅力。教师揭示学习目标，学生带着具体任务或问题，有选择、有重点地自学，构建较系统的知识结构；三是合作交流，内显魅力。教师揭示学习目标，学生带着具体任务或问题，选择恰当的交流方式，师生共同解决"自主探究"发现的疑难问题；四是拓展延伸，外延魅力。通过创设新的学习情境或巧设玄机进行启发，引导学生对知识或体验进行引申、迁移和拓展，形成科学的思维方式；五是总结升华，创造魅力。师生对所学知识进行概括，总结方法规律，形成框架和知识结构，并对学生掌握的情况进行纠错或矫正。

七、强化学校一体化创新发展研究

学校凝聚全体干群智慧，研制出十五大发展战略规划，整体推动学校创新发展：集团化战略、一体化战略、文化兴校战略、人才强校战略、魅力课程战略、魅力课堂战略、魅力家长战略、高考战略、国际化战略、招生战略、体育发展战略、智慧校园战略、艺术发展战略、科技创新战略、对外辐射及影响战略。

八、教科研在"十个一"上下功夫

建立一体化教科研制度；建设一支幼小中教科研队伍；以一体化课题作为科研工作支撑；总结一体化系列科研理论；营造一体化学术氛围；以育人为一体化科研目标；以魅力课堂作为一体化落脚点；搭建一体化科研平台；形成一体化科研文化；提炼一体化项目研究成果。

（1）实施"人才强校"战略，推进高素质创新团队建设。学校坚持控制数量，提升质量，突出重点，优化结构的原则，用好现有的人，培养有潜力的人，引进高端人才，加强对中青年学科带头人和学术骨干的培养，构建吸引、培养和用好创新人才的支持体系，探索以学科带头人为核心，凝聚学术队伍的人才组织模式，完善以业绩为核心，以品德、知识、能力等为要素的人才考核评价体系。

（2）实施集成攻坚战略，凝练重点科研方向。以学科建设为先导，有效配置学科资源，突出科研特色；注重培养一体化学术梯队，实施集成攻坚。

（3）实施重点跨越战略，培育标志性科研成果。这是一所学校科研实力的象征，我们要只争朝夕，把科研当作一种学习境界，当作一种科学境界，孜孜不倦，永不懈怠，努力提高课题、论文水准、奖项级别以及成果含金量。

（4）实施整合资源战略，构建高水平科研平台。资源建设是学科发展的基础与保障，一流的科研平台是提升一体化项目成果的重要载体。

（5）实施学术交流战略，构建学术发展体系。创建一体化学术沙龙，组织各科名师进行学术讲座，参加各类学术会议。聘请校外专家来校讲学，选派学术人才赴国内外名校与科研机构进行合作研究。

（6）大力培育科研文化，提升一体化教科研层次。积极申报区、市、国家级课题，鼓励科研论文在更高级别刊物发表，教科研成果在更高层次获奖。

（7）坚持理论联系实际，落实教科研成果应用。科研课题来源于教学，支持教师把科研成果落实到课堂教学和管理之中。

（8）发扬群体优势，促进幼小中科研特色的形成。深化一体化课题研究，研究教育教学，研究学生，研究家长，研究学校发展，形成学校办学特色，实现我校由教学型学校向学习型、研究型学校转变，打造区、市以及全国教科研品牌。

总之，一体化教育科研工作需要全校教师用理性去透析，用勤奋去培育，用恒心去播种，用实干去创新，为建设区、市以及全国一体化科研品牌学校做出新贡献，我们一定能够建成"中国基础教育的普适新品牌学校"！

第 7 章　实施一体化魅力教育，创新幼小中衔接研究

北京实验学校紧紧依托"十五年一贯制"的办学优势，继承百年老校的光荣历史，传承香山慈幼院的优秀文化，打通基础教育十五年链条，更好地促进幼小中一体化均衡发展，更好地认识基础教育的整体规律，促进了学生生命的连续成长。

新时代的北京实验学校，在基础教育综合改革实验方面，走在了全国教育创新的前列，"北实人"不忘初心，牢记使命，永远奋斗，将为京津冀基础教育综合改革"先行先试"提供鲜活样板，创建中国基础教育现代化的卓越新品牌。

一、幼小中教育衔接因由

幼小中衔接问题，多年来一直是当代教育学者研究的对象。十五年一贯制学校的出现，正是解决幼小中衔接问题最好的方法。可是在大多数十五年一贯制学校中，幼小中的界限依然很分明。幼儿园、小学教师交流少，学生交流更少，教师也不了解对方学生的情况，这就造成了幼儿园、小学六年和三年初中的简单相加，势必存在教育上的空白，在教学上存在重复。因此，幼小中衔接问题已经成为迫切需要研究的课题。在实证调研中，主要是通过对一些专家和教育主管部门领导的访问，举行会议，进行案例分析，对教师、学生、家长的问卷调查等。通过大量文献资料的整理、分析，寻找总体研究思路。我们力求依据教育学、教育管理学等相关理论，依据教师学生发展的特点和规律，结合幼小中教育教学的大量实践，从认识、操作、应用三个层面反思并研究，重新认识幼小中衔接工作在十五年一贯制学校的教育价值，力图利用十五年一贯制整体发展模式的优势，通过教育教学等方面的

衔接研究，使学生平稳高效过渡到小学以至中学，推动"幼小中衔接研究"，构建十五年一贯魅力课程体系，是深化基础教育课程改革的必然要求，也是走向关怀生命的学校教育的必然需求，更是有效推进学生健康、持续、和谐发展的必然需要。为了求解这一"攻坚性难题"，帮助幼小学生快速适应小学和初中的学习与生活，打造学生的可持续发展的能力，近年来，北京实验学校立足十五年一贯制的办学实际，扎实搞好幼小中教育教学管理的衔接，帮助学生实现了平稳过渡，促进了学生的连续成长和全面发展。

二、创新幼小中课程衔接

（一）幼、小有机衔接方式

在幼小衔接过程中，要"理解幼儿的学习方式和特点""最大限度地支持和满足幼儿通过直接感知、实际操作和亲身体验获得经验的需求""严禁揠苗助长式的提前教育和强化训练"。幼小衔接从内容到方式，都要符合幼儿的学习特点；幼小衔接要严禁小学化倾向；同时，幼小衔接也是大班幼儿必须开展的、重要的内容。

1. 衔接主题活动为幼儿建构完整经验

通过幼小衔接的主题活动，让幼儿从参观前、参观中、参观后三个阶段构建完整的入学经验（图1-7-1）。

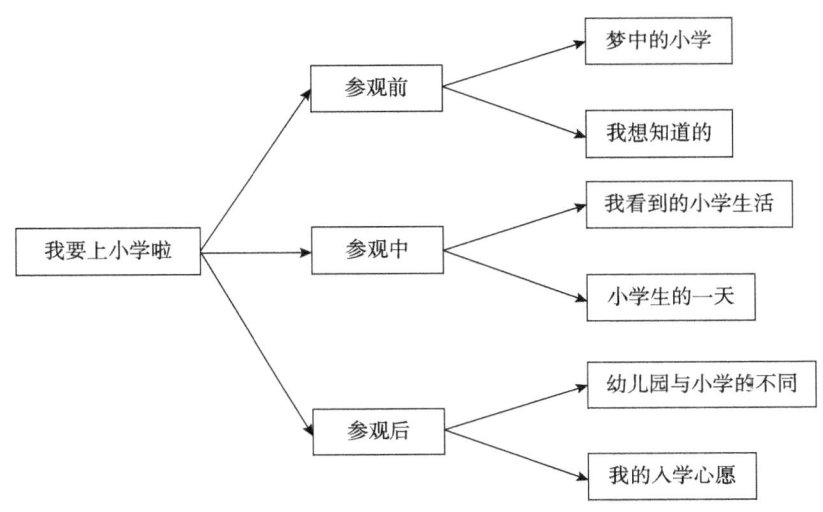

图1-7-1　幼儿园"我要上小学"衔接课程主题网络图

2. 特色活动——亲身体验

在主题活动的开展中,我们会带领幼儿多次深入小学开展衔接活动。一方面是基于我们的资源优势;另一方面,更为重要的是我们在衔接教育中尊重大班幼儿的年龄特点和学习特点。尽最大努力,为幼儿创设直接感知和亲身体验的机会,从而获得直接经验。多次与小学互动的过程中,我们将活动进行梳理,划分出不同的层次与不同目标,总结为"走进小学五部曲"。

3. 参观环境——初步感知

比如,对小学校园的认知,我们先带领幼儿到小学,有小学的小记者带领幼儿直接感知小学校园环境,了解小学的各项设施,回来以后我们再带领孩子画小学、搭建小学。我们相信同伴互学的效果要远远好于老师的说教,于是,尽力为大班孩子创设与小学生零距离接触的机会。与小学生面对面——答疑解惑,让大班孩子带着问题与哥哥姐姐对话、交流。

4. 体验课堂——参与了解

为树立幼儿的自信心,使幼儿能够有机会与能力参与到小学课堂中,在设计体验课堂时,更多选择大班孩子能够接受的舞蹈、体育、美术、音乐、外教等课堂。体验中,孩子不仅感受到小学课堂的秩序感与要求,而且被邀请参与互动与游戏。

5. 同上一节课——深度体验

比如,体验小学课间十分钟,学习课间十分钟要做什么,我们不是简单地感受十分钟有多长,让幼儿讨论先干什么、后干什么,而是带着孩子实际走进小学,融入一个班级中,由小学生带着大班孩子实际感知、体验十分钟课间时间,最后获得真实的经验。

（二）幼小相关区域活动衔接

1. 幼小班级区域材料渗透

益智区：钟表材料、认识时间、小学生的一天加减运算游戏材料、正确坐姿、书写姿势、数字写法材料；语言区：与上小学有关的图书、汉字拼摆、名字描写、汉字找朋友、拼音迷宫、名字大转盘等；美工区：制作联络卡、包书皮、自制课程表；建构区：搭建小学的相关材料；表演区：毕业典礼彩排。

2. 公共区域游戏中的衔接

小巧手：投放图书、铅笔盒、水杯等小学生用品,大班幼儿可以在游戏中体验整理书包；投放铅笔和转笔刀,大班幼儿可以尝试学习自己削铅笔、整理铅笔盒。

超市和银行：超市购物中设计了使用钱币、找零钱等数学内容，银行游戏中涉及了钱币兑换等数学内容，幼儿在游戏中可以自然习得相关数学概念与经验。

计划与回顾：为发展幼儿的自主学习能力，公共区域游戏中幼儿要完成计划－工作－回顾的流程，这一流程不仅促进游戏中的高质量学习，也让幼儿养成做计划的习惯，以及任务意识。

服务生：游戏中承担服务生，培养责任感。

小导师：服务生小导师，大带小完成游戏，正确认识自己的能力，有担当。

（三）生活活动及过度环节衔接

（1）有层次地开展来园记录，记录中学习书写自己的名字，同时通过评选全勤明星，培养幼儿坚持来园、不迟到等习惯。

（2）自己盛主食、主动饮水，培养餐饮管理能力。

（3）每天背书包、自己整理柜子、书包。

（4）每天记录回家后的任务，进行任务意识培养。

（5）通过"飞猪计划"，坚持每天阅读一本书，培养阅读习惯。

（6）开展感知觉训练小游戏，提升入学成熟水平。

（7）在过度环节吟诵经典诗词，开展拼音小游戏。

（四）具体内容衔接

1. 生活自理能力准备

收纳整理的能力；餐饮中的自理能力；安全自护的能力：游戏中的安全、用眼卫生等；活动中的安全：小学活动器械高而大，场地硬，学生多，老师不可能随时呵护在学生左右，所以现在大班教师就会提前嘱咐孩子活动时守秩序、不推挤、不疯跑等；自我保护意识：隐私的保护，遇到问题主动找老师，内裤和背心覆盖的地方任何人都不得冒犯等。

2. 良好的学习习惯培养

李季湄在《幼儿园教育工作指南》概述中指出：要培养幼儿在学习态度方面、学习行为与习惯、学习方法等方面的品质。学习习惯的培养包含在学习品质的培养中，因此在培养方法上也与学习品质的培养应该是一致的。

我园依托各领域的学习内容，充分利用幼儿园一日生活各个环节培养幼儿学习品质（学习习惯），并通过集体教学、区域活动、生活活动等实施。

通过过程调控渗透良好学习品质：在社会活动区中让幼儿做计划、总结，每日给幼儿布置一个小任务，都是对幼儿学习过程的干预，有助于提升幼儿的计划水平、任务意识、反思能力。

通过材料投放培养良好学习品质：如在集体活动中使用新颖道具，在区域活动中投放幼儿感兴趣的材料，有助于提升幼儿的活动兴趣，增强探究欲望，促使幼儿专注地工作。

通过环境支持建立良好学习品质：如在班级主题墙上呈现幼儿解决问题的经验总结，有助于幼儿尝试解决问题；在区域环境中呈现清晰的支持图，可以支持幼儿坚持完成一件事。

通过教师指导形成良好学习品质：一日活动中教师的鼓励、引导、积极评价，有助于幼儿克服困难、坚持完成任务。

通过同伴交往形成良好学习品质：大班孩子的学习特点是小组化的共同学习，在同伴合作中可以共同完成任务或作品，发展合作能力。

3. 社会交往能力准备

社会交往能力弱的孩子很难处到新的朋友，从而会感到自卑和孤单，心情沮丧，学习兴趣大大降低，影响学业成就。儿童的交往能力对他们的学习、生活有很大影响，我们注重培养孩子主动与同伴交往、独立处理和同学之间的冲突的能力。我们引导孩子遇到问题有时可以找老师反映并寻求帮助。

4. 适当的知识储备

幼小衔接防止小学化，并不是完全不要知识学习，而是要通过适合的方式，将适宜大班幼儿的内容教给他们。

拼音：采用游戏化的、情境化的方式教幼儿。识字：在阅读中激发对文字的兴趣。数学：在操作中理解数学概念。

5. 家、园、校全员参与支持幼小衔接

小学校长与幼儿园园长之间的平台搭建与支持，为幼小衔接工作顺利开展提供保障；幼儿园主任与小学主任之间的日常沟通与交流，使得幼小衔接工作顺利落地开展。

教师：大班年级组集体备课；与小学教师开展集体备课；邀请小学教师走进幼儿园；幼儿园教师走进小学，为幼儿和一年级学生同上一节课。

家长：通过网站平台和公众号，让家长了解幼儿园开展的相关衔接工作；通过班级任务的形式，让家长参与到衔接适应中；解答家长的个性化问题和咨询。

（五）混龄教育实践

1. 同一学段内的混龄教育实践

同一学段是指幼儿园、小学、初中或高中各个学段的内部，本文聚焦于学前阶段的混龄教育研究，因此特指幼儿园学段内部，针对不同年龄幼儿开展的混龄教育。我们主要从以下方面进行了尝试与实践。

依托节日、季节等全园大型主题活动开展的混龄教育活动。如在新学期开学时，中、大班老师会围绕主题"开学了"组织幼儿开展迎接小班弟弟妹妹入园的活动，有的班级送弟弟妹妹礼物，有的班级策划欢迎仪式，还有的班级给弟弟妹妹表演节目送祝福，大班幼儿体现了幼儿园小主人的责任感与主人翁意识，小班幼儿看到哥哥姐姐也容易受到感染，产生向往之情。在端午节、中秋节等传统节日来临之际，幼儿园组织的包粽子、做月饼活动也为混龄教育提供机会，中大班幼儿走进小班，带着弟弟妹妹一起动手做美食，手把手教弟弟妹妹操作，低年龄幼儿在高年龄幼儿的指导和帮助下，更容易融入情境、理解活动的要求，从而共同合作完成任务。

依托我园公共活动区园本特色课程开展的混龄教育活动。公共社会活动区游戏是我园根据幼儿"做中学""玩中学""生活中学"的特点，结合幼儿园宽阔的楼道资源环境，模拟真实社会场景，为幼儿创建的混龄游戏区域。游戏区共有 18 个，每个区域老师都提供了适宜小、中、大班幼儿独立参与和合作完成的游戏内容与游戏材料，为混龄开展游戏提供了可能。在游戏过程中，全园不同年龄班级的幼儿打破班级界限，以大带小或自由结伴的形式参与游戏。

在公共活动区游戏中，幼儿通过多种形式的大带小混龄活动，促进幼儿通过动手、动脑与环境、材料互动，与不同班级和年级的同伴、教师互动，与所遇到的问题和困难互动，在互动的过程中感知不同社会场所，体验不同社会角色，理解并遵守相应的规则，积累相关生活经验，得到身心和谐全面发展。

以户外体育活动为依托开展的混龄教育活动。我园的自主混龄游戏还体现在户外阳光体育运动中。在自主化的阳光体育活动中，教师为幼儿提供了轮胎、梯子、积塑、沙袋、推车等适宜走、跑、跳、投、爬、骑等运动技能练习的大型户外游戏材料。活动前，大班幼儿自主将游戏材料摆在相应的区域和位置，每个游戏区域都有适合中班或大班幼儿的不同难度的游戏内容供选择。活动中，中大班幼儿以混龄的形式自选区域、自由结伴参加阳光体育游戏活动，同时游戏中大班幼儿还承担了中班弟弟妹妹的"小导师"，示范游戏玩法、帮忙解决困难。活动后，大班幼儿再次将游戏材料进行收拾整理。

2.跨学段的混龄教育实践

跨学段开展的混龄教育实践，是指幼儿园与小学之间，或幼儿园与中学之间开展的混龄教育活动。跨学段开展的混龄教育活动，由于学生或幼儿之间在年龄上的差距较大，为学生或幼儿提供了家庭中兄弟姐妹的角色体验，更容易激发、调动高年级学生的移情、关爱等社会情感，同时为学前阶段幼儿提供学习与模仿的参考与榜样。凭借我校幼、小、初、高十五年一体化办学与管理，我们探索了以下幼儿园学段与其他学段之间开展混龄教育活动的有效形式。

（1）相邻学段的混龄教育活动。幼儿园与小学是相邻学段，我园开展的幼小混龄教育集中体现在幼小衔接方面，在不断的摸索中我们逐步形成了幼小衔接混龄教育五部曲：

第一，小学生担当校园小导游，带领幼儿园小朋友参观小学环境，培养小学生的自豪感与责任感；在参观中幼儿初步感知小学生活，激发对小学生活的向往。第二，幼儿对话小学生，小学生给幼儿园小朋友答疑解惑，在混龄互动中使幼儿加深对小学生活的了解。第三，幼儿观摩小学生课堂，初步了解小学课堂规则，初步感知小学课堂。第四，幼儿与小学生同上一节课，亲身体验小学课堂，深度参与到小学一年级的教学中，获得小学课堂的直接经验。第五，小学生走进幼儿园：经过一段时间的小学生活，升入一年级的小学生再次返回幼儿园，向弟弟妹妹展示自己的成长变化与认知收获，入队的一年级小学生给大班幼儿讲解如何成为一名少先队员、红领巾的意义、展示红领巾的系法，成为新一届大班弟弟妹妹的榜样。

（2）非相邻学段的混龄教育活动。幼儿园与中学之间是非相邻学段，因此共同开展教学活动的可能性较小，但是因为我校幼儿园与中学地处同一个校园，地理位置上的相邻加上有共同的节日主题活动，为开展混龄教育提交了可能性。

比如中学每年春季都会有"探春节"活动，幼儿园每年也有春季系列主题活动，因此经过中学老师与幼儿园老师的共同商量，我们开展了一次别开生面的幼、小、中、高四个学部学生共同参与的探春节活动。在活动前不同学部的老师们共同商量活动方案，为学生参与活动创设了包容性很强的传统文化项目。活动中，中学生承担着哥哥姐姐的角色，一对一带着幼儿园的弟弟妹妹一起参加活动，他们调用已有知识经验给弟弟妹妹讲解相关知识和操作方法，一方面培养了中学生的关爱与耐心、保护意识与责任感；另一方面幼儿在高年级哥哥姐姐的陪伴下拓宽了视野、提升了认知，产生对自己学长的崇敬，激发了增长本领的愿望。

再如，在幼儿园的迎新活动中，中学管乐团的哥哥姐姐前来助阵，为新入园的弟弟妹妹献上喜欢的动画音乐，减少他们的分离焦虑；在学雷锋纪念日，初中的哥哥姐姐争相来到幼儿园，给弟弟妹妹整理玩具、擦洗滑梯，使幼儿园变得更加整洁干净，使中学生的学雷锋行动落在实处，同时也使幼儿园小朋友学会懂得感恩他人；六一儿童节之际，为使幼儿园弟弟妹妹度过一个有意义的节日，中学生在团委老师的引领下，为弟弟妹妹策划了一次音乐会，从乐器的认知到音乐的演奏，再到节目的形式，努力从弟弟妹妹喜欢和可接受的角度安排整台节目，在取得弟弟妹妹喜欢的同时，也提升了自己的经验与能力。

三、中小学有机衔接

（一）中小学教育衔接模式研究

为顺利达成中小学素质教育衔接的目标，我们遵循教育发展的规律，从九年义务教育实际出发，强化依法治教、依法执教，充分运用决策、计划、组织、监控等基本管理职能，用科学的管理方法，以有效地发挥教育资源的人、财、物、时、信息等要素的效用。制定并采取有利于初中、小学相互衔接的教育管理措施。

（1）中小学行政之间要加强教育管理工作上的衔接：中小学教师之间要强化教育教学工作上的联系、沟通，构建一种以实现中小学素质教育相互衔接为目标，中小学教师之间相互衔接的管理体系。

（2）中小学教育衔接目标：主要是探讨目标一致、相互衔接、合力育人的中、小学德育新体制。

（3）教育衔接的主要内容有：培养良好的心理品质、陶冶高尚的道德情操、学习正确的思想方法、树立法律法规意识、了解社会发展常识和基本国情；逐步培养学生爱祖国、爱人民、爱劳动、爱科学、爱社会主义、爱集体的思想感情，养成文明礼貌、诚实守信、严格自律的良好行为习惯；使学生初步具有面对挫折的承受能力和对待成功的正确态度，初步形成正确的思想观与道德观念，具有一定的分辨是非的能力，在了解唯物史观的基础上树立崇高理想和参加社会主义现代化建设的责任感。

（二）中小学两个学段在学科教学上的衔接研究

1. 准备和起步阶段

（1）加强学习，提高认识。首先认真贯彻学习"中小学教育教学衔接研究"工作方案、计划等有关文件，学习关于教育的理论，开展专题讲座对实验教师进行了培训，强化理论学习。实验教师写出 2 万字左右的理论学习笔记。

（2）组织落实，制订计划。建立学校实验组织机构，明确参加实验的教师及实验对象，成立以校长为组长的课题领导小组。制订课题实验方案，并进行课题的论证，保证实验工作有目的、有计划，稳而有序地进行。

（3）搞好前测。以问卷的形式对我校教师和学生进行前测调查。教师方面：我们针对教师对中小学教育理论的认识、教师的课堂教学等方面进行了调查。学生方面：我们对学生的兴趣、学习态度、学习方法等方面进行了调查，前测数据统计与分析为衔接研究工作的深入开展奠定了基础。

2. 实验发展阶段

我校的实验工作以理论学习为先导，以课堂教学为基础，以研讨交流为手段，以加强实验管理为保障，以建立衔接模式为重点，全面实施实验因子，使实验工作层层深入。

（1）抓理论学习因子的实施，增强实验的科学性。①领导高度重视，注重把理论学习落到实处。②理论学习的内容有针对性和实效性。③在自学的基础上，辅导、研讨、讲座相结合，加强理论学习。

（2）抓教学回顾因子的实施，促进教学反思。①做好每节课的课后回顾。②做好每月一次的精优回顾。

（3）抓交流，促研讨。①以幼小中集体教研为渠道，创造性开展课题研究交流活动。②以不同形式的交流会为载体，传递有效信息，形成优势互补。③学期末交流，每学期末召开交流会，总结阶段成果，把好的论文、理论综述、教学模式、小结等在会上进行交流。

（4）开展"三课"活动，理论联系实际。①开展研讨课，强化研讨课的研究功能。②开展汇报课，提高教师的研究能力。③开展观摩课，增强成果意识。

3. 实验总结阶段

构建衔接模式，提炼研究成果。在实验总结阶段，我们把努力构建既符合科学规律和学生身心发展规律，又有本人独特风格的教学作为我们的主要研究内容。实验教师在总结自己教学实践的基础上运用教育理论，结合自己的学科特点，进行提炼、加工，建立起自己学科的教学模式，形成个人的教学风格和特色。课题组做全面系统的实验结果分析，形成研究成果集。在实验研究中，实验成员边实验、边推广，使实验产生正迁移效应，促进了我校中小两个学段教育教学衔接工作的深入发展。

（三）一贯制背景下德育衔接的多样化实践

（1）成立班主任工作室，引导班主任工作；办好家长学校，举办家长讲座、社会大课堂，进一步形成德育合力。

（2）以人为本，真正落实"全员德育、全面德育、全程德育"，建立以激励文化为中心的德育管理机制，帮助实现自我超越。

（3）以行为养成教育为核心，为学生终身发展奠基；以"实践教育"活动方式，让学生在日常生活中体验道德与人格的魅力。

（4）创办学校教育论坛，与周边中小学校构建合作交流共同体；工会、各学部定期开展读书交流活动，搭建个性发展平台。

（5）推行班级项目制管理改革，让每位同学在角色转换中承担责任、主动成长；创新团委、学生会的工作，开展丰富多彩的社团活动，培育了孩子们的团队精神、合作能力，激发了孩子们的人生斗志与奋斗精神。

（6）创新课间运动方式。以华尔兹舞蹈、中华太极扇等方式，培养孩子们的爱国精神、集体主义精神，激发孩子们的精气神。

（7）创新社会实践活动。走进社会、了解社会，提高未来适应社会与改造社会的能力；开展丰富多彩的游学活动，各年级精心设计入境教育活动，深入开展职业体验与调研活动。

（8）开展志愿者活动，积极关注弱势群体、服务社会；创新设计有意义的"探春节、戏夏节、品秋节、暖冬节"这样的"四节"活动，让师生共同参与，实践体验，增进互信，同生共长。

四、幼小初高衔接取得的成效

（1）幼小初高魅力教育教学展示活动："创新教育"论坛、"大教研"论坛、"魅力课堂评课"论坛、"站在终点看起点"论坛、"走出世界看教育"论坛。

（2）幼小初高班主任工作一体化管理：组织幼小初高班主任工作室系列活动，按时召开工作交流例会；幼小初高"从终点看起点"论坛；"教育最终是为了学生"专题活动;"自我寻找、自我发现、自我安顿"幼小初高班主任心理健康培训。

（3）激励文化覆盖幼小初高：定期更换校园橱窗，明确实施各项奖励;"沟通、合作、坚持、向前冲"拓展活动;"花开青春路，最是奋斗时"主题活动;"让微笑成为'北实'最美的语言"主题教育活动。

（4）社会实践活动关涉幼小初高：创建"北实"魅力小超市;"北实"魅力讲堂;实施魅力研学系列课程：走进徽州文化、江南古镇文化等。

（5）家校德育工作面向幼小初高：家校合力，多角度、多维度、多元化进行德育教育:"同心共筑北实梦"家长进校园活动;"让微笑成为'北实'最美的语言"主题教育活动。

（6）幼小初高联动的学生社团及团队：小白鸽红领巾志愿者服务队;离队建团，团队衔接;全校活跃着艺、体、科技 64 门课程，38 个社团。

五、混龄教育中师生的成长与收获

混龄教育的概念在我国来看不算新鲜事物，但是从十五年教育的视角，开展跨越四个学段的混龄教育实践，在全国来看应该不多。基于这样的办学优势，我们的混龄教育实践探索在不断地深入，同时也带来了学生的成长与教师专业的提升。

1. 混龄教育带来学生的收获

我国目前的二胎政策刚刚放开不久，对于大多数学生来说在家庭中仍然是独生子女。混龄教育的开展，正好为学生提供了一个近似家庭的生活学习环境，能在一定程度上弥补学生在家庭中无兄弟姐妹带来的弊端。混龄教育环境为学生提供更多的角色经验，促进角色承担能力的发展，为年长学生提供了帮助他人和包容低能力年幼同伴的机会，年长儿童还练习了微妙的管理艺术，并通过维护规则、维持秩序和保障安全等活动增强了团体责任感和自控能力。同时，年长儿童还成为年幼儿童语言学习、认知经验、体能锻炼、交往策略等方面的学习榜样，年幼儿童通过模仿榜样而获得更高的提升。混龄教育中，还为性格内向、社会性不成熟的年长儿童提供发展社交技能的机会。

2. 混龄教育促进教师的成长

混龄教育的开展首先带来的是教师教育观念的改变。首先，在混龄教育中，教师逐渐认识到除了课堂教学，学生之间也是可以相互影响与教育的，教育效果往往要更好于教师的说教。学生在混龄教育活动中的亲身体验与实际参与获得的直接经验与感受，是其他教育形式无法替代的。其次，混龄教育中教师跳出了原有的教育学段来看待教育问题，能够站在十五年教育的视角看待教育效果，不再局限于固定学段，因此眼界更宽、思考更广。

3. 混龄教育促进教师教育行为与实践的转变

混龄教育要求教师打破年级、学段的限制，站在同一课堂、同一教学内容上思考问题，同备一节课、同上一节课。这样的教学背景下，运用而生了同一学科下幼小初高大教研组，兴起了集体备课制度，建立了全校学术委员会，形成了特有的衔接课程，构建了从学生整体发展出发的魅力课程体系。

六、反思及今后探究之处

当然，在十五年一贯制背景下开展幼小中教育教学管理的衔接，尚有一定的局限性，还有待于我们进行持续深入的探究。我们要不断地进行文献综合研究、实证研究、实验研究与实践研究，并不断推进幼小初高教育、教学、教研、科研、管理、评价的衔接，进一步加强理论学习，对先进的和成功的衔接经验进行总结，通过有目的、有计划、有步骤地开展幼小初高衔接活动，通过调研学生的身心发展状况、学生的学习方法和学生实际能力等，构建新时代学校教育教学、管理与评价衔接新模式，培养学生的自主学习和自我管理的能力，不断创新幼小初高教育教学管理衔接实践研究新成果，不断丰富魅力教育教学新理论，从而不断显现北京实验学校十五年一贯制衔接工作新特色，创建中国基础教育现代化的卓越品牌。

第8章 北京实验学校十五年一体化魅力课程战略规划

一、规划背景

（一）制定战略规划的意义

教育全球化是当今国际教育发展的一股势不可挡的潮流，课程改革是应对教育全球化的重要举措，也是整个基础教育改革的核心内容。北京实验学校以教育全球化的视野，深入贯彻党的十九大和十九届二中、三中、四中、五中全会精神，坚持以习近平新时代中国特色社会主义思想为指导，全面贯彻党的教育方针，落实立德树人的根本任务，遵循教育规律，在新课程理念指导下，扎实有效地开展新课程、新教材改革与实验，完善与实施基于"五育并举"的十五年一体化魅力课程战略，挖掘、整合课程资源，实现教师、学生、家长和社会人士共同参与课程建设，积极推进十五年一体化融通课程的研究与实践，提升课程研究力、领导力以及影响力，进一步深化魅力教育研究，努力推动学校育人方式变革，全面提高育人质量，发展学生核心素养，为孩子的终身发展与幸福成长奠基，彰显学校魅力教育特色，加快推进学校治理体系和治理能力现代化，全面开创学校魅力教育卓越品牌建设新局面。

（二）发展的机遇与挑战

1. 百年名校历史文化悠久灿烂

北京实验学校是一所百年名校，原名香山慈幼院，具有悠久、灿烂的历史与厚重的文化积淀，由著名平民教育家熊希龄先生创办，实施慈善教育和平民教育，开创了中国近代教育的先河。香山慈幼院首创幼、小、中、职一体化教育体系，打造学校、家庭、社会三合一的"慈教航母"；实施"德智体群"四育，全面培育爱国公民；成为全国模范学校，造就国家有用人才。

2. 十五年一体化魅力教育优越

近年来，通过实施"十五大战略"，推动了 75 项教育教学改革，学校现已发展成为海淀区唯一的一所集幼、小、初、高于一体的十五年一体化公立示范学校，成为北京市幼小初高十五年一体化基础教育综合改革实验学校，并与平谷区四个分校一同组建北实教育集团。目前在校学生年龄跨度为 3~18 岁，涵盖基础教育的四个学段。学校建立了幼儿园、小学、初中和高中顺畅沟通的平台和机制，实现了各学段教育有效对接，适于进行各学段贯通的课程改革实验，实施十五年一体化魅力教育。

3. 著名教育家课程卓越引领

著名教育家曾军良校长首创魅力教育，创造了以"魅力教育"为特色的学校文化，推动学校综合改革，经过十年不懈奋斗，学校发生了根本性变化。2011 年以来，曾校长出版了一系列魅力教育专著，全面、系统、创造性地论述了魅力教育思想，不断推进魅力教育改革系列理论新思考。其代表作《曾军良与魅力教育》已作为当代教育家成长丛书出版。他以"治理体系、治理能力现代化，提高治理效能"为原则，创新学校治理方式，提出了"课程育人"理念，创设"学术委员会"，以"学术委员会"为平台，开展有关课程的系列培训和研究，不断提升干部、教师的课程策划力、理解力、实施力、整合力，并引领"北实人"不断推进从课堂教学走向课程育人，从学科教学走向学科育人。"课程育人"研究与深化，学校逐步形成了以魅力课程为特色的课程育人体系，将"立德树人"根本任务贯穿于育人的全过程。学校的美誉度、影响力不断扩大，相继被评为"北京市身边好学校""京城最具加工能力领军中学""京城教改创新领军中学""京城最具幸福感领军小学""中国魅力学校""中国好老师行动计划基地校""全国科研兴校先进单位"等荣誉称号。

4. 幼小初高融通课程资源得天独厚

作为百年老校，经过几代人的努力，学校已发展成为集幼、小、初、高于一体、十五年一贯制的教育集团，是北京市示范幼儿园、北京市一级一类幼儿园、小学教育质量一类校、海淀区首批示范高中校，是北京市一所幼、小、初、高十五年一体化基础教育综合改革实验学校。在弘扬熊希龄"面向社会、全面育人、追求高水平教育"的教育思想基础上，"北实人"励精图治，不断创新，成效显著。学校先后被评为"全国基础教育课程教材改革实验先进单位""全国科研兴校先进单位"。这一得天独厚的办学条件，为我们研制并实施十五年一体化魅力课程体系提供了可能。

学校历史厚重，从熊希龄先生的"慈善教育"到曾军良校长的"魅力教育"，学校历史文化是难得的课程资源；从幼儿园的游戏课程到小学的活动课程，从初中的实践课程，再到高中的实验课程，已形成年龄进阶的贯通课程；幼小初高在阅读、优秀传统文化、艺术、科技等方面都已经开始贯通培养；相邻学段之间的衔接课程成为本校的品牌课程；另外，节日课程、游学活动、德育课程等都形成了幼小初高的融通系列。

自 2011 年起，学校开始十五年基础教育综合改革实验，开展了幼、小、初、高一体化实验研究，开发幼小、小初、初高融通教材，有效促进了孩子生命的有序成长。本着"满足不同类学生的需求的原则"，增强课程的选择性、适应性，开发系列课程，使学生在不同类课程的学习中发展能力、磨炼意志、发展兴趣、激发动力、锻炼思维、强健体魄、增强活力、产生魅力。

5. 一流的专家团队和强大的教师梯队

学校注重师资队伍的梯队建设，制定了《魅力教师的"十条标准"》，目标是建设一支师德高尚、业务精湛、梯队合理的高素质专业化教师队伍，由特级教师、市区学科带头人和骨干教师、优秀青年骨干教师三个梯队组成，在培养目标上有不同的要求和追求。学校现有特级教师 24 人，博士后 1 人，博士 7 人，硕士 33 人，市区学科带头人、骨干教师 100 余人，高级教师 100 余人。教师队伍堪称师德高品位、专业高学识、能力多方位、科研高水平、工作高成果。为全面实施高中新课程、新教材提供了强有力的人才资源保障，也为学校落实高中育人方式变革奠定了人才基础。与此同时，学校重视教师梯队培训，通过"青蓝工程""督学引航""五个工作室"，让更多教师成为专家型教育、教学人才。近年来，学校通过内培外引，拥有一流的专家团队和强大的师资队伍，他们来自全国各地，带着各地的先进课程研发经验齐聚学校，为学校的一体化课程研发注入活水。同时，学校利用特级教师工作室、班主任工作室、青年教师工作室、教科研工作室让更多教师成为专家型教育、教学人才，实现了教师队伍的不断优化，青年教师成长迅速，脱颖而出，成为课程研发的新生力量。学校还建立了由全国知名专家教师组成的智库，为课程研发提供理念和理论指导。实现了教师队伍的梯队化发展，不断优化教师队伍的结构和专业成长范式。学校被评为"中国好老师行动计划基地校""北京市中小学教师校本培训示范学校"。

6. 强有力的科研体系支撑课程发展研究

学校专门成立了课程科研处，加强对新课程、新教材的研究与实施。先后开展了熊希龄人文实验班、科学实验班、医学科学实验班、1+3 实验班的课程开发与研究，还承担教育部幼小中一体化实验课题研究等 11 项国家级课题，承担市级课题 20 多项、区级课题 70 余项以及校本课题 300 多项。学校开展了新课程、新教材实施主渠道——魅力课堂的研究，提出了魅力课堂"四"场的基本观点和"一核心、两相融、三原则、四归还、五不讲、六特ману、七策略、八追求、九解读、十要素"的课堂主张，为高质量实施新课程、新教材提供了强有力支持。在教科研方面取得了丰硕的成果。为了最大限度地发挥学生的特长，"北实人"积极致力于幼、小、初、高一体化的校本课程建设，教师的课程理论与实践研究取得了突出成效。近五年来，学校在《人民日报》《中国教育报》《教育家》《北京教育》《北京晨报》《北京晚报》《现代教育报》以及各级各类报刊发表了 300 多篇有关学校教育教学管理的文章，我校的校本研究课题达 300 余个，开发的校本课程达到 230 多门，涵盖了 11 大领域。校本课程让孩子走进大千世界，深受学生欢迎。学校还有 38 位教师承担了教育部新疆、西藏内高班教材的编写任务，成功编写出 25 本国家教材，并获得全国教育科研成果一等奖。本套国家教材的编写，既是一种担当，也是一次挑战，还是一个机遇，既填补了新疆、西藏内地高中预科班没有教材的问题，也为民族稳定工作提供了强有力的教育保障，还充分展示出"北实教师"的敬业和探索精神。学校在一体化教科研方面取得了丰硕的成果，近几年来，我校每年成为海淀区提交科研论文和获奖数量"两个最多"的学校，成为区级课题立项最多的学校，学校课程科研成果列区、市最前列。我校先后被评为"海淀区教育科研先进学校""北京市基础教育课程建设先进单位""北京市教育科研先进学校""全国科研兴教先进单位""国家级教育体制改革试点项目——基础教育课程教材改革试验项目学校"，这充分彰显了我校课程科研的优势，也为我校实施魅力课程奠定了坚实的基础。

7. 贯通式培养学生综合素养逐年提升

学校现有在校学生 3000 余名，所有学生均来自社区划片，约 15% 的同学来自非京籍外来务工人员子女，少部分来源于工商大学、海军总医院（现为中国人民解放军总医院第六医学中心）等周边单位职工子女，其他多属于甘家口社区居民后代，属普通生源。

学校学生学习习惯良好，学业水平在海淀区处于中等水平，学生通过参加课外兴趣班、学校课后一小时等，多数同学至少有一门兴趣爱好。在魅力教育的推动下，学生综合素养逐年提升，他们逐步拥有了自主管理和主动规划未来的能力和意识，期待着丰富多彩的课余生活和宽广的认知领域，并自发或在教师指导下创办了丰富多样的社团组织。学生们的主动发展状态成为我校进一步推进十五年一体化融通课程建设的又一强大动力。

（三）发展态势

1. 国际课程改革价值取向生态多元

随着经济全球化的步伐加快，培养具有国际竞争力的人才，是当今世界各国课程改革的重要目标。国际课程改革的价值取向主要体现在多元文化教育、全民教育、主体教育、生态教育和个性教育五大方面。课程是学校教育的核心，是对学生发展的重要载体。

2. 国家课程改革指向一体贯通培养

党的十八大、十九大明确提出了深化教育领域综合改革、落实立德树人的根本要求。《教育部关于全面深化课程改革 落实立德树人根本任务的意见》明确提出：基本建成高校、中小学各学段上下贯通、有机衔接、相互协调、科学合理的课程教材体系；基本确立教育教学主要环节相互配套、协调一致的人才培养体制；基本形成多方参与、齐心合力、相互配合的育人工作格局。这为解决多年来基础教育存在的学段割裂状况，实现基础教育一体化贯通培养指明了方向。

3. 地方课程建设围绕提升核心素养

北京市课程改革突出课程"整体育人"的基本理念，即统筹各学段、各学科、各育人环节、各方参与人员和育人环境，以实现全科育人、全程育人、全员育人和实践育人。课程结构更加强调连贯性，学时实行总量控制，加强学科实践活动，鼓励突破学科课程的壁垒，开设围绕主题的跨学科综合实践活动，让学生有更多自主探究的时间和空间，同时进一步扩大区校课程建设自主权。

在北京市课程改革的引领下，海淀区强调从课程建设、课堂教学、队伍建设、综合评价、资源整合建设等多维度出发，促进课程多样化建设，丰富课程供给，给学生更多样的"营养"。倡导课程建设的出发点从"教"转向"学"，围绕学生提升核心素养，构建课程体系。

2017年北京市开始进行高考改革和高中新课程改革，依据《普通高中2017级课程实施指导意见》《普通高中课程方案（实验）》和各学科《课程标准（实验）》制定符合改革方向、高考改革目标的课程。

4. 学校课程建设面临的主要挑战

（1）"五育并举"课程体系需协同完善。落实立德树人根本任务，发展素质教育和核心素养，努力培养德智体美劳全面发展的社会主义建设者和接班人，是新时代赋予高中教育的新使命。如何实现"五育并举"课程体系的整体性、系统性，进而实现协同育人，是我们面临的挑战。

（2）适应新课程教学管理形式需要优化。"走班制"教学中所遇到的问题，如"行政班与走班教学班之间班级管理的缺位""分类教学与分层教学""学生的自我学习能力和管理能力的培养"等问题，需要进一步研究和探索。

（3）从基于"三维目标"到"学科核心素养"的教学变革面临重大挑战。培养适应终身发展和社会发展需要的正确价值观念、必备品格和关键能力，基于情境、问题导向的互动式、启发式、探究式、体验式等课堂教学，注重加强课题研究、项目设计、研究性学习等跨学科综合性教学，开展验证性实验和探究性实验教学，提高作业设计质量，精心设计基础性作业，适当增加探究性、实践性、综合性作业，推进信息技术与教育教学深度融合等一系列问题，考验着教师的育人能力和教育智慧。

（4）学生发展指导是学校面临的新课题。学生的发展指导走向综合化，对指导内容、指导方式以及相关机构的架构与建设提出了新的课题：如何明确指导机构，建立专兼结合的指导教师队伍；如何利用各种社会资源，构建学校、家庭、社会协同指导机制，帮助学生树立正确理想信念、正确认识自我，更好适应学习生活，处理好个人兴趣特长与国家和社会需要的关系；如何提高选修课程、选考科目、报考专业和未来发展方向的自主选择能力等，是学校面临的新课题。

二、发展总体要求

（一）指导思想

全面、深入贯彻党的十九届二中、三中、四中、五中全会精神，全面贯彻全国、市、区教育大会精神，以人的全面发展为本，以依法治教为保障，以问题解决为导向，以"魅力教育"改革为根本动力，立足学校实际，坚持"立德树人"培养目标，以办人民满意的教育为根本目的，全面落实教育部、北京市以及海淀区关于课程改革与建设的文件精神，以课程研究与课题研究为载体，以课程的丰富、规范、高质为重点，基于提升学生的核心素养，整体构建十五年一体化魅力课程体系，建立幼儿园、小学、初中、高中课程衔接机制，探索"直通车"育人模式，以课程和教学改革促进学校分类别、多样化发展，使课程更加满足学生发展的要求，充分发挥课程的整体育人功能，实现全科育人、全程育人、全员育人和实践育人，为孩子的幸福成长与终身发展奠基，加快推进学校治理体系和治理能力现代化，为全面建成魅力教育卓越品牌而努力奋斗。具体而言，包括：

（1）坚持"以人为本"，贯彻三个学会：学会学习和生活；学会做人与做事；学会生存与生活，培养学生核心素养。

（2）树立终生学习观，注重学生情感、态度、价值观的培养。

（3）渗透美育教育，发挥学科优势，以美促智、以美育德、以美健体，培养德、智、体、美、劳五育并举的建设者和接班人。

（4）设置满足学生需求的多元课程模式，促进学生个性化发展。

（5）构建科学评价体系，转变学生的学习方式和教师的教学方式。

（二）课程原则

在充分领会新课程方案和学科课程标准的前提下，根据学校教学资源和师资力量，在课程目标、课程内容、课程编排、课程设置等方面整体设计，合理设置。在必修、选修、校本课程等方面整体规划，积极探索，在探索中总结，在总结中调整，使课程方案体现逐年推进，学生自主选择空间逐步增加。

1. 全面均衡原则

切实落实教育部《中小学课程设置实验方案》的要求，开齐开足课程，均衡设置课程，促进学生全面、和谐与可持续发展。

2. 教育创新原则

新课程从设立到实践本身就是教育创新行动，参与者必须勇于探索，大胆开拓，积极实践，善于总结。在原有国家课程规划的基础之上，根据学校的办学理念，大力开展魅力教育。

3. 稳步推进原则

制定和完善各种与新课程实施相应的管理制度，强化以学科组、备课组为单元的校本课程研究制度，发挥各学科组的能动性。既要长期规划、统筹安排、提前准备，又要分步实施、突出重点、循序渐进。

4. 整合优化原则

整合国家、地方、校本三级课程，加强课程实施的操作性和实效性；整合学科教学内容，转变学生学习方式，实施多元评价方式，进一步提高教学效率。

5. 统筹合作原则

一方面,系列之间、模块之间、专题之间有递进关系的课程,应按顺序开设;系列之间、模块之间、专题之间没有递进关系的课程,可同时平行开设,以便学生选择。另一方面,新课程实验需要学校、社会家庭各方面的大力支持,才能顺利实施,学校要积极与社会、家长、学生联系沟通协调,统筹安排课程改革工作并加强合作。

6. 自主选择原则

尊重学生的兴趣和差异,增强课程的选择性,为学生提供自主选择的空间,满足不同发展层次、不同兴趣爱好的学生的多元化需求。

7. 师生中心原则

突出教师的主导地位和学生的主体作用,充分激发全体师生积极性、主动性、创造性,实现师生对美好教育的向往。鼓励教师勇于探索,改革教育教学方式,创新教育实践。注重学生的需求,要针对学生不同的问题和需求,按学科的不同要求,在不同层面上开展和实施,点面结合,以具体的实验、改革项目为点,深入扎实地开展富有针对性的实践和研究,以此促进学校层面教育教学改革的深入和发展。

8. 突出实效原则

根据学校教师教育教学工作实际,突出改革实验的实效性,以课程建设为中心,以学科为基础,以课堂教学为重点,引导教师参与各项行动研究。在实践中,更好地理解课程改革,了解当前课程设置的特点以及对具体学科的要求,深刻领悟学科思想,研究学科教学规律,开拓学科专业视野,在理论实践中提高教育教学水平和综合能力素养。

(三)发展目标

1. 课程价值定位

以十五年一体化融通课程建设为目标,通过科学设置课程,合理配置资源,满足学生发展需求,培养学生的实践能力和创新精神,全面提升学生的核心素养与综合素养,培养魅力学生,将来成为魅力人才,把学生培养成为具有"中国灵魂、国际视野"的现代人;通过课程研发,转变教师观念,树立为学生全面发展服务的教育意识,培养魅力教师,不断提升干部、教师的课程研发力、领导力和执行力,提升教师的科研水平和创新能力,不断促进新时代教师的专业化成长,实现课程整体育人的功能,全面提升学校的办学品位和教育质量。

2. 课程建设总体目标

基于国家课程标准，立足十五年一体化办学特色，以培养具有"北实精神、中国灵魂、国际视野"的"魅力人"为目标（图1-8-1），整合国家课程、地方课程与校本课程，涵盖基础课程、拓展课程、探究课程等多元课程类型，构建横向融通、纵向融通、立体融通的"十五年一体化融通课程体系"，形成优质多元、开放共享、个性选择、分类分层的课程结构，满足学生发展多样化、个性化、差异化发展需求，不断提高学生的创新学习能力、团队协作能力、实践调研能力、难题解决能力、讨论沟通能力和自我发展能力，培养学生的创新思维和综合能力，提升学生的多元智能与优异成绩，推进课程"整体育人"，使学生人人成才，尽展其才，从而实现全科育人、全程育人、全员育人和实践育人。

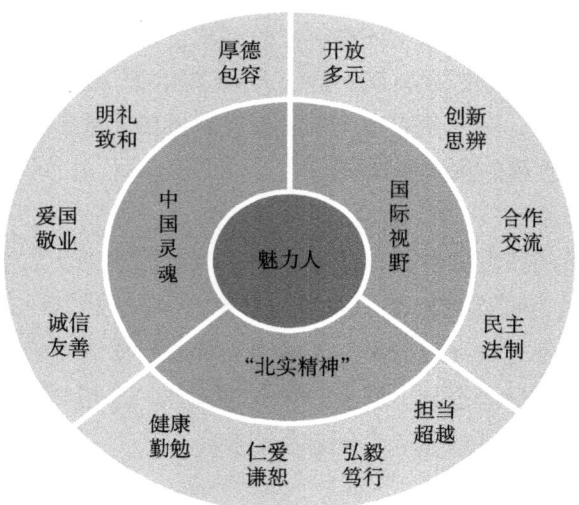

图1-8-1 北京实验学校课程培养目标

3. 学校课程总体框架思考

（1）学校以文化的魅力感召人、教育人，课程文化是学校文化的核心部分，十五年一体化的课程体系为学校的育人目标奠基。

（2）十五年一体化课程体系指从人的连续发展的角度，系统构建幼小初高全部课程的培养目标、课程理念、课程领域及实施方式。

（3）注重幼儿园、小学、初中和高中四个学段课程的贯通和融合，追求课程的整体育人功能。

（4）基础型、拓展型、探究型三类课程是将国家课程、地方课程及校本课程有机整合。

（5）五大领域、四个学段、各个学科、三种课型并存，学校课程结构形成网络。

三、战略实施

以科研为先导，站在育人高度规划新课程。健全课程科研工作机制，基于提升学生的核心素养，立足课堂，关注学生，形成全方位、多层次的项目研究格局。通过项目研究，整体推进课程改革，研制十五年一体化课程规划、推进魅力课程建设、开展课程评价、实施课程管理，提升学校教师课程领导力和课程品质，使学生获得健康、快乐和连续成长，促进学校的可持续发展。

（一）运行机制

1.完善一体化的课程体制

我校课程委员会是学校课程的最高领导机构（图1-8-2），校长任课程委员会主任，学部校长为副主任，课程科研处主任为秘书长，各学部教学副校长、教研组长、课程项目组长为委员。教导处和课程科研处是学校的课程管理和研究机构；办公室和总务处是学校的课程服务保障机构；各项课程的实施由年级组和教研组（课程项目组）双重管理。在课程规划研制成功后，在课程委员会统一领导下，责任明确，协调配合，有序推进各项一体化魅力课程的实施工作。

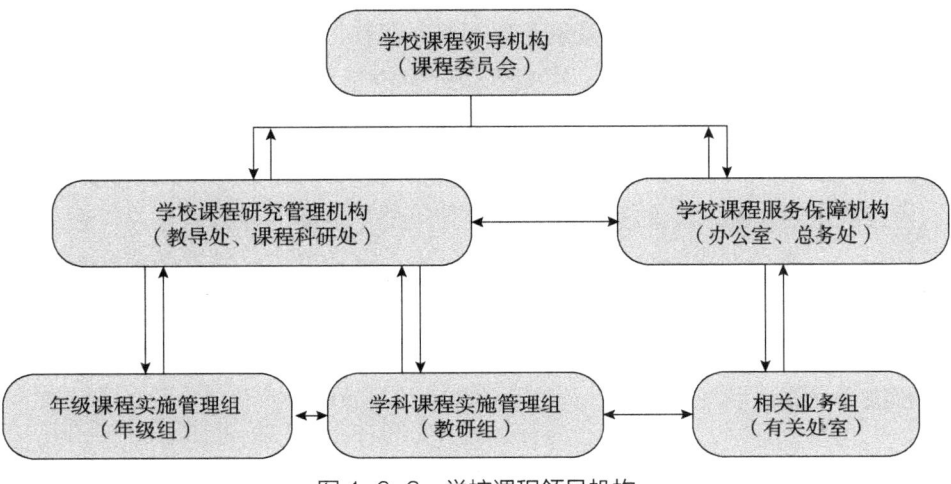

图1-8-2　学校课程领导机构

2. 学术委员会为"课程育人"提供智力支持

在学校"二五"期间学术委员会提供育人支持的基础上，在学校"三五"期间丰富学术委员会的组织与内涵，增设校内督学、青年教师工作室等学术组织，开展日常学科督导、教师幸福工程、特级引航讲坛等学术活动，为学校"课程育人"提供更为多样化的智力支持。

学术委员会负责学校课程的规划与审定，为课程研发和实施提供组织保障，并检查督促课程实施和评估。学术委员会要积极引领全体教师研究课程教学，研发校本课程，为学生提供丰富的课程选择；全体学术委员要积极推进常态课程教学研究，把年级组推向教育、教学双向研究的角色，也为不同学科和学段之间，提供更好的学习与交流平台，不断进行课程教学的研究、反思、评价、改进。

以教师为课程设计的主体，将课程内容、方法与学生的生活经验进行整合。不仅注重发挥每位教师开发课程的积极性和主动性，扩展教师专业发展的内容和空间，探究课程的"生长点"，更注重发挥教师团结合作、师生共同参与的作用。

在课程实施中，注重建立起师生之间的平等关系，使学生体验平等、民主、尊重、信任、宽容，形成自主自觉的学习意识；注重学生学习的过程和方法，以及在过程中产生的积极情感体验和正确的价值观；注重师生、生生之间相互合作、相互交流，强调"合作研学"，注重引导学生通过各类课程学习促进自主发展。

3. 加强团队研修，提升干部、教师课程领导力及执行力

校长具有统领学校执行国家课程、地方课程、校本课程的能力，关注课程变革中的焦点、难点问题，决策到位；定位学校课程发展的理念和目标，规划实现课程目标的课程门类，引领教师参与学校课程研发，统筹和开发利用课程资源。

发挥教育家型校长的引领作用，提升干部、教师的课程领导力、理解力及执行力；搭建课程教学培训交流平台，提高理论素养；提高中青年教师课程教学专业能力，引领中青年教师专业成长；加强学校教研组建设，提高校本教研（备课）组研修质量；改进学校对教师课程教学工作的评价，激励教师积极主动成长。

（二）实施策略

1. 遵循一体化办学特色，完善各学科魅力课程方案

坚持国家新课程理念，遵循十五年一贯制办学特色，倡导"魅力课程·校本特色·魅力课堂"的学校课程建设的价值观，把握魅力课程方案的基本结构、关键要素和建设要求，结合学校办学需求、发展目标和特色建构，整合各种教育资源，对基础型、拓展型、探究型及特色类课程进行统筹安排、系统规划和有效实施，积极完善符合教育规律、具有学校特点的魅力课程方案。课程研发主要有合作研发（校际合作与专家合作等）和自主开发两种形式，具体步骤如下：

学校各学科魅力课程规划和实施方案，主要包括：课程开发总体目标、课程门类与结构课程、实施与评价、管理保障措施等。校本课程开发，内容讲求形式多样，开发程式科学规范，具备课程目标、课程结构、课程设置、课程内容、课程实施、课时比例、开设学期、教学建议和课程评价方案、分类培养方案等基本要素。

2. 完善十五年一贯制学校魅力课程方案整体规划

一个体系：十五年一体化魅力课程体系（课程总体框架）。

两个课题：十五年一体化魅力课程建设的理论与实践研究（教育部科研规划重点课题）；幼小中魅力课堂的理论与实践研究（国家、市级科研规划重点课题）。

三类方案：十五一体化整体魅力课程方案及课程培训方案；各学段融通课程方案（幼小、九年一贯制、1+3、初高、高中、大学）；各学科魅力课程方案。

3. 构建多级魅力课程体系，推进校本特色课程建设

学校课程分为基础型课程、拓展型课程、究型课程及特色类课程等多层级体系，多层级课程体系层层递进，形成合力。

学校从学生兴趣出发，挖掘自身优势，利用外部资源，外引与内培相结合，着眼精品课程建设，推进师资队伍建设，重点培育校本特色课程。加强对校本课程的研发和管理，利用教学节评选表彰在实施校本课程方面优秀的教师。建立"一体化课程、人生与社会、文学与艺术、技能与生活、体育与健康、科学与实验、信息技术、学科拓展类课程与国际化课程"等一体化魅力校本课程体系。

围绕学校的育人目标，这一目标，遵循教育部、市区课程改革精神，从学校实际出发，提出"北实学生"的五大核心素养（语言与文学、自然与科技、体育与健康、实践与创新），围绕五大核心素养，确立了"基础型课程、拓展型课程、探究型课程及特色类课程"为支柱的全方位的魅力课程体系，指导和引领学校一体化魅力课程体系的建设与实施。

四、课程结构

为探索十五年一体化人才培养模式，学校构建国家课程、地方课程、校本融通课程的立体式融通课程结构，以实现课程知识的广度包容与课程深度的纵向衔接。在此基础上，以不同学段教师的协作、主动探究学习氛围的营造和不同学段升学壁垒的打破等手段，为一体化课程体系的实施提供保障平台。

（一）国家课程

国家课程是国家教育部门规定的统一课程。它体现了国家意志，反映了国家教育标准，是专门为未来公民接受基础教育后所要达到的共同素质而设计的课程。它根据不同教育阶段的性质与培养目标，制定各科目课程标准，编写各科目教科书。它是基础教育课程框架的主体部分，对基础教育的质量起着决定性作用。我校已按照国家课程标准开足开齐必修与必选课程，它主要包括基础课程、拓展课程及探究课程三类。国家课程由学校课程委员会组织领导，督学委员会负责督导，各学科大教研组具体实施，以保证国家课程得以全面而有效地实施。

1. 基础型课程

强调促进学生基本素质的形成和发展，体现国家对公民素质的最基本要求。基础型课程由各学习领域体现共同基础要求的学科课程组成，是全体学生必修的课程。

2. 拓展型课程

以培育学生的主体意识、完善学生的认知结构、提高学生自我规划和自主选择能力为宗旨，着眼于培养、激发和发展学生的兴趣爱好，开发学生的潜能，促进学生个性的发展和学校办学特色的形成，是一种体现不同基础要求、具有一定开放性的课程。拓展型课程由学科能力拓展课程、综合素养拓展课程和自主拓展课程三部分组成。

学科拓展课程主要由综合实践学习领域的学校文化活动与班团队活动、自我服务与公益劳动、社区服务与社会实践等各类活动，以及国家规定的各类专题教育组成，是全体学生限定选择修习的课程。

综合素质拓展课程指主要以拓展学生基本知识、基本理论和基本技能为主要内容的活动，帮助学生崇尚科学精神、稳定专业思想、掌握专业技能、提升职业素养。包括：拓展阅读、学术交流、学术报告、科普知识等专业延伸学习活动；专业技能、语言表达、文字写作、考级考证等技能提升活动；科技培训、科技制作、发明创造、学术研究等学术科技创新活动；生涯规划、就业指导、创业教育、职业导航等就业创业活动。

自主拓展课程主要由基础型课程延伸的学科课程内容和满足学生个性发展需要的其他学习活动组成，是学生自主选择修习的课程。

3. 探究型课程

学生可以通过提前选修大学课程，提高其专注于自己感兴趣领域的能力，发展自己的专长与特长，提高大学升学录取层次。学校会与国外友好学校及国内著名大学进行课程合作，允许学生在数学、物理、化学、生物、信息科学和外语等领域选修高级课程，以实现高中与大学的衔接。

（二）地方课程

地方课程是市、区教育主管部门以国家课程标准为基础，在一定的教育思想和课程观念的指导下，根据地方经济、特点和文化发展等实际情况而设计的课程，它是对国家课程的补充，反映了地方社会发展状况对学生素质发展的现实要求。由市、区教委统筹规划，已将新增地方教材与新课程计划实施进行了有机对接，明确课程性质、开设年级、学时要求、师资建议、评价建议等，促进地方课程在学校"落地生根"。经过10余年的开发与实践探索，目前，海淀区地方课程主要有6门，涉及人文、科技和地域历史文化多个领域。

我校地方课程建设始终坚持不追求门类多，而是注重彰显海淀的特点。已按照区里要求开足开齐地方课程，在初中设置的《海淀区地理》《海淀历史与文化》，小、初、高学段的《走近圆明园》教材，均为区域自主开发，服务于小、初、高学段"整体育人"。贯通义务教育和高中阶段的《信息技术》，在初中设置的《中学生知识产权教育》鲜明体现了科技园区的地方特色。贯穿小、初、高的《心理健康》课程教材，更好地呵护现代儿童成长，服务于全国心理健康教育示范区建设。通过传统文化教育项目研发礼乐文明教材，构建中小学德育体系。

（三）校本融通课程

在推广国家课程和地方课程中，出现了一些与当地脱节的现象，难以满足不同地方的需求，故出现了校本课程。校本课程实质上是一个以学校为基地，进行课程开发的民主决策的过程，即校长、教师、课程专家、学生以及家长和社区人士共同参与学校课程计划的制订、实施和评价活动，在于通过课程展示学校的办学宗旨和特色。我校依托十五年一贯制的办学优势，构建既能实现幼小初高四个学段无缝链接、纵向贯通，又能促进各学科知识整体融合的立体融通课程体系（图1-8-3），其具体包括以下含义：

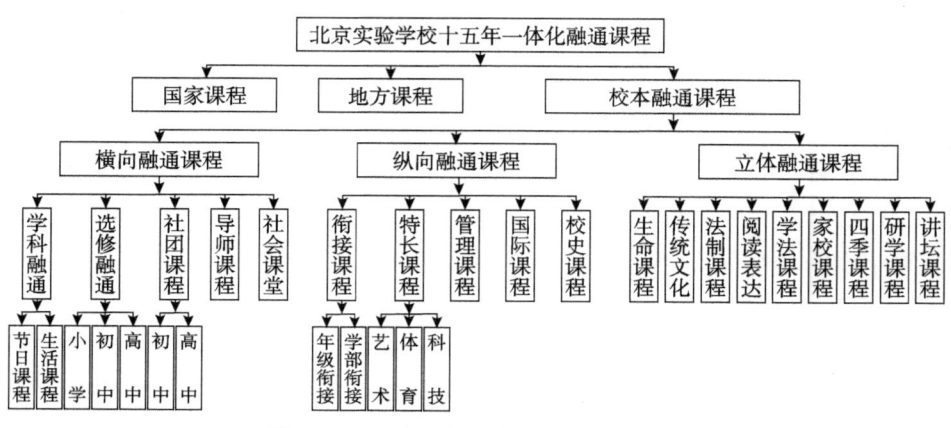

图1-8-3　十五年一体化融通课程体系

一是强调课程间的横向整合，通过四个学段多种学科的知识互动、综合能力培养，促进师生合作，实现以人为本的新型课程发展，在课程结构、课程内容、课程资源以及课程实施等各个方面实现一定程度的整合，从而促进课程整体的变革。

二是强调课程的纵向贯通，建设各学段的融通课程，促进四个学段间的有效衔接，同时加强一体化校本课程的建设，使课程目标、课程内容、课程实施和课程评价等方面均能体现出进阶性、整体性和一贯性。

三是整体开发四个学段衔接的"入境课程"和"引桥课程"，落实幼小、小初、初高衔接问题，完成幼、小学科，小、初学科与初、高学科（融通）课程（教材），并跟踪调研使用效果，再进行完善，以保证课程研究与整体实施的成效，促进学生、教师、学校的可持续发展。

1. 横向融通课程

以特定的人才培养目标为指向而组合起来的横向融通的集群式系列课程，如学科融通、选修融通、社团课程、导师融合、社会课程等。围绕学科核心素养逐步展开三层课程类型，逐层向外辐射而生成一套同心圆式的课程结构（图1-8-4）。该课程观强调"完整人"的培养，以"学科核心素养"的养成为课程设计的中心指向，逐层向外扩散课程的知识内容范围，不断增强知识呈现形式的灵活性，形成一套由基础型课程、拓展型课程和探究型课程组合的同心圆式课程结构框架。

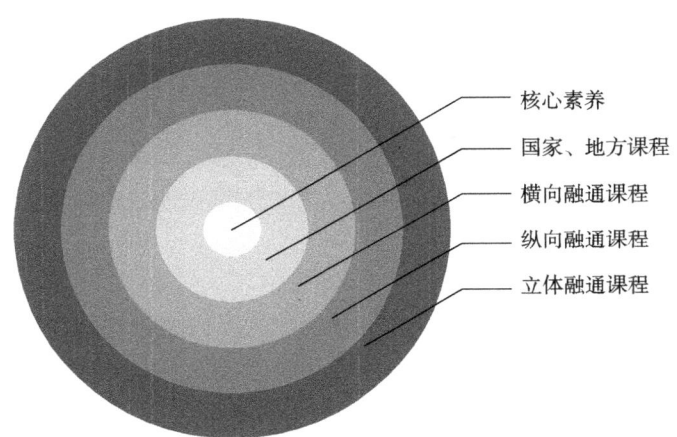

图1-8-4 基于"核心素养"生成的横向融通课程结构

2. 纵向融通课程

儿童的思维发展所经历的前运算思维阶段、具体运算思维阶段和形式运算思维阶段，基本分别对应于幼儿园、小学和中学三个学段。如果把中学分成初中和高中两个学段的话，那么前者可属于从具体运算向形式运算的过渡阶段或简单形式运算阶段。在这四个阶段，儿童擅长的思维方式分别对应于动作思维、形象思维、形象到抽象思维和抽象思维。那么根据各学段、各年龄的思维方式，围绕"核心素养"的培养，就形成了一系列由游戏课程、活动课程、实践课程和实验课程组成的纵向融通的螺旋上升的课程体系（图1-8-5），并形成各学段融合的衔接课程、特长课程、管理课程、国际课程、校史课程等。

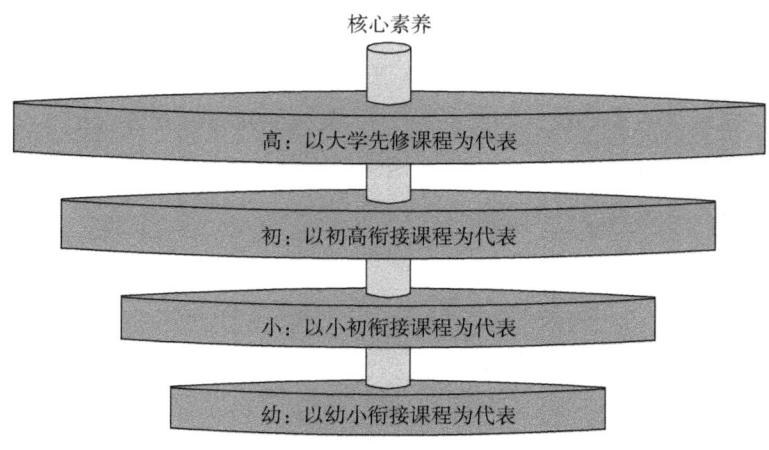

图 1-8-5　基于十五年一体化人才培养的纵向融通课程结构

3. 立体融通课程

在这一课程体系中,"核心素养"分别作为纵向融通课程和横向融通的集群式课程核心指向合二为一,成为整个课程体系的核心支撑点,是本体论意义上的课程体系的主体。在这一主体性核心目标的支撑下,根据思维发展的延续性规律,不同学科、不同学段的课程逐级衔接在一起,构成了一个立体融通课程架构(图 1-8-6),如生命课程、传统文化、法治课程、阅读表达课程、学法课程、家校课程、四季课程、研学课程、讲坛课程等,发挥着课程整体育人的效应。

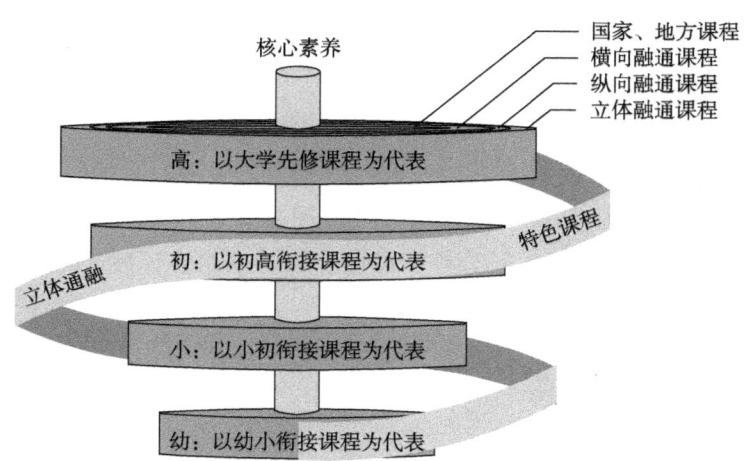

图 1-8-6　基于十五年一体化人才培养的立体融通课程结构

我校课程改革重视以发展学生核心素养来推进课程改革，即围绕身心健康、学会学习、实践创新、科学精神、国家认同、国际理解、人文底蕴、审美情绪等方面，培养学生适应终生发展、幸福发展和社会发展的优异品德和关键能力。因此，我们培养的是一个完整的现代人，这也是新一轮课程改革的重点。

魅力课程建设是教育创新与改革的核心内容。为探索十五年一贯制创新人才培养模式，构建"横向融通"课程与"纵向融通"课程及立体融通的立体式课程结构，以实现课程的广度包容与课程的纵向衔接。系统思维，保证三级课程整体协同推进；有效整合，建设满足学生发展需求的课程结构；基于差异，实现课程的规定性与选择性的有机结合；凸显特色，在夯实基础的同时实现学生个性发展。

在此基础上，通过大部制的整合、幼小初高不同学段教师的协作、主动探究学习氛围的营造和不同学段升学壁垒的打破等手段，为十五年一体化课程体系的实施提供保障平台。

（四）课程实施

1. 核心课程

为了高质量地完成国家课程，满足学生个性特长需求，根据学生的认知水准，借助自主会考契机，充分利用我校的传统优势、地域优势和周边社会资源，将原有国家课程中同一学科的模块内容进行整合，重组拓展，并加以开发，创建了三个层级的核心课程：基础类课程、拓展类课程、探究类课程。

（1）基础型课程：强调促进学生基本素质的形成和发展，体现国家对公民素质的最基本要求。基础型课程由各学习领域体现共同基础要求的学科课程组成，是全体学生必修的课程。如领域课程和综合性课程是幼儿园最常见的两种课程类型，也是幼儿园的核心课程。根据学前儿童实施教育的特点，通常将幼儿园课程分为健康、语言、社会、科学、艺术五大领域。其次，幼儿在园一日活动皆课程，幼儿在园一日生活包含生活活动、集体教学、区域活动、户外活动，我们将每一个基础活动梳理成系列化的课程，其中包含了生活课程、集体教学课程、区域游戏课程、户外体育课程。

（2）拓展型课程：以培育学生的主体意识、完善学生的认知结构、提高学生自我规划和自主选择能力为宗旨，着眼于培养、激发和发展学生的兴趣爱好，开发学生的潜能，促进学生个性的发展和学校办学特色的形成，是一种体现不同基础要求、具有一定开放性的课程。拓展型课程由学科能力拓展课程、综合素养拓展课程和自主拓展课程三部分组成。

学科拓展课程主要由综合实践学习领域的学校文化活动与班团队活动、自我服务与公益劳动、社区服务与社会实践等各类活动，以及国家规定的各类专题课程组成，是全体学生限定选择修习的课程。

综合素养拓展课程主要指以培养学生实践能力和创新精神为重点，以拓展学生基本知识、基本理论和基本技能为主要内容的活动，帮助学生崇尚科学精神、稳定专业思想、掌握专业技能、提升职业素养。包括：拓展阅读、学术交流、学术报告、科普知识等专业延伸学习活动；专业技能、语言表达、文字写作、考级考证等技能提升活动；科技培训、科技制作、发明创造、学术研究等学术科技创新活动；生涯规划、就业指导、创业教育、职业导航等就业创业活动。

自主拓展课程主要由基础型课程延伸的学科课程和满足学生个性发展需要的其他学习活动组成，是学生自主选择修习的课程。如幼儿园拓展课程以五大领域为基础包括健康拓展课程（阳光体育）、语言拓展课程（分享阅读、飞猪阅读）、社会拓展课程（比比和朋友）、科学拓展课程（通向数学、乐高）、艺术拓展课程（创意美术、形体舞蹈、京剧）。同时积极挖掘自然、社会资源，以节日和季节为基本元素，生成节日主题课程、四季主题课程。

（3）探究型课程：学生可以通过提前选修大学课程，提高其专注于自己感兴趣领域的能力，发展自己的专长与特长，提高大学升学录取层次。学校与国外友好学校及国内著名大学进行课程合作，允许学生在数学、物理、化学、生物、信息科学和外语等领域选修高级课程，以实现高中与大学的衔接。如在幼儿园的发展中，通过不断实践与梳理形成了特色探究型课程，包括公共游戏区课程和个别化学习材料游戏课程。特色探究课程主要以"游戏"入手，研发幼儿游戏的材料、游戏的内容与形式、游戏空间等方面。

2. 融通课程

融通课程体系是指依托我校十五年一贯制的办学优势，为实现我校的育人目标，构建既能实现幼小初高四个学段无缝链接、纵向贯通，又能促进各学科知识整体融合的课程体系。具体包括两层含义：一是强调课程的横向整合，即针对当下教育领域中各学科课程存在的割裂和对立问题，通过多种学科的知识互动、综合能力培养，促进师生合作，在课程结构、课程内容、课程资源以及课程实施等方面实现整合，从而促进课程整体变革。二是强调课程的纵向贯通，指建设四个学段的融通课程，促进学段间的有效衔接，加强幼小初高纵贯的一体化校本课程建设，使课程目标、课程内容、课程实施和课程评价等方面均体现出进阶性、整体性和一贯性。

（1）整体设置十五年一贯课程，开发学段衔接的"入境课程"和"引桥课程"。整体设置完成幼儿园小班入园前，幼、小学科，小、初学科与初、高学科（融通）课程（教材），并进行跟踪调研，了解教材使用的效果，并进行完善，以保证课题研究的成效，保证不同学段的课程、教学与教材的衔接，以及各科课程、教学和教材的连贯，并对不同学科分学段落实，以促进学生的发展、教师的发展和学校的整体发展。

（2）整体设置各学段研究性学习与综合实践一体化活动课程。根据教育教学和学生身心发展规律，统筹安排十五年一体化活动课程，设置各学段、各学科研究性学习与综合实践一体化活动课程，促进学生可持续发展。如学前教育目标分为短期目标和长期目标，短期目标是为幼儿顺利进入小学打下坚实的基础，长期目标则是为人的终身发展奠定基础。在学前3年阶段，我们统筹安排了小班入园适应课程、升班教育课程、幼小衔接课程，体现教育的连续性。

3. 一体化特色课程

（1）一体化特色系列课程。不断探究与完善幼小初高特色系列课程：京剧戏曲系列课程、生涯系列课程、校史系列课程、国学系列课程、学法系列指导课程、实战系列课程、游学系列课程、创客思维课程、足球系列课程、领导力系列课程、研究员系列课程、悦读系列课程、科技创新类系列课程、特色共建系列课程、学生自创系列课程等。

（2）一体化融通课程。不断探求和完善一体化衔接课程，小升初衔接、初升高衔接。让学生能够更好、更快地转变身份，接受初中、高中课程设置，提前体会初高中课堂。

4. 综合实践活动课程

综合实践活动课程是一门引导学生从自身生活和社会生活中发现问题，开展多样化的实践学习，注重知识和技能综合运用的实践性课程。总体目标是引导学生在实践学习中获得积极体验和经验，形成对自然、社会和自我之内在联系的整体认识；体验并初步学会问题解决的科学方法，具有问题意识，发展良好的科学态度、创新精神、实践能力；形成强烈的社会责任感，具有良好的个性品质。综合实践课程实施，应该引导学生在实践中学习，在生活中实践。倡导学生主动学习、乐于探究、勤于动手，引导学生经历多样化实践学习的过程，经历问题探究、问题解决的基本方法和过程。

综合实践活动的实施要切实转变单一的学习方式，引导学生开展调查研究与访问、实验研究与观察、社会参与与服务、信息收集与处理等多种实践学习活动，体现学习方式的多样性，初步学会实践学习的方法。主要采取三大类实践学习活动：以研究为主的方法和过程，包括制订方案、调查、访问、观察、实验、统计、信息收集与处理等；以社会实践和社区服务活动为主的方法和过程，包括参观、考察、服务、宣传、义务劳动、经济活动等；以项目设计和技术实践为主的方法和过程，包括项目立项与研究、设计、制作、研制、种植、养殖、信息发布，以及科技小发明、小制作等技术实践，鼓励学生大胆创新。这三类实践学习活动可以相对独立，更多的是相互融合，相互贯通。实施中要统筹规划，综合管理。

（1）幼儿园的综合实践课程。以某一主题为关键经验，渗透五大领域内容，以探究为主要方式，开展综合性的实践课程。

1）幼儿园财经素养课程。主要培养幼儿的财商与财经素养。2021年我园参与了由中国幼儿教育协同创新中心发起的幼儿财经素养课程编写工作。

2）幼儿园食育课程。以饮食为发力点，在今后几年中将整合现有资源，从饮食习惯、饮食文化等方面，结合传统节日、节气、季节等要素，完善食育课程。

3）幼儿园劳动教育课程。对幼儿实施劳动教育，可以帮助幼儿实现自理自立能力的提升，以及自尊自信品质的形成，有助于增强幼儿爱国爱家爱人民的社会责任感的树立。

4）幼儿园习惯养成课程。在幼儿园习惯养成课程中，我们将习惯分为行为习惯、生活习惯、学习习惯，并积极探索每一类习惯的培养策略，形成有特色的园本课程。

5）幼儿园校史课程。2020年是我校建校100周年，从幼儿年龄特点和学习特点出发，结合学校的校庆组织了一系列活动。在今年，我们将对校庆系列活动进行梳理与完善，形成幼儿园校史课程，固化课程成果。

6）幼儿园安全课程。合理的幼儿安全课程设置与课程教学可以有效提升安全教育展开的效果，我们将丰富安全教育课程，提高幼儿安全意识。

7）幼儿园健康课程。健康教育课程已在我园开展多年，如何在已有的课程内容上进行丰富和提炼是我们接下来努力的方向。

（2）在小学阶段，综合实践类课程如下：

1）多彩语文课程。学科实践课程是学校非常重视的课程之一。语文学科教师根据各年级教材的编排和学生的年龄特点，或巧用北京众多的历史资源，或借助北京的地理特点，开设各种语文实践活动，形成了各年级各有特色的多彩语文课程。六年级语文教材中有关于鲁迅的文章，结合鲁迅博物馆离学校非常近的便利条件，开展"探寻鲁迅"的语文综合实践活动。考虑六年级学生年龄相对较大，对信息搜集整理能力明显增强，在六年级还开设了实地探访的课程"京城水系研究"。我们还将开展"我和春天有个约会"的实践活动，引导学生走进大自然，认识大自然，热爱大自然。

2）数学实践活动。作为一种新型的教学模式，改变了传统教学中以知识讲解与记忆为特征的方法。老师们自始至终尊重学生的兴趣、爱好和需求，充分发挥学生的主体性思想，着力培养学生的探索精神、合作意识和实践能力，让学生在实践活动中自由舒展身心，发展思维。同学们学会多角度思考，在尝试中寻找策略，在互相鼓励中共同完成任务，在交流分享中反思，玩中学，学中做，做中悟，培养了实践能力和团队合作精神，活跃了数学思维，提升了创新能力。

3）魅力种植课程。种植基地开展种植劳动活动，培养学生的劳动能力，在动手奉献中增强劳动最光荣的意识，感受参与种植劳作的乐趣，体会劳动的辛苦与粮食的收获不易，从而更加珍惜粮食，尊重劳动成果。例如：组织学生认识使用农作工具；亲自播种种子；通过育苗、移栽、浇水、拔草、间苗、搭架等一系列活动，体验种植过程；经历收获成果、回家烹饪的过程，体验动手制作的快乐；通过与家长共做一道菜，加强与家长的互动，增加亲子关系。让同学们在实践中参与劳动，形成热爱劳动的习惯。

5. 综合课程

给学生提供在复杂、有意义的情景中发展能力的机会，使学生表现得更加优秀。课程广泛涉猎不同的学科领域，实现不同学科领域间的融合，培养创新信息、媒体和技术，生活和职业技能等二十一世纪的核心技能；培养学生成为独立思考、敢于质疑、善于合作、勇于探索而全面发展的人。

6. 领导力课程

领导力课程致力于学生个人与目的超越、人际关系的沟通与锤炼、行为与变化的超越等能力的发展，在领导力课程的实施中，课程指导教师和班主任们需要不断更新教育理念，倡导学生的自主管理，信任学生的自我发展能力，为学生搭建自我展示的平台。

7. 教师培训课程

教师校本培训是我校十五年一贯制的一个组成部分，学校的发展，学生的成长，都以教师的成长作为基石。十五年一贯制课程体系的建设和实施，都离不开教师的发展与付出。教师培训内容丰富，包括魅力班主任培训、魅力教师培训、魅力课堂教学理论培训、魅力科研培训等。

8. 中华传统文化课程

（1）幼小中国学课程：学校组织老师与专家一道研究、编写适合本校学习的国学教材，细分为诵读教材和研读教材。诵读教材是老师们在教与学的实践中为学生选编一套经典诵读教材，将蒙学经典《弟子规》《三字经》《声律启蒙》和国学经典中的经典《四书五经》的部分内容确定为诵读篇目，并推广使用；研读教材是在学生有一定基础的中高年级学生中成立了"国学小书院"，在国学老师指导下研读《弟子规》《四书五经》《朱子语类》，通过活动实践后，学生们用漫画、真人秀和原文创编的形式，编写了一套图文并茂，形式新颖，喜闻乐见的《新弟子规》，让国学离学生的学习生活更近、更亲，不再难懂。另设国学兴趣课：民族舞蹈、国画、书法、古筝、剪纸、武术等国学兴趣课程。

（2）美德一体化课程：以"孝亲长、睦邻里、亲友朋"等传统美德贯穿一体化德育活动主题；班级践行传统美德的班队实践活动；国旗下活动有学生们自编自演的美德践行校园剧；校园广播站"子午书简"栏目讲述一个美德小故事；传统佳节，学校都带着学生开展家庭、社区实践活动。

（3）传统文化类课程：教育部印发《中华优秀传统文化进中小学课程教材指南》，对中华优秀传统文化进中小学课程教材的基本原则、总体目标、主要内容、载体形式、学段和学科要求等，做了统筹设计和科学安排，强调素养导向、系统规划和全科覆盖。中华优秀传统文化进中小学课程教材，是强化中华优秀传统文化铸魂育人功能，落实以中华优秀传统文化涵养社会主义核心价值观，实现中华优秀传统文化传承发展系统化、长效化、制度化的重要举措。开发中国传统文化手工系列课程、中国古代科技系列课程、中国传统节日系列课程等。

（4）魅力阅读课程：小学部建立书香校园，研究制定各年级推荐阅读书目，形成每天阅读半小时，每月共读三本书，每周班级阅读分享，每月年级阅读分享，每学期一个书香假期，每学年一个书香四月的魅力阅读的机制。

在书香假期的阅读中，将阅读与学科实践整合，如：推荐文学阅读书目（阅读与电影课程整合），推荐科学阅读书目（阅读与科学实验结合），推荐数学阅读书目（阅读与数学实践结合），推荐历史阅读书目（阅读与参观体验结合），推荐阅读红色经典（阅读与线上参观相结合）。借助向同学们分类推荐书目，逐步实现全科阅读，培养终身阅读者。

（5）诗文诵读课程：小学部校本教材《经典诗文300篇》，由全校语文教师共同开发出版，共六本，收录300篇（首）古诗文。每天晨诵时间，全校学生诵读经典。每学期积累背诵25篇（首），一学年积累背诵50篇（首），六年完成300篇（首）古诗文的积累背诵。每学期末邀请家长志愿者参与学生古诗文考级，并给考级通过的学生颁发相应等级证书。

（6）汉字听写课程：汉字是世界上最古老的文字，它的演变过程是华夏文明不断进步发展的过程。掌握汉字书写规律，在正确书写汉字的基础上，把汉字写漂亮，这是小学语文对学生写字的具体要求。学校请书法教师精心设计学生用纸，在每学期临近期末的统一时间，组织学生进行汉字听写考级。并根据学生的不同年段，颁发相应的汉字听写考级证书。

（7）景泰蓝课程：学校创立景泰蓝社团并开发了景泰蓝校本教材，在二至四年级学生进行选拔进入课程。2015年至今，已经有百余人次通过景泰蓝社团参与到非遗的体验与传承中，作品达到50余件。2016年学生还参加了北京市文化局举办的"2016年文化遗产日系列活动——儿童景泰蓝非遗作品专题展"，10件作品已在国家大剧院展厅展出。学生还走进景泰蓝制作技艺项目保护单位（北京市珐琅厂），在非遗传承人及专家的指导下，深入了解景泰蓝传统技艺流程，学习并亲手制作。学校的景泰蓝课程不仅在本区域有一定的影响力，还辐射到其他区域——在平谷学校进行专题讲座，并接待国内外来访的友好学校30余次。

（8）书法课程：书法是中华民族的文化瑰宝，是人类文明的宝贵财富，是基础教育的重要内容。书法社团是由我校书法爱好者共同组成的学生社团组织。社团以"魅力教育"为引领，以"传承书法文化，善修浩然之气"为精神，以"书天地之美，修德艺双馨"为口号，注重因材施教，注重知行合一，注重创新等思想，努力构造一方池塘，提高每个学生书写能力、欣赏能力、道德素质和艺术修养。让孩子们受到美的熏陶，让笔墨作品展现魅力，让书墨之香飘逸校园。

（9）纸雕课程：纸雕社团成立于2018年9月，这是一个让孩子们动手学习的校本课程。它通过剪、切、卷、折、叠、粘等手法，以各种纸质为制作材料创作作品，其趣味性和表现力强，教学形式也更灵活，因而学生非常乐意参加。学生通过纸雕社团活动不仅是获得知识技能，更重要的是让学生在自主学习活动中去探索、尝试，为其终身学习，适应时代的需要打下良好的基础！

（10）花样跳绳课程：花式跳绳课程是将音乐、舞蹈等艺术和跳绳有机结合，并融入我国传统文化于一体，将身体锻炼和艺术美感完美演绎，具有非常强烈的艺术价值和历史底蕴。教师将跳绳这一课标内容进行创新，演绎为花样跳绳，并将该项目纳入我校教学范围，对于身体成长和求知欲特别强烈的小学生来讲，不仅激发了学生热爱体育的兴趣，更有助于学生身体素质的提升，也有利于我国传统文化的传承和艺术美感的渗透。花样跳绳校本课程的实施，还带动了艺术、传统文化等校本课程的推进和发展，使学校课程体系日益变得完善、丰满。与此同时，相关教育、教学、科研等工作也取得可喜成绩，学生在市级比赛屡获嘉奖。受此鼓励，学校倾力打造花样跳绳课程为"校级精品课程"，相关的校本教材也已出版，将进一步编写幼小初高系列教材，并通过该课程塑造学生完美人格，不断提升学科核心素养。

9. 德育一体化课程

包括《幼、小、中主题班会系列》《幼、小、中家长教育系列》《幼、小、中思维拓展系列》等。

学校实施激励德育活动课程，唤醒学生的成长自觉。通过项目研究，提升德育智慧。丰富德育课程，创新实践活动，最大限度地发挥德育的功能。

开设人生规划教育课程，激励学生自主发展；实施学生会、家长会、班会课程，构建学生成长加油站；设置导师制课程，让学生在集体学习中进步；设置升旗课程，让学生成为校园的主人；实施校园值周实践课程，提高学生的领导力；实施励志课程，汲取成功者的力量；设置主题教育活动课程，实现课程育人目标；开设博识课程、阅读课程、京剧课程三大德育校本课程，深化德育内涵。

推进激励活动课程，让自信之花开在每个学生心里。通过校园文化课程建设，努力营造一个和谐共进、相互信任、激励为主的教育氛围。利用橱窗、电子屏隆重介绍每一位教师，宣传教师；校园里建立80多块宣传栏，定期介绍和宣传优秀学生。广泛开展"七星引路，人生导航"每月一星的校园之星评比活动:"道德之星""学习之星""礼仪之星""劳动之星""文体之星""文明之星""进步之星",遍布校园、年级、班级,发现和肯定每一个学生身上的闪光点,促进学生的成长。

通过大型活动课程,丰富德育内容,践行"活动中育德,活动中育人",突出"活动"与"渗透",强调"实践"与"体验",构建学生在学校大型活动中的主体性,提高学生的参与率,让学生真正成为德育过程中的主体,从而提高学校德育的针对性和实效性。

落实"全员育人、全程育人、全方位育人"的课程原则,倡导以人为本的德育课程理念,"人人都是德育工作者";德育工作的主阵地不仅仅是课外实践活动,而是"润物细无声"地融入各学科课程教学,课堂教学肩负着"立德树人"这一根本任务。将学科特点与德育元素有机整合,让学校的每一间教室都成为师生健康进步、共同成长的精神家园。

10. 运动与健康教育类系列课程

开设国家课程中体育与健康领域有田径类、球类、体操类、民族民间体育类、新兴运动类等6个运动技能系列以及一个健康教育专题系列。例如,球类开设羽毛球、乒乓球、足球、篮球等,民族民间体育类开设武术、跆拳道、健美操等,新兴运动类开设地板球、击剑、软式垒球、飞盘、腰旗橄榄球及专项俱乐部课程等。

为了落实国家关于加强校园足球工作的精神,我校发挥幼小中一体化的办学优势,发挥全国校园足球特色校的引领作用,从十五年一贯制的方向,发展校园足球工作,使校园足球成为我校办学的一项重要特色,探索出一条具有北实特色的校园足球发展道路;加强对教师的专业培训,参加市区级各级别比赛,提升教师足球专业知识和技能水平;开展丰富多彩的校园足球活动,全员参与足球班级联赛和教师足球赛。

11. 科技创新类系列课程

科技创新类课程是科学学习和技术学习领域的拓展课程。它以科学-技术-社会(STS)教育理念为基础,以实践探索为手段,突出自主、探究和合作的意识,在发展学生自然探索、数理逻辑等智能的同时,培养学生思维能力,提高其创造力,促进学生个性全面和谐地发展,增强社会责任感。本类课程由开放实验室、科技创新竞赛、小发明、小制作、社会调查、科学史讲座等课程模块组成。例如,单片机课程,通过学习单片机,锻炼学生各方面的能力,把各个学科有机地结合起来,从真正意义上提高综合素质。

12. 视觉与表演艺术类系列课程

开设国家课程中艺术领域的综合课程与技能课程。综合课程包括戏剧创作表演、影视编导制作、舞蹈舞台剧目、平面媒体设计等。技能课程包括民乐、管乐、流行乐、吉他、摄影、版画、演唱、编曲、灯光、音响等。组织戏剧节、舞蹈节、音乐节、传媒节等校级展演活动。

（1）管乐团。我校的是北京市金帆管乐团，学校有健全的组织管理机构：管乐团管理由曾军良校长任团长，艺术中心主任刘智慧主抓并担任常任指挥，黄丽娜老师、张晓静老师负责管理管乐团日常工作。学校管乐团聘请了一支高水平的专家团队，来自于专业乐团及音乐院校的十几位专家担任教学任务，无论是小学，还是中学的金帆团，教学及管理形成一盘棋，促使学校管乐团一体化发展。

（2）京剧团。学校京剧团成立于2011年9月，由幼儿园、小学、初中、高中各个年级学生组成，现有团员百余人。在曾军良校长的直接领导和关怀下，艺术教育中心刘智慧主任主管京剧团工作，小学部李世杰、李娟老师专门负责管理。先后聘请了于淑敏、李卜春、王文祉、叶江翔、谷峰、洪世斌、刘振芳、徐秀娜8位表演艺术家担任专业指导，社团由青衣、花旦、武旦组、老生组、武生组、老旦组、花脸组、小花脸组6个部分组成。专家们悉心指导倾情传授，孩子们刻苦练习坚持不懈，使得京剧团水平不断提升，在多次参加的市、区、校展演活动中受到一致好评。

（3）民乐团。学校民乐团秉承魅力教育的理念，以弘扬民族精神和民族器乐为己任，把培养具有良好艺术素养的学生作为目标，满足学生特长发展的需求，丰富学生课余生活，突出学校特色，把新时代民族元素融入民族器乐，让更多的中小学生感受中华文化的魅力，增添对民族器乐的热爱，让民族音乐属于每一个孩子。乐团核心理念：让孩子幸福的乐团、让家长满意的乐团、"北实人"为之骄傲的乐团。发展方向为"专业化、精致化、规范化"的大型民族管弦乐团。

（4）扬琴乐团。学校扬琴乐团于2019年3月成立，乐团分为高、中、低三个声部，每周定期进行合奏与排练，已经积累了《瑶族舞曲》《别港》《凤阳花鼓》《超级玛丽》等多首中外优秀作品，曲目大多由乐团负责老师进行改编和移植。乐团仅成立两年就多次荣获区级、市级、国家级奖项：荣获中央音乐学院青少年艺术展演海淀区一等奖、北京市金奖；荣获首届中国扬琴网精英展评比赛全国重奏组银奖；荣获第二届全国扬琴大赛全国重奏组铜奖。

（5）舞蹈课程。舞蹈艺术课程是一个深受学生喜爱的学科，开展舞蹈课程可以丰富学生的课余文化生活，缓解紧张的学习气氛，培养文艺，陶冶情操！开展舞蹈课重在希望通过舞蹈的学习，培养学生注重加强形体、提升艺术素养，通过系统课程可以培养同学们的体力、协调性、乐感；同学们可以从舞蹈中汲取灵感，将舞蹈的思维方式渗透到自己的学习生活中。通过舞蹈的学习，培养学生注重加强形体美的展示，同时注重内在美，也加强了同学们对合作意识的理解，使同学之间的合作更加默契。同学们还多次参加各类比赛，受邀参加各类艺术活动及中央广播电视总台各类大型晚会的录制演出，展示了同学们良好的艺术修养，拓展了学生们放飞梦想的舞台，彰显了魅力教育的丰硕成果。

（6）合唱课程。学校旨在培养学生合作、志趣、专业、情操等方面的能力。学生通过每周的合唱训练，丰富自己的学习生活，提升自己的专业能力，得到美的熏陶，同时锻炼了学生们的合作能力。合唱团能让学生形成良好的习惯和气质，培养乐观性格，与人交流的方式。合唱团参加了校内外多场大型活动与比赛、中央广播电视总台的大型晚会节目录制等。学生们的能力得以充分地锻炼与施展。相信在未来，孩子们会飞向更高、更远的舞台。

13. 信息和通用技术类系列课程

开设国家课程中技术领域的信息技术与通用技术课程。包括必修的信息技术基础，选修的算法与程序设计、多媒体技术应用、网络技术应用、数据管理技术、人工智能初步。通用技术课程包括必修的技术与设计、选修的电子控制技术、建筑及其设计、简易机器人制作、3D打印技术等。课程整体立足实践、高度综合、注重创造，是科学与人文的融合课程。如设置技术与其他学科融合课程，让学生能够通过技术更好地学习和生活。

14. 社会文化类系列课程

社会文化类课程是人文与社会学习领域和语言与文学学习领域的拓展课程。它以人文社会科学的相关知识为基础，以专题讲座与训练为手段，拓展学生的知识视野，形成科学的世界观。本类课程由国学、名著鉴赏、社交礼仪、心理讲座、海洋与文化、旅游景观等课程模块组成。弘扬汉民族文化，增强民族自信心，体会中华文化的源远流长。

（1）"双师课堂"："双师课堂"依托互联网技术采用线上与线下相结合的教学模式，线上外教老师通过视频直播的形式讲解课程内容，线下中教老师在课上负责与外教老师配合开展教学及互动，观察并记录学生课堂表现，维持课堂秩序，课后负责答疑等服务工作。为推进教育改革，优化英语课堂教学，学校3~5年级本学期每周开展一节"中外教在线双师课"。

（2）英语绘本课程：各个年级每周英语新增一节绘本课，"研发英语绘本课程，拓展英语阅读宽度"，从绘本选择的原则到绘本阅读教学的目标、从阅读策略培养到教学模式创立，以一个绘本故事为范例，详细讲解了读前、读中、读后的教学活动。通过对绘本教学理论有了更深一步的理解，对绘本课的教学包容度、对学生思想的开放度、参与度，以及精神引领作用，有了进一步认识。

15. 国际交流类系列课程

学校坚持"中国梦、民族魂、国际观"的国际化教育理念，让学生胸怀祖国，放眼世界。学校在国际交流过程中遵循"国际融合、多元发展、优势互补、追求卓越"的国际化教育原则，坚持民族化和国际化相结合，大众化与特色化相结合，精品化与多样化相结合，促使学校全面发展。

国际交流类课程是语言文化领域和综合实践活动领域的拓展课程。拓展学生国际视野，提高学生国际交往能力，为学生面向未来和国际化发展打下坚实的基础。开设本类课程由国际高中、大学预科课程、雅思英语、中英文双语人文课程和中外比较课程等课程。其中，国际课程包含：WACE澳洲高中课程、WAS美国高中课程、英国高中课程、美国高中课程、托福、国际夏令营、国际冬令营等多个课程模块组成的世界主流国际课程。

开设国际化系列课程，拓展学生国际视野。从幼儿部开始开设双语课程，小学部从一年级起开设双语课程，逐步实施音乐、体育、美术等学科教学的双语课程实验。在各学部引进先进的国际优质课程，在可能的领域里努力实现中外课程的融合，为学生出国走向世界和兴趣爱好提供全方位、多元化的选择，对培养有国际视野的综合素质人才、构建开放性课程体系起到至关重要的作用。另外，借助"互联网+教育"资源，引进优秀国外课程，还能为我们提供国外先进的课程教学经验，更快地实现与国际接轨的办学目标，满足社会多样化的教育需求。

16. 学科实战系列课程

学科实战类校本课程是小考、会考、中考、高考以及小初高各学科学习领域、科学学习、信息技术学习及语言与文学学习领域的拓展课程。它以学科基础知识与技能为基础，强化基础教育与高等教育知识的关联与拓展，促进学生智力的发展，为培养专业型拔尖人才打下良好的基础。本类课程主要由高考、中考、会考、小考与幼小初高各学科竞赛课程模块组成。

17. 荣誉课程（或学术课程）

荣誉课程（Honors Course），标准高于国家标准的课程，是为优秀的、自主性强的学生提供的更为严格和深入的课程。如（大学）先修课程（Advanced Placement），指在高中阶段开设的具有大学初级水平的课程。

18. 学生自创课程

主要给拔尖学生提供研究个人所擅长的领域和展示个人专长的平台，锻炼个人组织素材、语言和课堂的能力；通过学生自创课程的平台让同伴间传播学生最关注的领域内的相关知识；培养拔尖学生的独立意识、研究能力、表达能力和合作交流能力；促进学习方式的多样化，发展学生自主获取知识的愿望和能力。

19. 希望共建课程

（1）艺术共建课程：涵盖古诗词演唱、中英民歌演唱、中西器乐合奏、中西民间舞蹈赏析等为主。

（2）体育共建课程：以中国大课间操、武术、太极拳、八段锦等中国健身文化分享为主。

（3）美术共建课程：以北京、伦敦和里约奥运会及北京冬奥会为主题的设计、传统剪纸艺术、风筝制作等。

（4）双语共建课程：以环境气候保护为主的地理生物双语共建课程等。

（5）传统文化共建课程：以学写汉字、中国画、中国传统游戏、学唱中国戏曲、文化衫的设计与绘画、放风筝、中外经典戏剧、歌剧、电影配音、中外传统诗歌诵读等。

20. 五育课程

渗透美育教育，发挥学科优势，以美促智、以美育德、以美健体，培养德、智、体、美、劳五育并举的建设者和接班人。构建"美育通识、学科渗透、音美领先"三位一体的课程体系，创建特色的音美课程，如中华小四弦等，同时注重学生劳动教育，每周设置 1 小时劳动课程。

21. 高中职业生涯规划课程

根据新高考选考制度，高中阶段学生就面临着选科、选学校和专业的问题。这需要与个人生涯发展相匹配。职业生涯规划课程是最基本、最有效，能够迅速、集中、系统地为学生们提供职业生涯规划教育的形式。开发适合于本校学生的生涯规划课程，从自我认知，到职业认知，再到生涯规划进行整体规划。同时开展系列实践活动，如模拟招聘大会、走进企业、走进大学等。

22. 线上课程

疫情常态化背景下随时可能转为线上授课，同时线上线下混合式教学也在不断发展。构建北京实验学校线上课程资源，建立空中课堂资源库。我校充分考虑学校的实际与学生的特点和需求，在专家引领下，借助人才培养理论，初步形成独具北实特色的课程体系。大致经历：初步探索、尝试构建、小范围实践、各学科跟进、全面实施等多个阶段。在实现学校特色育人目标的前提下，逐步形成了以核心课程为中心，综合课程、特色课程紧密围绕的多层次（多类别）、立体化的魅力课程体系。

（五）实施举措

1. 打通幼小中魅力课程科研，构建幼小中大教研、大科研

打通幼小中课程科研，构建幼小中大教研、大科研，开展主题教研、微格教研、特色教研；打通幼小中学段课程、教材科研，确保课程、教材的连续性；加强衔接课程科研，实现学段之间的无缝对接、有效对接和科学对接；打通学段教师教研，各相连学段的教师相互走进课堂、研究课堂，开展大备课组的校本教研；打通学段学生研学，各相连学段的学生定期开展"大手拉小手"活动，定期一同上课、一起参加活动。在一定区域内建立"幼小中学习研究共同体"，研究开发幼小、小初、初高、高中、大学等衔接课程，更好地研究学生的认知与发展规律。

2. 充分发挥学生主体作用，引领学生参与魅力校本课程建设

把学生的主动学习和主动发展，置于魅力课程建构的中心地位，尊重和发挥学生的主观能动性，多层面地为学生提供独立思考与自主探索的主动权，让他们作为主体参与校本课程建设。以学生为主体把隐形课程提升为显性课程，宣传校本课程文化；放手给学生去选择、推荐、物化作品，引导学生发挥特长参与制作；放手让学生自主设计、自主组织课程实践活动，鼓励、引领学生进行小制作、小发明，撰写小论文，培养学生的创新精神。

3. 健全家校社合作机制，推进魅力课程教学工作优质发展

（1）加强家长学校建设。把家长作为推进魅力课程教学工作的合作伙伴，充分发挥家长委员会、家长学校等组织机构的作用，引导家长积极支持学校的魅力课程教学工作，帮助家长树立正确的教育观念，了解学生的身心

发展规律及相关学习要求，为学生提供良好的家庭教育环境。通过微信公众号向家长推送魅力课程实践研究内容，向家长宣传魅力课程先进理念教育，转变家长的教育观念与对课程的认识。

（2）建立校、家、社沟通的常态机制。建立家长和社区了解学校、评议学校的信息化网络平台，使学校能够定期、及时、全面地了解家长和社区成员的意见和建议。推进学校网站建设，及时向家长、社区反馈及宣传学校魅力课程教学工作的推进情况和成果。

（3）增强魅力课程教学工作宣传力度。充分利用报刊、专题网站及新媒体，宣传学校推进魅力课程教学工作的理念、思路和举措，在学校微信公众号开设魅力课程专栏，定期推出魅力课程实践内容，宣传幼小中教师积极投身课程改革的良好风气，并让社会各界了解我校魅力课程教学工作的优秀成果，进而辐射到全市，成为全市推进课程教学工作、促进学校内涵发展的重要组成部分。

4. 提升教师魅力课程科研素养

在未来五年，通过魅力课程战略的实施，突破和创新，提升教师魅力课程科研智慧，强化教师课程意识，提升教师的课程实践能力，在"三五"初步搭建课程框架的基础上，进一步优化学校总体课程体系建设，细化各学部、各学段课程体系安排，将魅力课程总体建设与"魅力人"总体目标培养之间的桥梁与纽带，建构得更为科学。从而促进一大批具有教育教学特色的优秀教师尽快成长，培养一批在市内外乃至国内外享有盛誉的名师。

5. 彰显"北实"魅力课程科研特色

坚持课程与科研相结合的原则，通过"科研强校"的规划设计、课题的选择与立项、项目研究与成果管理诸方面，使教育教学与课程科研工作相得益彰。

通过课程科研，深化学校教育改革，有所发现、有所创新、有所创造；积极谋求与专业学术团体合作，站在教改最前沿，以课程科研为学校发展的内驱力，带动学校各项工作的提升；彰显"北实"课程科研特色，发展教育科研四项新功能：提高教师的科研素质，建设研究型教师队伍、名师队伍；形成对学校发展的战略重点、发展措施进行科学有效的论证；进行有效的教育新教学规律实验，提出重大教育教学实验的科学论证；探索基础教育发展新途径和方法，为把学校建设成为学习型、研究型、创新型的学校而努力，真正实现科研兴校、科研兴教、科研强校，形成"北实"办学特色，提升学校文化品位，促进学校可持续发展。

6. 完善课程科研管理和评价机制

（1）组织教师学习曾校长办学思想的丰富内涵，认识其转化为实际教育行为的重要意义，加强课程科研工作，以有效促进教师的专业发展为目的，在研究与实践中实现教师的可持续发展，并以教师的不断发展促进学生的最优化发展。

学校与海淀区教育科学研究院、北京市教育科学研究院、中国教育科学研究院建立长期合作关系，组织不同类型的教师教育理论学习。建立教师与专家学者相互沟通的平台，依托高校及科研院所的教育理论优势，建构具有我校特色的课程科研工作体系。

（2）不断健全学校课程科研组织，形成健全的科研网络。完善三个层次的科研组织网络，一是决策层，由校长任总指挥；二是管理层，由课程科研处负责，布置教育科研任务，组织教师开展教育科研活动，具体监督教科研工作的实施情况；三是操作层，由各教研组长、年级组长、备课组长、课题组长、任课教师组成，深入教学第一线开展研讨活动。

（3）强化集学校管理智囊、科研实体、科研多功能为一体的课程科研联合体，为学校的发展科学运筹、为教师的发展提供理论指导。重点完成以下任务：

深入教学一线，善于发现、总结、提炼、推广我校教师的首创经验；建立科研成果交流阵地，办好《北实教育》《北实教育集团科研管理平台》等校内媒体，为教师研讨、交流提供高地；鼓励教师著书立说，制订计划，协助教师出版教育丛书；深化基础教育课程教学改革，形成我校的魅力课程教学体系；认真做好学校重点课题研究，不断总结办学经验，形成我校独具特色的先进教育思想。

（4）不断完善课程科研处、教研组、备课组、课题组管理制度，逐步实现课程科研管理的科学化和规范化，实现科研管理的规划、组织、协调、指导、交流和评价职能。加强课程课题研究过程管理，切实做好学习培训、信息服务、总结指导、交流研讨等活动；定期对课程课题研究情况进行通报；进一步搞好课程科研档案建设，建立健全教师个人课程科研档案；进一步完善课程科研成果评价和奖励制度，把教师个人和学科组的课程科研工作列入学校考核评价系统，开展"重大成果与突出贡献奖"等评奖活动，设立优秀课程课题组奖、科研骨干奖、教师优质课奖、发表论文奖等。

（5）在课程科研日常管理方面，认真搞好"3+6"活动，即每年一次优质课展示、骨干教师示范、每周一次校本课程教研；每学期每人读一本专著，每学期一人献一课，每周一次教学反思，每年开展一次教师个人课程课题（含小课题）申报、审批、立项工作，进行一次课程科研论文评选（要求所有教师每年至少交一篇教学方面的论文或班主任每年至少交一篇教育方面的论文），每年召开一次课程科研成果汇报交流的课程科研主题论坛，编辑一本课程科研论文选集或相关方面的书，将优秀的课程科研成果向有关媒体推荐宣传、发表或出版。

7. 全面落实校本研训制度

学习是一所学校可持续发展的动力之源，它是未来学校能够在竞争中不断发展壮大的基本保证。课程科研处理应当成为学习型学校的组织者、引导者，帮助教职工将学习、工作、研究系统地结合起来，将学校建设成为一所学习型学校。

完善《课程科研工作制度》《课程科研处工作制度》《课程科研处主任岗位职责》《实验教师岗位职责》《实验课题组织管理办法》《教师科研课题管理条例》《校本培训制度》及《课程科研人员学习制度》《课程科研工作奖罚制度》《教师课程科研成果奖励条例》等相应的规章制度。对教师晋级评优的课程科研任务提出相应的明确要求，对科研成果突出的教师和课题组进行奖励。建立学习机制、对话交流机制、研训连片教研机制、课题研究机制、评价机制、反思机制、集体研究机制及奖励和约束机制，坚持每周教研活动制度、集体备课制度、教学开放日制度、魅力课堂展示月制度、"走出去，请进来"制度，实施"读书工程"，推进研训工作落到实处。

建立"以校为本"的课程科研制度，把握校本教研的三层内涵，通过开展自我反思和同伴互助来提高校本教研质量。以课例为载体，以备课组为单位，开展教学型校本教研活动；以课题为载体，以教研组为单位，开展研究型校本教研活动；以读书为载体，以读书小组为单位，开展学习型校本教研活动。

课程改革的核心环节是课程实施，而课程实施的基本途径是课堂教学，以课堂教学为主阵地开展案例研究，形成"用心观察–发现问题–深入反思–形成理论"的研究流程。在此过程中，要注重"问题意识"和"反思意识"，用心观察，以练就一双慧眼来发现问题、研究问题，使每一次教研成为发现之旅。

加强教师培训，增强教师的课程开发能力。聘请课程专家为教师开展讲座、培训，指导教师熟悉课程开发流程和方法，成为课程专家。使教师能够根据需求开发出高质量的校本课程。

8. 切实发挥重点课题引领作用

集中力量抓好涉及全局性的重点课程课题研究：教育部"十三五"幼小中一体化实验研究等11个课题研究、"十四五"市级以上重点规划课题研究；充分彰显课题引领的效应，发挥团队合作的精神；有计划地开展多种形式的研究活动，力争出精品，如搞好课题研究活动、教育理论学习活动、学术交流活动、教育改革专题研讨活动、教育科研阶段成果推广应用活动、教育情报信息宣传活动、教育科研服务活动和教育科研管理活动等。

按照教育科学规划课题学术要求，加强"微型课题"管理。"微型课题"的研究主体是责任主体也是利益主体，有利于行动研究。其选题来源于自己的教育教学实践，一个问题、一个现象、一个学生、一种方法、一次活动等，做到切入点小，小中见大，见微知著。要把规划课题研究和教师个人专业化成长紧密结合起来，促进教师找到真问题，进行真研究，使他们真正成为科学研究的生力军。

9. 充分利用校内外资源，共同开发园本课程

充分利用校内资源、社区资源、区域资源开展课程实践与建设，加强与社区内消防、公安、银行、公园、大学、街道等相关单位的合作，为学生提供实践的机会与场所，丰富生活为源头的课程资源建设。为幼儿开展防火、防暴等安全教育，丰富安全教育内容，完善安全教育体系；利用周边医院资源，开设相关健康教育和讲座，完善健康教育体系；充分利用学校内食堂、体育场馆、花卉树木等资源，开展健康饮食、体育锻炼、科学观察等方面的教育，完善相关教育体系。

10. 推进课程科研工作信息化、数字化、网络化

全体教师熟练掌握计算机操作技术，并应用于日常的课程教学实践。各学科组、各课题组教师要充分利用学校的校园网，开辟教育教学科研论坛栏目，积极参与，共同探讨。把成熟的观点整理成文章，上传到学校的校园网和科研网上。优化资源、知识、人力、物力配置，做到资源共享，优势互补，使全校课程科研工作形成联动机制，共同参与课程科研工作，努力开创学校课程科研工作新局面。

（六）课程评价

《基础教育课程改革纲要》中对评价问题有明确规定："要建立促进学生发展的评价体系，发现和发展学生多方面的潜能，帮助学生认识自我，建立

自信，发挥评价的教育功能，使学生在原有水平上发展"。这就要求我们树立新的十五年一贯制评价标准，以"创造适合学生发展的教育"，适应新课程改革的需要。

1. 指导思想

要突出评价的发展性功能和激励性功能，重视对学生学习潜能的评价，创造有利的支撑环境。改变评价主体的单一性，实现评价主体的多元化；建立由学生、家长、社会、学校和教师等共同参与的评价机制。

2. 课程评价目标与课程方案评价

包括课程目标是否科学、合理、可行；课程规划方案是否符合国家课程标准；课程资源是否符合课程开发需求；教师的专业素养是否达到课程要求；课程结构和门类是否合理；课程资源与条件是否充分；课程组织实施是否合理有效等；对幼小中的校本特色课程进行全面梳理，列出有发展潜力的候选项目予以重点指导和扶持，每年在学校教学节对成熟项目进行命名颁证和表彰，利用五年时间培育三十项具有区域特点的校本特色课程。

3. 课程实施过程评价

主要是对课堂教学过程的评价，包括对教师的评价和对学生的评价。对教师的评价涉及教学目标的设定是否合理科学；教学内容的组织是否恰当有效；教学方法的运用是否灵活适当；师生互动是否充分；课程实施的效果是否达到了预定的目标。对学生的评价主要包括学习兴趣、学习感受以及课堂参与程度等。

4. 课程实施效果的评价

主要评价课程目标的达成度、学生的发展情况、学生的满意度，以及其他方面的实施效果评价。

5. 课程教学评价方法

（1）由终结性评价发展为形成性评价，实行多次评价和随时性评价、"档案袋"式评价等方式，突出过程性；由定量评价发展到定量和定性相结合的评价，不仅关注学生的分数，更要看学生学习的动机、行为习惯、意志品质等。

（2）由相对评价发展到个人内差异评价。相对评价是通过个体的成绩与同一团体的平均成绩相比较，从而确定其成绩的适当等级的表示方法，也被称作"常模参照评价"，这种评价缺乏对于个人努力状况和进步程度的适当评价。个人内差异评价是对学生个体同一学科内的不同方面或不同学科之间成绩与能力差异的横向比较和评价，以及对个体或多个时刻内的成就表现出的前后纵向评价，这种评价可以为教师全面了解学生提供准确的动态依据，也可以使学生更清晰地掌握自己的实际情况，利于激发他们学习的动力、挖掘学习潜能、改进学习策略等。

（3）由绝对性评价发展到差异性评价。绝对评价是对学生是否达到了目标的要求或"达标"的程度所作出的评价，也被称为"标准参照评价"。这种评价过于重视统一性，忽视了评价的差异性和层次性。我们提倡对不同的学生采用不同的评价标准和方法，以促进所有学生都在"最近发展区"上获得充分的发展。

6. 完善促进学生全面发展的评价体系

评价不仅要关注学生的学业成绩，而且要发现发展学生多方面的潜能，了解学生发展中的需求，发挥评价的教育功能，促进学生在原有水平上的发展；建立促进教师不断提高的评价体系。强调教师对自己教学行为的分析与反思，建立以教师自评为主，校长、教师、学生、家长共同参与的评价制度，使教师从多种渠道获得信息，不断提高教学水平；建立促进课程不断发展的评价体系。周期性地对学校课程执行的情况、课程实施进行分析评估，调整课程内容、改进教学管理，形成课程不断革新的机制。

7. 健全十五年一体化课程教学评价机制

将创新素养的培养，作为一以贯之的人才培养目标，将创新意识与创新思维的生成作为考核学生的重要指标，而不是将学科成绩作为评价学生的唯一指标。在幼儿园阶段，主要考察学生好奇心的开发程度；在小学阶段，主要考察学生创新意识、良好习惯的养成程度；在初中，主要考查学生的问题意识、理性思维与创新思维的形成程度；在高中，主要考查学生的逻辑思维、探究意识和初步的创新能力的培养程度。这为一体化融通课程实施效果的评价提供了充分的依据。

五、战略推进

我校推进魅力课程科研战略规划的总体思路是：以研究促进建设，以建设促进管理，以管理促进规范。根据学校办学特色、育人目标和学生实际，以新课程理念为导向，以科研促教研，以教研促教学，用科学手段指导新课程的开发与实施，对基础型课程校本化实施和拓展型、探究型及特色校本课程开发进行系统思考、整体规划，在"基于学生发展、符合学校实际、全员参与建设、关注教育价值"的课程方略下，科学构建"五育并举"的魅力课程体系,让课程适应每一位学生的发展。未来五年开设30门校本特色课程,具体规划见表1-8-1。

表1-8-1 魅力课程科研战略进度规划

时　间	规划安排
2016.3—2017.7 魅力课程探究发展年	1. 建立课程科研战略项目组织机构,研制学校魅力课程战略规划 2. 细化魅力课程战略目标、实施策略与实施过程,建立相应的研究框架和标准 3. 制定具体的战略发展步骤和方案 4. 参与中国幼儿财经素养课程幼儿用书及教师用书编写,并由组织单位出版成系列书籍 5. 完成北京实验学校魅力教育系列丛书
2017.8—2018.8 魅力课程特色发展年	1. 组织幼小中教师开展魅力课程科研理论与方法的培训;建立课程研发的骨干团队 2. 完善一个体系:十五年一体化魅力课程体系 3. 研制幼小初高各学段、各年级、各学科魅力课程体系及各学科一体化魅力课程体系 4. 推出、固化新课程、新教材研究背景下的5项一体化魅力校本课程研究成果,并正式出版《各学科一体化魅力课程体系》一书
2018.9—2019.7 魅力课程成效提升年	1. 以督学团队、教研组为依托开展相关课题研究 2. 进一步完善幼小中三类魅力课程体系 (1)完善各学科一体化整体课程体系 (2)完善十五年一体化魅力课程培训方案 (3)完善各学段、各学科融通魅力课程体系(幼小、小初、九年一贯制、1+3模式、初高、高中、大学)及各学段、各学科一体化魅力课程体系
2019.9—2021.7 魅力课程展示、 总结年	1. 在现有基础上扩充至少30门校本特色课程 2. 研发10本校本特色教材 3. 完善网络课程资源库 4. 至少有5个国家级课题结题 5. 出版至少5本《魅力课程研究》相关专著 关注过程,积累资料,总结经验,整理成果,通过交流、展示、出版等途径展示成果、推广成果,使成果转化为生产力,促进学校可持续发展

六、战略保障

（一）组织保障

形成"校务委员会领导，学术委员会把关，课程科研处组织，教研组、年级组、备课组、课题组协同，课题组实践，北京大学、清华大学、北京师范大学、首都师范大学专家组支持"的魅力课程科研格局。这种健全的组织和完善的制度，为魅力课程科研工作的顺利进行提供强有力的组织保障。

（二）理论保障

我校先进的办学思想和课程科研管理机制为实施魅力课程战略提供了理论保障。办一所"孩子向往，教师幸福，社会满意"的学校是我校的基本办学价值观，也体现出这是一次在先进教育理念指导下的教育改革探索。

（三）基础保障

近五年来，学校在课程科研方面取得了丰硕成果，成果既有理论上的建树，也包括实践上的探索，更重要的是学校造就了一支具有良好师德和专业功底深厚的优秀干部教师队伍。尤其具有立足于魅力教学的浓厚的课程意识和强大的科研能力，这都对实施魅力课程科研战略具有很强的助推力。

（四）资源保障

整合校内外资源，不断丰富魅力课程资源库，实现课程科研资源的共享，使其效益最大化。目前，建立了各学科课程资源库。我们将在整合、转化和利用这些课程科研资源的同时，还进一步有计划地开发新的课程资源。

1. 建立十五年一体化魅力课程资源库

根据一定的分类标准，进行必要的梳理和归类，建设魅力课程资源库。教师可在库里进行检索和点击，节约大量寻找资源的时间，且同一资源可为不同的教师反复使用，提高了使用效益。资源库里不仅有大量文本、文献类资源，还有许多超文本类课程资源，使资源的数量、品种形式多样，充裕丰富。各学段、各年级、学科组都建立课程资源库，有利于课程资源开发向深入发展，便于师生进行深层的探究和体验。还应通过信息技术手段把各组各类资源库联系起来，为学校开发课程资源提供多重服务和深度支持。

2. 形成一体化魅力课程资源开发网络

开发课程资源还需要教育行政部门、社区和家长的帮助与支持。学校通过多种途径和方式，与家长、社区以及其他相关部门建立密切联系，形成从基层学校到各级教育行政、教研部门、课程科研部门，形成交错相连的魅力课程资源开发网络与课程资源研发的整体优势。

3. 注重课程"优化处理",优化教材资源

教师在执教课程教材时,从学生的实际出发对教材进行"优化处理"。在深入研究教材、准确理解课程教学内容、把握课程教学要求的基础上,针对学生的实际情况对课程教材的体系、内容、能力要求,进行合理的调整和取舍。

4. 利用现代教育技术,不断丰富课程资源

教师积极开展现代信息技术与学科课程的整合研究,研发、积累与教材配套的教学设计、教学课件、配套练习等课程资源,充实、完善学校网络教育资料库;充分利用学校的场地和先进设施,为各类课程教学服务。采取校内外结合、兼聘结合、错位排课、交换轮流等形式,统筹场地、师资和资源,保证各类课程的顺利实施。

5. 创新一体化魅力课程资源研发的激励机制

学校创新课程资源奖励和激励机制,对教师开发课程资源进行全面的评估和调控;先在局部某些方面尝试,比如在评审、评奖、评选先进等活动中,甚至在职称晋级时,可以把课程资源开发作为一项重要的成果指标。通过这些激励措施,课程资源开发将会受到广大教师的极大重视,从而促进课程资源网络建设和课程资源的充分合理开发。

(五)物质保障

学校依据魅力课程战略研究的实际需求,提供充足经费,用于聘请专家、项目调研、购买资料、开展活动等。此外,学校还将大力改善办学条件。除了储备足量的教学软件、图书报刊、网上资源外,我校还将依据学科课程标准的要求高标准建设物理、化学、生物实验室和音乐、美术等教室,并购置必要的电教设备、实验仪器、运动器械和各类模型等,以保证项目研究所需。

案例篇

第 9 章　幼儿园一体化魅力生活课程体系

一、指导思想

课程是实现教育目的和价值的载体。幼儿园的一日生活就是幼儿园课程的全部内容，对于幼儿来说，幼儿园日常生活的每一个环节都蕴含潜在的教育契机。我园遵循让幼儿"在生活中感知，在感知中体验，在体验中发展"的原则，构建了以"学会生活、快乐成长、自主学习"为目标的生活课程，使幼儿在与环境和材料的互动过程中获得语言、思维、健康、艺术、社会性交往等各方面多维度的发展，培养幼儿学会自立、自强，激发幼儿自主学习的动机，最终使幼儿学会学习、学会生存、学会做事、学会共同生活。

二、背景分析

首先，幼儿教育生活化是贯彻《幼儿园教育指导纲要（试行）》（以下简称《纲要》）和《3~6岁儿童学习与发展指南》（以下简称《指南》）倡导的一种精神。《纲要》中充分体现了幼儿教育的生活精神。比如：它强调幼儿园应为幼儿提供健康、丰富的生活和生活环节，满足他们多方面发展的需求，使他们度过快乐而有意义的童年。《指南》在说明中指出，"要珍视游戏和生活的独特价值"。因此，我园非常重视对生活活动的研究，重视挖掘蕴含在一日生活各个环节的学习与发展契机，努力做到合理安排幼儿一日生活、减少幼儿等待、顺利衔接好幼儿一日中的各个环节，将《纲要》中"科学、合理组织与安排幼儿一日生活"的理念落到实处。

其次，幼儿园生活课程是我园教师长期以来一直坚持研究的内容，教师将幼儿园各生活活动作为重要的课程内容，并将幼儿的全面发展教育落实到各生活环节中，形成了一系列行之有效的方法和策略，真正做到了幼儿园课程生活化。

最后，作为十五年一贯制教育背景下的幼儿园，研究幼儿如何从幼儿园顺利过渡到小学生活，生活适应是重要组成部分，特别是学校现在还承担了"十五年一贯制教育"的国家级课题研究。在此背景下，生活课程的开发具有重要而深远的意义。

三、课程愿景

幼儿园生活教育是具体而琐碎的，而幼儿生活能力的培养也是一个漫长的过程，需要教师不断地提醒、引导和帮助。在生活课程实施方面，教师要以"一切为了幼儿""让幼儿拥有幸福的童年"为总则，把幼儿的利益放在首位，既要满足幼儿的生理需求，又要让幼儿感受到规律、稳定、安全的心理氛围；既要照顾、关心幼儿，又要切实维护幼儿的尊严，培养幼儿的自主性、独立性和自信心，满足幼儿探索和自我服务的需要。使幼儿能够在幼儿园"健康成长、快乐生活、自主学习"，努力培养幼儿成为"拥有健全人格、良好品质，能够初步适应社会的'社会人'"。

（一）学校目标

将我园一线教师长期以来坚持研究的生活课程内容进行梳理，使之系统化、全面化与具有可操作性，从而将此课程方案进行推广，使更多的幼儿园和教师受益。同时，我园的生活课程方案渗透了一日生活的各个环节，可以作为新手教师进行相关园本培训，让新手教师尽快胜任新的工作内容。

（二）教师目标

通过课程开发，进一步梳理一线教师在生活课程开展中的教学实践经验与策略。引导教师在经验的梳理中与策略的反思中加强对生活课程的理解与思考，从而提升教师的课程意识与课程建构能力。

（三）幼儿目标

通过课程开发，有利于教师对幼儿一日生活的精心照料，从而为幼儿提供一个健康、科学的生活环境，同时幼儿也能从中学到生活技能，提高生活自理能力，为幼儿的终身发展奠定基础。

四、培养目标

（1）生活习惯良好、有基本的生活自理能力。

（2）身体健康，在集体生活中情绪稳定，有安全感。

（3）学会盥洗、如厕、独立进餐、喝水等生活技能，有需要可以主动请求帮助。

（4）建立必要、合理的生活常规和秩序，使幼儿情绪稳定、有规律地生活。

（5）学会保持生活场所的整洁和卫生，养成爱清洁、讲卫生的习惯。

（6）有规则意识、能主动保持自身与环境整齐的习惯。

（7）能积极主动参与各项生活活动，有计划，会做决定。

五、课程设置

生活教育是非常琐碎的，教师既需要对幼儿有精细的照顾，也需要培养幼儿一定的自主性。本课程从一日生活的各个环节入手，包括入园、盥洗、进餐、如厕、喝水、午睡、离园七个环节。通过对一日生活的七大环节的常规要求、具体实施策略等方面阐述课程实施方案。同时，在具体实施过程中，课程应遵循幼儿的年龄特点，从小、中、大三个年龄段分别进行有效的实施策略（表2-1-1）。

表2-1-1　幼儿园生活环节常规要求

生活环节	常规要求（具体内容）
入园环节	1. 衣着整洁，愉快来园，接受晨检 2. 来园时在老师提示下向老师问好，向家长说再见 3. 在老师的提示下将衣服放到固定地方 4. 学会用肥皂正确洗手，喝淡盐水，搬椅子放在自己的位置上 5. 会自己选择室内外游戏材料，守规则，爱护玩具，玩后收放整齐 6. 积极参与早操活动，懂得安全自护，有一定的规则意识 7. 学做值日生工作，体验为人服务的乐趣，有初步的集体意识和责任感
盥洗环节	1. 学习用洗手六步法洗干净手 2. 洗手时不湿衣袖、不玩水、节约用水 3. 养成认真有序洗手好习惯 4. 餐后能坚持用正确的方法漱口 5. 用正确的方式刷牙，每次坚持刷牙3分钟

续表

生活环节	常规要求（具体内容）
进餐环节	1. 餐前将手洗干净 2. 正确进餐 （1）自然、安静、坐正 （2）会自己剥蛋皮 （3）学习正确使用勺子、筷子 （4）进餐主副食干稀搭配吃、不挑食、不剩饭菜 （5）保持桌面、地面、衣服整洁，会整理餐桌 3. 正确摆放餐具于固定地方，筷子放在碗上横放，拇指掐住筷子，四指托盘依次摆放在开饭桌前，残渣倒入指定地点 4. 能正确掌握擦嘴、刷牙的方法 5. 懂得饭菜来之不易，要珍惜，节约粮食不挑食、不剩饭菜 6. 能保持好桌面、地面，服装整洁 7. 能熟练地按要求将餐具送到指定位置；协助老师擦桌子，倒餐巾纸，能自觉的擦嘴、刷牙 8. 初步了解各种食物的营养知识，根据需要适量进食，知道均衡膳食对身体有益
如厕环节	1. 懂得在园如厕是一件很正常的事情，不紧张，不拒绝 2. 懂得及时排便对身体健康有好处，有便意时知道自己如厕或告知成人，能及时排便 3. 及时如厕小便，不尿裤子 4. 能自己脱裤子、提裤子，大小便入池，便后自理 5. 指导在厕所逗留玩耍有危险，能安静、有序如厕 6. 了解大小便与身体健康的关系，初步具有关注身体的意识，养成良好的如厕习惯
喝水环节	1. 喜欢喝白开水，逐步做到主动喝水 2. 在取放杯子、接水、喝水的过程中能正确使用杯子 3. 养成安静、有序喝水的良好习惯 4. 知道按时喝水，遇到特殊情况能及时喝水 5. 懂得喝水对身体的健康作用

续表

生活环节	常规要求（具体内容）
午睡环节	1. 安静脱衣并摆放好 （1）先换拖鞋—脱袜子—解衣扣—脱裤子—脱上衣，把上衣给小椅子穿上，裤子对折叠齐放椅子上 （2）鞋放椅子下面，尖朝前 （3）坐在床头脱下拖鞋摆齐，尖朝前 2. 掀被角钻进去 3. 安静入睡：舒服地躺在自己床上，不蒙头，不吃手，不咬被 4. 愿意纠正入睡时的不良习惯，知道不打扰别人
离园环节	1. 保持一种稳定、愉悦的情绪等待家长来接，小班幼儿不哭闹 2. 主动与教师、小朋友道别，会用礼貌用语 3. 跟随家人有序离开，不独自离开家人视线，不随意跟陌生人走 4. 离园时，将玩具、椅子等收放整齐、归位 5. 乐于整理自己的仪容仪表，检查书包、作品等个人物品是否带齐

六、课程实施

幼儿园生活课程即在幼儿的生活环节中实施与完成，幼儿一日生活中的生活环节主要包括入园、盥洗、进餐、如厕、喝水、午睡、离园七个环节。根据不同环节的生活常规要求，以及小、中、大班幼儿不同的年龄特点，我们在课程实施中探索了不同的策略与方法，主要包括环境支持、游戏开展、儿童故事、家园合作、教育活动、奖励激励等方面。

（一）入园环节实施策略

1. 小班

小班幼儿第一次离开家里来到幼儿园，离开了熟悉的环境和亲人，容易产生分离焦虑和适应困难的现象。因此，根据小班幼儿的年龄特点，我们有如下几个实施策略。

（1）环境支持：首先，教师可将活动室的环境以暖色调为主进行装饰，营造温馨、可爱的氛围。其次，在区域的柜子上摆上丰富的玩具，如变形金刚、套盒、球、小火车等幼儿喜欢的玩具，给幼儿提供尽可能多的选择，并且将不同种类的玩具分别装在不同的托盘上，鼓励幼儿在不玩的时候将玩具送回相应的托盘中。再次，在盥洗室可以创设"入园五部曲"等支持图，让幼儿迅速适应入园环节的各个常规要求。

（2）"三个一"策略：对于个别幼儿的情绪问题，教师可以采用抱一抱、哄一哄、查一查的"三个一"策略，逐渐改善幼儿的不良情绪。

抱一抱：对于哭闹的幼儿，教师可以先抱入怀里，进行安慰。

哄一哄：想方设法转移幼儿的注意力，比如玩玩具、聊天等。

查一查：及时与家长沟通，了解孩子情绪不良的原因，家园配合，共同商讨解决幼儿哭闹的方法。

2. 中、大班

中、大班幼儿在入园环节表现出的问题已经没那么明显，能够自己脱衣，能很快融入早操以及自主性活动中。在中、大班，我们都加入了值日生的活动，针对中大班的幼儿，采取以下的策略方法。

（1）环境支持：值日生活动是幼儿非常喜欢的入园活动，但是对于刚开始参与的幼儿，又似乎有点难。这时候教师可以和幼儿一起制作值日生标识图等；提供幼儿感兴趣的劳动工作，例如，使用小喷壶、小抹布等。

（2）丰富活动，激发幼儿任务意识：到了中、大班，幼儿任务意识的培养是一个非常重要的内容，如在来园环节，教师可以组织天气预报员、小小播报员等活动，激发幼儿完成任务的愿望，帮助幼儿逐步建立任务意识和责任意识。

（二）盥洗环节实施策略

1. 小班

儿歌支持，激发兴趣。培养幼儿养成餐前认真洗手的好习惯，可以用一些关于洗手的小儿歌增强幼儿兴趣，例如"小猴爬大山""搓出白手套"等。洗手后有的幼儿会忍不住用手再次摸别处，一些简单的手指小游戏能很好地解决这个问题。如：金锁银锁咔嚓一锁、小士兵齐步走等手指游戏。

2. 中、大班

（1）感知讨论。针对中、大班幼儿求知欲强，喜欢探究的特点，教师可以巧设问题，组织幼儿展开讨论，引发幼儿的认知冲突，让幼儿懂得即使手看上去不脏也要及时洗手的意义，进而激发幼儿主动洗手的意愿。

（2）自定规则。随着年龄的增长，幼儿的自我控制能力逐渐增高，能够理解和遵守日常生活中的规则，学会控制自己的情绪和不宜行为。教师可以和幼儿一起讨论有关盥洗的相关规则，并引导将自己制定的规则张贴在盥洗室，鼓励幼儿认真遵守，互相提醒。

（三）进餐环节实施策略

1. 小班

（1）仔细观察，趣味引导。小班的幼儿在进餐环节是一个不小的挑战，既不能让幼儿对吃饭产生负担，还要逐步培养常规，让幼儿养成独立进餐、不挑食的好习惯。幼儿每日需要摄取的食物是有规定的，每个幼儿的饮食习惯和食量又不同，这其中找到一个平衡就需要老师细心地观察和调整。例如，可以在班里开设小厨房，通过教师浅显易懂、生动有趣的语言，行为引导，带领幼儿亲自参与小厨房的食物制作活动，增加幼儿对食物的兴趣。

（2）环境支持。创设"不挑食的好宝宝""我和蔬菜宝宝手拉手""我爱吃"等墙饰，可将幼儿的食谱按图片的形式展示于墙面上，增强幼儿对食物的了解和兴趣。柔和的进餐音乐对幼儿的情绪是极好的安抚，同时不同的歌曲也会给幼儿时间的概念，例如音乐响起时是进餐时间，哪首歌响起时进餐时间即将结束。

（3）故事引导。教师也可以开展有关食物的教育活动，如故事活动可引导幼儿了解进餐常识，逐渐培养幼儿形成良好、健康的饮食习惯。

（4）家园合作。在微信群或者幼儿的成长手册上对幼儿的进餐情况进行及时反馈，在班级门口的家园互动栏上也可以进行相应的创新菜介绍及推荐，以及记录并公布幼儿当日进餐的相关情况的内容。让家长及时了解幼儿在园进餐情况，发现问题后进行家园共育。

2. 中、大班

（1）尝试练习，增加技能。对幼儿来说，熟练掌握剔骨头、使用筷子这些进餐技能，需要一个过程。教师适时运用各种方式鼓励幼儿不断尝试，在试一试、练一练的过程中熟练掌握技能。

（2）自定规则，自主服务。中、大班孩子偶尔的规则意识初步建立，他们有能力表述自己的想法，并付诸行动。首先，教师和幼儿可以一起制定规则，促进幼儿文明用餐习惯的养成。其次，在中、大班阶段，幼儿的自主性发展到了关键时期，教师引导幼儿自主盛饭、夹包等，不仅可以让幼儿根据自己饭量选择食物，而且也提高了幼儿的自我服务意识与能力。

（四）如厕环节实施策略

1. 小班

（1）环境支持。有的幼儿对幼儿园和家里环境不同而出现如厕紧张的情况，这时就需要教师创设温馨童趣的环境并在如厕前先参观并和孩子介绍使用方法，减少幼儿焦虑情绪，也可以提供穿脱裤子的图示。在地面上粘贴与幼儿脚大小一致的脚印，提示幼儿踩在脚印上，不仅美观还能游戏化地规范幼儿如厕规则意识，不插队，使幼儿在玩中学，更好地形成自主化常规。

（2）家园合作。①现在幼儿衣服款式多样，轻松穿脱的运动裤是最适合小班幼儿的，在孩子出现穿脱衣物影响如厕的情况时，就需要教师进行及时指导。②幼儿出现如厕紧张的情况及时和家长沟通。若幼儿有在家如厕的习惯，询问幼儿紧张原因，描述幼儿园温馨环境请家长配合，帮助孩子打消各种顾虑轻松如厕。③家教园地中创设温馨提示板块，提示家长鼓励幼儿自主表达如厕意愿的方法，在家中做到不包办替代。

2. 中、大班

感知讨论：中、大班幼儿的有意行为、自制力开始发展，尿裤子的现象较少发生，但是部分幼儿便后的整理不到位，如厕时不够专注，这些都是教师需要注意的问题及需要引导的方面。教师可以和幼儿一起讨论感知，调动幼儿的主动性，使幼儿自己发现问题，自主解决问题，改善行为，培养良好的如厕习惯。

（五）喝水环节实施策略

1. 小班

（1）环境支持：创设关于喝水的互动墙饰，让幼儿与环境充分地互动，在游戏中促进幼儿良好饮水行为的养成。

1）互动墙饰"喝喝水、加加油"，幼儿每喝一杯水，就将有自己头像的小汽车前进一格，喝得越多，开得越快，增加喝水的乐趣。

2）互动墙饰"我和小鱼爱喝水"，幼儿喝几杯水就将自己的小鱼贴到第几个泡泡上。

3）墙饰"喝水多了笑哈哈"，当幼儿看到满满的水杯时，对应的是欢乐的小朋友，如果倒水少了对应的是难过的小朋友。

4）墙饰"我和小熊干杯"，小熊的手里有一个立体水杯，幼儿在饮水时，可以和小熊干杯，增加喝水的乐趣。

5）还可以在小便池创设"看看小便的颜色"的墙饰，让幼儿通过自己小便的颜色与墙上的颜色进行对比，如果颜色偏黄就是代表要多喝水了。

（2）游戏活动：教师要为幼儿创设良好的生活环境，给予幼儿自我服务的机会。利用趣味游戏培养幼儿自主性。如为了培养幼儿自己倒水喝水的习惯，在幼儿倒水时可以玩游戏"大象的鼻子"，游戏中把水壶比作大象的鼻子,幼儿让鼻子倒水,最后比一比哪桌大象肚子里空了。"卖水"游戏是让幼儿在老师这里用游戏的方式买水,鼓励幼儿多喝水。

2. 中、大班

幼儿升入中、大班之后,已经懂得喝水对身体健康的重要性。随着自理能力的增强,喝水对于他们而言已经是一件非常容易的事情。那么幼儿在中班时在喝水方面所产生的新问题就升级成为大多数幼儿需要在成人的提醒下才会喝水,尤其在户外活动之后,会一起涌进盥洗室,而接水后,又忙于和其他小朋友说话,不到指定区域喝水,导致饮水区域出现拥挤和争吵现象;同时,中班幼儿由于已经熟练掌握喝水技能,对喝水环节不是很感兴趣。

(1)榜样示范:开展谈话活动,进行案例分析,同时,在要求幼儿按照喝水规则喝水的时候,教师也要时刻提醒自己,喝水时避免聊天、说笑的情况,做好幼儿的榜样。

(2)操作统计:教师可以根据幼儿喝的杯数,以杯数为单位统计幼儿每天的喝水量,引导幼儿学习根据身体状况及时调整自己的喝水量,有初步的科学喝水的意识和习惯。

(六)午睡环节实施策略

1. 小班

(1)环境支持:可以将穿脱衣物的顺序呈现在孩子直观可以看到的墙面上,如睡眠室墙面,既美观又能起到提示的作用;区域投放扣纽扣、拉链、摁扣的练习材料,供孩子练习。

(2)儿歌:面对幼儿不会自己盖被子、脱套头衫及折叠衣服不整齐等问题。教师可以采用短小易学、形象生动的儿歌,让幼儿在说说做做中轻松地学习钻被窝、盖被子、脱叠衣服等方法,以提高幼儿的自我服务能力,逐步帮助幼儿实现午睡自理。

2. 中、大班

(1)环境支持:可以在教室添加竞技类的评比墙面,竞技、评比类型的环境既能使孩子们参与其中,还能在孩子你追我赶的趣味气氛下提高自主完成的积极性,减少等待。

(2)教育活动:在集体教学活动中教师通过孩子的兴趣点,例如对娃娃家的喜好创设"给娃娃穿衣服""宝贝干洗店""我是服装设计师""四季衣服我会穿"等系列活动。让孩子在集体活动中相互学习,丰富孩子们相关的知识、技能经验的同时还能增加孩子的成就感和自信心。

（七）离园环节实施策略

1. 小班

小班幼儿因为年龄小，离园时或许会有很多情绪反应，进而影响到其他方面的活动和表现。例如，渴望见到家人，心情着急，不能投入游戏。或者整理、归位意识差，这时教师要用游戏化的方式对幼儿多加引导。

（1）情绪抚慰：在离园前老师可以和幼儿聊一聊，今天在幼儿园发生的开心有趣的事情，激发幼儿对幼儿园及老师、同伴的热情，问一问幼儿高不高兴，明天还愿不愿意再来幼儿园。

（2）游戏引导：教师可以和幼儿玩送玩具宝宝回家的游戏，教师用语言告诉幼儿玩具宝宝们也要放学了，一起将他们送回家（玩具柜），养成幼儿物品归位的良好常规习惯。

（3）奖励时间：对小班幼儿来说，每天离园前的奖励特别重要，教师可以利用幼儿喜欢的贴画、卡片、印章等形式，肯定幼儿积极的表现，并给予幼儿自选贴画的权利。

2. 中、大班

（1）任务引导：中大班幼儿已经适应了幼儿园生活，能够情绪稳定、积极主动地参与离园活动，等待家长来接。教师要有意识地运用任务引导策略激发幼儿参与活动，例如，鼓励幼儿整理书包、记录布置的小任务，培养幼儿的责任意识和行为。

（2）倒计时策略：为培养幼儿的时间意识和做事情的效率，教师可利用离园前的时间，开展倒计时的活动，老师倒数说出时间，幼儿在倒计时结束时完成要求的整理任务或记录任务。

七、课程评价

评价是课程组成的重要部分，与其他学段的课程评价相比，幼儿园生活课程更重视幼儿的操作体验，重视生活习惯和学习品质的培养。生活课程不是让幼儿教育变成生活训练，也不是将幼儿教育等同于日常生活。课程从幼儿自然的发展规律中设定目标，从生活世界寻找内容，以向现实经验的还原为指针确定实施的策略。

在课程实施与评价的过程中，我们要关注幼儿的发展、教师的实施等方面。

1. 对幼儿发展的评价

通过生活课程的实施与开展，教师要根据对幼儿日常表现的观察，填写幼儿成长档案，撰写每周观察记录与教育笔记，发现幼儿是否在生活活动中逐渐养成"自主"的品质，形成健全的人格，能够独立地适应社会。具体来说，七个生活环节培养幼儿的学习品质见表2-1-2。

表2-1-2　幼儿生活环节培养的学习品质

认知方面	知道相关生活常识	技能与能力	礼貌与礼仪
			卫生习惯
	了解正确的方法（盥洗、使用餐具等）		自理能力
			收纳与整理
			生活技能
情绪与情感	稳定的情绪	学习品质	主动性
	规则意识		坚持性
	任务意识		认真专注
	服务意识		独立性
	节约意识		解决问题
	安全意识		

2. 对教师发展的评价

对教师课程实施能力的评价，主要包括教师是否了解不同年龄段幼儿的年龄特点的学习方式；能够根据不同年龄段幼儿确定相应的生活课程目标；能否依据目标选择适宜的实施策略开展教育教学活动；能否根据个别幼儿的个性特点开展个性化的教育指导；能否正确客观地评价幼儿的发展水平。具体体现见表2-1-3。

表2-1-3　教师生活课程实施能力要素及评价要点

目标制定能力	目标制定的适宜性、科学性、可行性
环境创设能力	环境创设的适宜性、支持行、引导性、丰富性、教育性、审美性
活动实施能力	活动开展的适应性、多样性、参与性、支持性、应变能力等
观察指导能力	耐心地观察、适时地介入、灵敏地捕捉、教育的意识
评价分析能力	发现问题、分析问题、解释问题、自我反思

八、实施保障

（一）组织保障

幼儿园成立了专门的学术委员会，负责幼儿园的教育教学、课程科研等相关专业问题。学术委员会由园长直接负责领导，由副园长、教学主任、各年级组长共同组成（图2-1-1）。园长与副园长负责课程的规划与审核，保教主任与各年级组长负责课程的开发与编写，各年级组负责课程的实施与反馈。

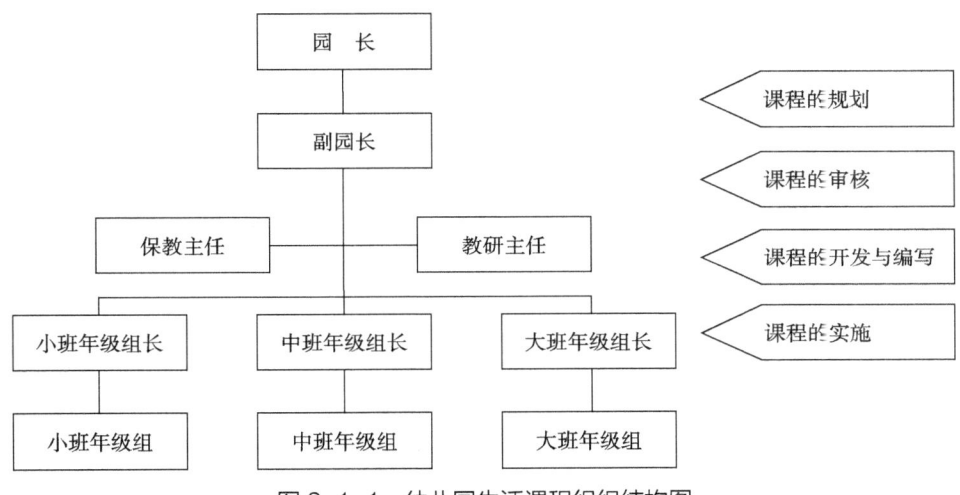

图 2-1-1　幼儿园生活课程组织结构图

（二）制度保障

幼儿园通过学术委员会开展课程的管理与建设工作，并制定了包括课程审议制定、教师教研培训制度、教学管理制度在内的多项制度来保证生活课程的实施与定期调整更新。

学术委员会还通过"请进来"与"走出去"的方式不断提升教师对于生活课程理念的理解，扩展教师对生活课程实践的经验。一方面"引进来"，请国内学前教育领域专家进园指导我园生活课程实施；另一方面"走出去"，外出参观学习在生活课程方面有研究的园所，提高教师课程实施素养。

（三）课程管理

幼儿园学术委员会课程管理负责干部积极开展各类定期与随机的抽查，巡视全园不同类型教师在实施生活课程中的实际状况与存在问题，了解生活课程在落实中的实际情况，并通过个别指导与集体教研活动进行反馈。日常巡查中，教学干部将巡视中存在的问题在《干部下班记录本》上进行记录与梳理，并通过全园会、教研会、培训会的形式反馈给年级组或教师；年级组长再通过年级组教研活动与教师进行讨论与分析，并在实践中进行调整与改进；学期末全体教师就生活课程中的问题进行集中反馈；课程管理干部利用期末与假期的时间对课程方案进行整体地调整与改进；新学期初，各年级组长再次对本年级组教师进行生活课程的培训与指导，以利于新学期生活课程的落实与开展。

（史艳枫　贾晓秀　赵莲君　杨　静　马宇娟　秦晓莹）

第 10 章　小学部一体化魅力活动课程体系

一、指导思想

为全面贯彻党的教育方针，践行社会主义核心价值观，进一步落实国家、市区关于深化教育领域综合改革的文件精神，以科学发展观为统领，以学科素养为核心，以课程的丰富、规范、高质为重点，充分发挥课程育人的核心作用，以"魅力教育"为特色，紧紧围绕建设"学生向往、教师幸福、社会满意"学校的办学宗旨，在"魅力教育"理念的引领下，系统思考，继承创新，以"全科育人、全程育人、全员育人和实践育人"为价值取向，从基础课程落实、拓展课程开发，以及融合课程设置三个维度，构建和完善小学整体魅力课程体系，进一步丰富育人课程，积极探索教与学方式的变革，让课堂教学精彩起来，让课后作业可爱起来，让学习实践自主起来，让成长评价多元起来，让童年生活快乐起来，全面提高我校学生的核心素养，促进学生全面发展和健康成长。

二、背景分析

北京实验学校的前身是香山慈幼院，是由著名的教育家、慈善家熊希龄先生创办的一所"面向社会、全面育人"幼小初高十五年一贯制公办学校，2015年6月，经市、区政府批准，学校更名为"北京实验学校"，联合平谷幼小初高四所学校成立涵盖幼儿园、小学、初中和高中的一体化办学的教育集团，提出构建十五年一体化的课程体系，继续深化中国基础教育的课程改革。继承了其前身香山慈幼院"蒙以养正"的育人传统，秉承熊希龄先生提出的"环境育人""自主习惯的培养""培养健全爱国之国民"的教育思想，发扬"勇于担当、善于超越"的精神，以初步培养具有"中国灵魂、国际视野"的现代人为育人目标。全校干部、教师正团结一心、顽强拼搏，努力把学校建成"孩子向往、教师幸福、社会满意"的优质学校！

小学部现有六个年级共34个教学班、1301名学生、78名教职工，其中专任教师75名，全部拥有大学专科、本科及研究生学历，有3名特级教师、8名高级教师，市区级学科带头人、骨干教师、优秀班主任、优秀教师、师德标兵占50%。学校教学区、活动区布局合理，教育教学设施完善，校内设有学部报告厅，普通教室37个，各班配备先进电教设备。拥有多功能教室、音乐教室、舞蹈教室、美术教室、书法教室、科学教室、跆拳道教室等专业教室18个。校园绿化、美化、现代化融为一体，环境舒适优雅；校园文化建设极具人文气息，文化育人的氛围更加浓郁，学生置于其中即成长于"校园"、求知于"学园"、置身于"花园"、活动于"乐园"。

在办学过程中，全校教职员工弘扬学校优秀传统，努力追求高水平的教育教学质量，形成了以人为本，教师、学生、学校共同发展的良好格局。学校先后获得北京市文明礼仪示范校、海淀区德育管理先进校、教学管理先进校、校本培训先进校、规范汉字书写教育特色校、全国航空特色校、军警民共建先进单位等光荣称号。

随着课程改革的深入和魅力课堂的开展，我校已经初步形成了由基础课程、拓展课程、研究课程、社会实践课程的综合课程体系，满足了不同类学生的学习需求，逐步形成了自己的特色，有效地促进了学生综合素养的提升。

近年来，学校积极探索和实践课程改革，扎实有序开展校本课程的开发和实施工作。通过自主研发和外部引进，整合校内外教育资源，形成了管乐演奏、民乐、京剧、合唱、舞蹈、动漫、模拟飞行、定向越野、武术、跆拳道、花样跳绳、单片机、玩好数学、英语绘本等多个校本课程，最大限度地满足学生多元发展需求，使学生综合素质大幅度提升。

尽管学校地处老旧小区，可利用的物质和文化资源有限，教师的课程研究能力和水平发展不均衡，课程建设尚缺系统和完善，但是我们坚信在课程"整体育人"基本理念的指导下，坚持以学生发展为本，尊重教育规律和学生成长规律，团结一心，积极探索和实践，科学统筹各学段、各学科、各育人环节、各方参与人员和资源环境，一定能构建成学生喜欢、能促进学生全面健康成长的整体育人课程体系。

三、课程愿景

课程改革的"关键"、新课标的"源头"、中高考评价的"风向标"，都指向当前教育界最火爆的"热词"——"中国学生发展核心素养"。共分为文化基础、自主发展、社会参与三个方面，综合表现为人文底蕴、科学精神、学会学习、健康生活、责任担当、实践创新六大素养，具体细化为国家认同等18个基本要点。根据这一总体框架，针对学生年龄特点进一步提出各学段学生的具体表现要求，基础教育课程改革必须考虑学生核心素养的培养。

1. 学校层面

着眼于学校实际，在学校和谐的人性化管理模式下，逐步形成了现代学校文化，确立了以"魅力教育"为核心的办学理念。

魅力教育是尊重教育。魅力教育致力于把阳光播撒到每个孩子的心里，给予每个孩子享受尊重的权利。把关注的目光投向每一个学生，使每一个孩子在公平、公正的教育氛围中成长。

魅力教育是个性教育。魅力教育致力于学生个性化发展，尊重每一个孩子的个性和独特体验，提倡对学生多理解，多赏识，多鼓励，使学生的个性和特长得到充分的发展。

魅力教育是快乐教育。让每个孩子享受学习的快乐、生活的快乐，享受人生最快乐的童年时光。魅力教育致力于创造开放式的课堂，带领孩子们走进生活，走进大自然，走进社会学习。

魅力教育是爱的教育。以爱育爱，以情唤情，让每一个孩子都学会关心、关爱、关怀、关切和关照他人，让孩子们在善待与被善待、爱与被爱中学会合群、合作和分享。

魅力教育是阳光教育。为每一位学生塑造健康的体魄和个性，让每一位学生拥有健全的人格和心态。魅力教育致力于构建大气、和谐、健康的校园文化气息，促进每一位师生健康和谐发展。

2. 学生层面

学校肩负着普适教育品牌实验的重任，我们要积极建构"整体魅力课程体系"，通过科学设置小学整体魅力课程，合理安排，满足小学生个性化发展需求，不断彰显教育魅力，促进每一个孩子主动而快乐发展。同时，培养小学生的实践能力和创新精神，全面提升小学生的综合素养，培养"具有中国灵魂、国际视野的现代人"。

3. 教师层面

学校全体教职工在"魅力教育"理念的引领下，以创新发展为己任，秉承"勇于担当，善于超越"的学校精神，和谐共进，努力践行"忠诚教育、关爱学生、教书育人、为人师表、严谨治学"的教师核心价值观，孜孜追求"培养具有中国灵魂，国际视野的现代人"的育人目标的达成。学校在规范建设中扎实了质量基础，在特色发展中提升了办学品质。

通过小学整体魅力课程体系构建，转变教师的观念，树立从小学生需求出发，为小学生发展服务的教育意识，不断提升课程研发和实施的能力，提高科研水平和创新能力，促进专业成长。

四、课程目标

我们要帮助孩子更好地认识自然、了解世界、适应生活、改造未来，发展孩子的主动性、责任感和自信心，培养孩子实事求是的科学态度和勇于探索的创新精神。

整体课程体系必须遵循学生年龄特点和身心发展的规律，依据学生学习兴趣和需要，按学段、学科、学年合理地安排，在教师指导下，采用课堂教学为主要形式，通过学生的自主活动，来完成系统的知识教学为主要任务，辅以实践课程，建构教育性、创造性、实践性、操作性的学生主体活动，鼓励学生主动参与、主动探索、主动思考、主动实践，实现学生多方面综合发展的核心素养，促进学生整体素质全面提升。

1. 价值观的塑造

教育法规定我国的教育方针是：教育必须为社会主义现代化建设服务，必须与生产劳动相结合，培养全面发展的社会主义事业的建设者和接班人。依托我校十五年一贯制的学制优势，为实现我校提出的培养"具有中国灵魂，国际视野的现代人"的育人目标，各学科所构建的横向融合、纵向贯通的课程，既要能实现幼小初高四个学段无缝链接，又要能促进学科知识整体融合的课程体系。

2. 学科素养的培养

教育是一项复杂的系统工程，为了贯彻国家的教育方针，促进小学生身心健康发展，依托我校十五年一贯制的学制优势，小学各学科如何实现育人目标引起了我们的思考。教师、环境、课程既相互独立，又相互制约地影响与促进着小学生的健康发展。第一，我们必须关注各学科知识的学习；第二，必须培养小学生学习的习惯、能力和素养；第三，需要培养小学生创新地理性思考问题的特性。

五、课程设置

（一）课程建设目标

依据"培养具有中国灵魂、国际视野的现代人"的育人目标，我们把小学部的魅力课程定位于把学生培养成"健康活泼有朝气、知书达礼有香气、博学致用有才气、灵动思维有锐气"的快乐少年的课程，紧紧围绕"为学生搭建道德素养、人文素养、科学素养、健康素养、艺术素养和谐发展的课程平台，使学生于其中快乐学习与生活""为教师提供建设课程、研究教学和课堂实践等专业能力迅速提升的发展之路，使教师成为幸福的创造者和研究者""形成学校全面而立体、多元而开放的育人模式，使学校办学品质享誉市区"的三维目标，以国际视野、学生视角、战略眼光、科学思维规划和完善学校课程，以期实现课程目标整体性、课程内容适切性、课程结构严谨性、课程实施有效性和课程评价发展性的建设愿景。

（二）课程体系原则

1. 整合性原则

统筹规划小学6年整体魅力课程体系，由浅入深，由易到难，螺旋式递增；各门课程重视学科知识与学科能力、社会生活和学生经验的整合；倡导以学校为主、家庭协作和社会共同参与三位一体的课程开发整合。

2. 多样性原则

努力体现"以人为本"的价值理念，满足不同孩子的个性需求，为促进学生多元智能发展提供多样化课程支持。

3. 开放性原则

拓宽课程平台，在学习内容、学习资源、学习形式、评价方式等方面要给予学生更多的自主性和创新空间，将学生置于广阔的背景中实现延展学习和深度学习。

4. 特色性原则

要突出特色引领，全方位推进特色课程实施，努力打造特色课程品牌，形成学校办学特色。

（三）课程体系设置

学校按照魅力课程以培养学生的"五大素养"为内容领域，建构设置课程体系（表2-2-1~表2-2-3）。

基础性课程：包括国家课程和地方课程。

拓展型课程：包括"学科实践活动"和部分校本课程。

融合性课程：包括"跨学科实践活动"和"小初衔接"校本课程。

表2-2-1 小学课程设置表

领域	课程目标	基础课程（国家课程）1~6年级	拓展课程		融合课程
			必修	选修	
道德与修养	在学生心灵深处培植社会主义核心价值观的种子，促进学会自主管理，形成责任担当意识	道德与法治	少先队与文明礼仪整合课程（1~6年级）		跨学科整合课程（1~6年级），七大校园节日课程（1~6年级），基于项目学习课程（1~6年级），衔接课程（6年级）
			国防教育（5~6年级）		
		习惯养成	传统节日课程（1~6年级）		
			"十个好习惯"课程（1~6年级）		
语言与人文	在语言的学习与表达中，感受语言魅力，提升学生语言素养，增强人文底蕴和文化修养，达成"一笔规范字、一副好口才、一手好文采和一个阅读好习惯"的目标	语文	阅读实践（1~6年级）	朗诵与演讲（5~6年级）	
			传统文化课程——诵读经典（1~6年级）	小主持人（3~6年级）	
		英语	绘本阅读（1~6年级）		
自然与科学	使学生具有勤于观察、善于探索、乐于合作、勇于质疑的科学思维意识与较强的动手实践能力	数学	数学活动（1~6年级）	思维游戏（1~6年级）	
		科学	科学探索	飞行模拟（3~6年级）	
		综合与实践		机器人（4年级）	
				拼插制作（1~2年级）	
		信息与技术		模型制作（3~6年级）	
				单片机社团（4~6年级）	

续表

领域	课程目标	基础课程（国家课程）1~6年级	拓展课程		融合课程
			必修	选修	
人格与身心	通过运动技能习得和良好心理品质塑造，帮助学生形成健康的生活方式和积极乐观的生活态度，以及友善的人际交往的能力。每人具有一项体育特长	心理健康	心理健康（1~6年级）	沙盘游戏（1~6年级）	跨学科整合课程（1~6年级），七大校园节日课程（1~6年级），基于项目学习课程（1~6年级），衔接课程（6年级）
		体育	花样跳绳（3~6年级）	健美操（1~4年级）	
				定向社团（1~6年级）	
			足球（3~4年级）	足球社团（1~6年级）	
			跆拳道（1~2年级）	武术社团（3~6年级）	
				象棋（3~6年级）	
				游泳（3~4年级）	
				田径社团（3~6年级）	
艺术与审美	培养学生具备基础的艺术技能，敏锐的艺术感受能力，丰富的艺术想象能力，良好的艺术表现能力，每人都具有一项艺术特长	音乐	舞蹈(1~2年级)	舞蹈团	
			表演（3~6年级）	京剧团	
				合唱团	
				管乐团	
				剧社	
		美术	漫画（1~4年级）		
			动漫（5~6年级）		
			景泰蓝（2~5年级）		
		书法	书法（1~6年级）	书法社团	

表2-2-2 "七大节日课程"设置

节日课程	整合与实践领域	活动基地
体育节	健康素养 道德素养	体育场、健身中心
艺术节	艺术素养 人文素养	少年宫、剧院、影院、音乐厅
科技节	科学素养	科技馆、实验室

续表

节日课程	整合与实践领域	活动基地
探春节	健康素养	学校、社会、家庭、大自然
嬉夏节	道德素养	
品秋节	艺术素养	
	人文素养	
暖冬节	科学素养	

表 2-2-3　项目学习课程

主题	学科主题	学科主要活动内容
身边的交通工具	数学：走进生活，寻找交通工具中的数学	一二年级：数一数，分一分，算一算 三四年级：怎样比快慢——速度、时间与路程的关系 五六年级：交通工具的对称性、租车方案、车轮为什么是圆形的
	科学：交通工具运动与停止的奥秘	一二年级：认识各种开关、仪器 三四年级：了解简单的制动原理 五六年级：能组装车模、航模
	语文：交通工具的产生与发展尽在笔端	一二年级：说说自家的交通工具 三四年级：用文字介绍自己最喜欢的交通工具 五六年级：想象作文——未来的交通工具
	英语	就东西方使用交通工具的差异进行比较
	道德与法治	文明乘车
	品德与社会	空气污染与汽车尾气排放调查
	美术	画一画自己喜欢的交通工具

六、课程实施

（一）改变教与学的方式

围绕"以学定教"和"以教促学"的有机融合，引领教师全面开展学法研究。各学科教研组坚持从学科教学中发现真问题，从"减负增效"的关联处提炼确定研究专题并实施研究，通过课堂教学实践不断提高教师行动研究的实效。语文学科围绕"学习单的开发和使用"这一课题，实践前置学习，通过"五不讲"——学生能自己学会的不讲，学生能自己讲明白的不讲，学生能合作解决的不讲，学生能动手体验的不讲，讲了学生也学不会的不讲，大大提高了课堂教学效率，提升了学生自主学习的能力；数学学科从"四归还"入手——把课堂时间归还给学生，把课堂空间归还给学生，把质疑问难的权力归还给学生，把探究性学习的权力归还给学生，围绕"数学实践活动设计"，扎实开展"建构与体验学习"研究；英语学科通过创设充满乐趣、舒适的教学情境，帮助学生建立激发个人潜力的心理倾向，从学生是一个完整的个体角度出发，力求把各种无意识的暗示因素组织起来，寓教于乐，让课堂变得特别有吸引力，特别能开发思维，特别能激发情感，特别能激活潜力，让学生感到每一分钟的学习都是一种享受。

（二）建设魅力课堂

依据"以学定教、以思维发展为主线、以激扬生命成长为标准"的原则，深入建设魅力课堂。通过"特级领航课、开学起始课、交流观摩课、教学评优课、网上晒优课、魅力展示课、学科整合课、家长开放课、青蓝汇报课和幼小中衔接课"十课同构研究，倾情演绎着对魅力课堂的理解与构建：学生为本，凸显主体意识；活用教材，突显课程意识；授之以渔，突出学法指导；顺学而教，突显生成意识；回归生活，突显育人意识，有效地促进教与学方式的转变与课堂教学质量的提升。

（三）学制学分

对学生的课程学习实行学分制的课程管理与学业评价制度。即以学时学分进行课程管理，由基本学分和奖励学分组合进行学业评价，为学生提供更多的自主发展空间，培养全面发展的人才。在保证国家课程的基础上，缩减必修课时数，扩大选修课时数，以保障不同学生各方面都有不同程度的提高。每学年两个学期，在学校有效时间内完成学科的必修课程和拓展课程。

（四）课时安排

课时实行灵活的长短课制，根据不同的学段和学科内容（表2-2-4～表2-2-6），设置四种课时。"大课"90分钟，比如外出参观、实践活动等；"中课"60分钟，比如学科活动；"常课"40分钟，比如常规教学；"小课"10分钟，比如晨读、午写等。

表 2-2-4　课程安排表

		周一	周二	周三	周四	周五	备注
道德与法治		2	2				
品德与社会				2	2	2	
科学				2	2	2	
语文		6	6	6	6	6	
数学		4	4	4	4	4	
英语		2	2	3	3	3	
体育		4	4	3	3	3	
艺术	音乐	2	2	2	2	2	
	美术	2	2	2	2	2	
综合实践活动	劳动技术 信息技术			1	1	1	
	学科实践活动 研究性学习 社区服务 社会实践	1	1	2	2	2	其中每学期8学时用于语文学科实践活动，4学时用于思想与品德学科实践活动，6学时用于数学实践活动，4学时用于英语实践活动、2学时用于科学实践活动，15学时用于外出综合实践活动
	专题教育综合书法	1	1	1	1	1	市级地方课程：专题综合课程（1～5年级），书法（6年级）
	区级地方课程 校本课程	1	1	1	1	1	《心理健康》（3～6年级海淀地方课程）；《走进圆明园》（5～6年级海淀地方课程）；《国学》（1～6年级校本课程）
	周自主安排学时	1	1	1	1	1	少先队活动课1学时（1～6年级），英语活动课1学时（6年级）
周学时总量		26	26	30	30	30	

表 2-2-5 语文、数学、英语、思想与品德、科学学科学时安排

年级学科	任教科目	周学时	学科实践活动	学期学时	综合实践活动
1~2年级语、数	语文	6	拓展阅读	8	15学时 内容：学生小课题研究、走进博物馆等
	数学	4	趣味活动	6	
	市级地方课程	1			
	区级地方及校本课程（含国学）	1			
	少先队活动课	1			
3~6年级语文	语文	6	拓展阅读	8	
	区级地方及校本课程（含国学）	1			
	少先队活动课	1			
3~5年级数学	数学	4	专题实践活动	6	
	市级地方课程	1			
6年级数学	数学	5	专题实践活动	6	
1~2年级英语	英语	2	典范英语	4	
3~6年级英语	英语	3	语音、绘本	4	
	六年级英语活动	1			
1~6年级科学	科学	2	科学探索	2	
3~6年级思品	思想与品德	2		4	

表 2-2-6 音乐、美术、体育、劳动技术与信息学科学时安排

年级学科	内容	学时
1~5年级音乐	音乐（舞蹈）	2
6年级音乐	音乐（走进音乐的人文世界）	1
1~4年级美术	美术（漫画）	2
5~6年级美术	美术（动漫）	1

续表

年级学科	内容	学时
1~2年级体育	体育（跆拳道）	3
3~6年级体育	体育（游泳、足球、花样跳绳、篮球）	3
3~6年级劳动技术与信息	信息	1

七、课程评价

对课程开发和实施的评价，需要从内容、形式、主体、标准等方面予以科学设计和规范。

（一）多方主体评价

创造条件让学生主动参与评价，教师只是作为评价的组织者和参与者，家长作为评价的促进者，社区辅导员作为评价的监督者。强调评价主体间的沟通协商，鼓励评价主体和被评价者之间展开互动与合作。

（二）多维内容评价

第一，评价课程本身。第二，在课程实施过程中，重点分析评价课程目标、内容、方法的科学性和合理性，并及时调整。第三，评价学生，不仅评价学生认知能力的发展，更评价学生多方面潜能的开发；不仅评价结果，还要评价学生的学习过程和学习态度，尤其评价创新精神和实践能力方面的进步与变化。第四，评价教师实施这一课程的态度、水平，进行绩效的考核与评价。

（三）多样方式评价

由于课程的内容特征、表现形式和涉及领域不同，可以设计多种不同的评价活动方式。低年级可以采用观察记录、面谈采访、表演展示、阳光小卡片等形式；中年级可以采用问卷调查、问题解决、对话日志法、自编报刊、阳光档案袋等形式；高年级可以采用模拟表演、项目活动、个人网站、课题报告、学习档案等形式。变单一的教师评价为学生自评、学生互评、教师评价、家长评价、社区评价、基地辅导员评价相结合的七彩评价方式。

（四）多元标准评价

由于学生的年龄特征、家庭环境、个性特点、智能高低和学习风格存在差异，如果采用统一评价标准，不利于学生个性的张扬和发展。可以设计不同层次的评价标准，既有统一的课程目标为参照的横向标准，又有学生的个人发展为参照的纵向标准。对优秀学生采用"提高目标参照评价"，促使他们找出差距，不断进取，向更高的目标努力；对中等学生采用"目标达成参照评价"，使他们看到自己与教学目标之间的差距，努力弥补自身的不足；对学困生采用"自我进步参照评价"，当他们取得点滴进步时及时给予充分肯定，帮助他们克服自卑心理，树立学习的信心，激发其学习兴趣。用不同的标准衡量学生的学习发展状况，使不同水平的学生都能体验到进步与成功的喜悦。

八、实施保障

（一）组织保障

成立以校长为组长的"整体课程体系领导小组"，对学校课程体系工作全面领导，负责学校课程的理念、目标、决策等指导意见的制定。

学校课程研究管理机构主要由学校中层干部及部分特级教师、学科教师组成，主要负责学校课程的组织、实施、执行问题，并对实施中的具体问题予以指导。

教学处是学校课程体系管理机构，主要负责计划、执行、检查、指导、评估全校各门课程的实施，并联系各学科教师间开展合作，以促进课程育人合力的形成。

小学教科研主要承担咨询研究任务，同时兼管课程档案存档等工作；实验教师主要负责具体实施、操作；教研组主要组织、指导本组教师的学校课程开发任务；年级组主要负责学生选课等组织协调工作。教师可向课程体系领导小组提出课程开发构想与意向。经同意后，着手编写课程纲要，填报课程开设申请。学校可根据需要聘请校外专家或教师参与本校学校课程的开发。

实行"项目负责制"，领导小组成员要明确责任，确保自己负责的项目如期完成。

（二）经费保障

学校有课程体系专项资金，用于加强教师研究、课程实施和开发等方面。

（三）制度保障

学校已经研制了《国家课程校本化实施方案》《北京实验学校校本课程研发制度与程序规范》《北京实验学校年度课程实施方案》《新课程学分认定

方案》《分层教学工作实施细则》《课堂教学评价标准》《教研组建设指导意见》等文件，为项目实施提供了相应的制度保障。学校建立了网络平台，实现课程管理的信息，定期检查各项制度的执行情况，保障课程体系方案的落实。同时，充分利用"高参小"资源。

（四）师资保障

学校硬件条件优越，拥有设施一流数字信息化平台及专业教室等，为开展活动创造了优良条件。充分发挥骨干教师的引领示范作用，鼓励教师开展跨学科整合实验，主动提升课程执行力，以点带面，有序推进。

（吴　伟　王亮雪　张俏梅　张兰建　秦怡萌　杨　敏
李　梅　王晓玲　张　伟　陈　静　宁国瑞）

第 11 章　语文学科一体化魅力课程体系

一、指导思想

为了全面贯彻落实国家、市区关于课程改革与建设的文件精神，遵循教育规律和学生成长规律，大力弘扬中华优秀传统文化，把培育和践行社会主义核心价值观融入国民教育全过程，也为了实现北京实验学校"具有中国情怀、世界眼光"的培养目标，我校语文大教研组以课程的丰富、规范、高质为重点，以"魅力教育"为特色，构建十五年一贯制整体魅力课程体系，使学生初步学会运用祖国语言文字进行交流沟通，吸收古今中外优秀文化，提高思想文化修养，促进自身精神成长，使语文学科魅力课程更加满足学生发展的要求，更加符合学生身心发展的特点，充分发挥课程的整体育人功能，提升办学品位，促进学校内涵式发展，办"孩子向往、教师幸福、社会满意"的品牌学校，实现全科育人、全程育人、全员育人和实践育人，努力把学生培养成为具有"中国灵魂、国际视野"的现代人。

《北京中小学语文学科教学 21 条改进意见》（以下简称《意见》）强调要加强学段间的衔接，切实加强学科思想、经验培养，在运用中学习语文。积极拓展阅读视野，提升阅读能力；不断丰富阅读资源，加强方法指导；扎实推进教与学方式转变，倡导开放学习。前不久，正式发布的"中国学生发展核心素养"框架引起社会关注，共分为文化基础、自主发展、社会参与三个方面，综合表现为人文底蕴、科学精神、学会学习、健康生活、责任担当、实践创新 6 大素养，具体细化为国家认同等 18 个基本要点。这也是语文学科课程体系需要渗透的培养目标。

二、背景分析

（一）全面深化课程改革、落实立德树人根本任务的重要性和紧迫性

1. 全面深化课程改革是社会主义建设的根本要求

中国特色社会主义教育事业，要培养德智体美劳全面发展的社会主义建

设者和接班人。新时代下的课程改革要求落实立德树人的教育目标。这就要求教育改革符合教育规律、体现时代特征、建立符合中国特色的人才培养体系。落实立德树人的根本任务，也是贯彻十九大精神的重大举措。这是基本实现教育现代化的必然要求，是深化教育领域综合改革的根本要求，是深入实施人才强国战略的基本措施。

2. 关注学生实际获得，要培养适应社会需要的现代化人才

课程改革直接关系到教育改革，随着社会的现代化进程愈加迅速，教育的要求和样态也发生极大变化，从关注知识到关注能力的培养、关注核心素养和关键能力的培养。世界各国都在如火如荼地进行课程改革，而在改革中也越来越重视学生的发展。课程改革的方向从课程内容的学习，转到学生智力建构与社会性发展的综合过程。学生在学校中学到什么，获得了怎样的进步，成了改革关注的焦点。在教学改革和课程改革中，如何让学生更有收获，更有效掌握适应现代社会所需的各种技能，从而成为适应未来社会发展的高素质人才。

3. 知识和学科整合成为课程改革新的挑战

国际上越来越认同，知识与知识之间不是孤立的，而是具有综合性的、紧密而复杂的联系。在解决真实的问题时，学生需要运用多学科的知识，因此，传统学科例如科学、社会、人文、艺术等，越来越趋向于融合、整合和综合。无论是低年级段，还是高年级段，无论是理工学科，还是人文学科，只是整合程度的复杂性和紧密性不同，但整合已经成为教育界的共识。

（二）践行北京市语文学科教学改革

《意见》从八个方面提出了语文学科应该改进的21条具体意见。

《意见》强调"严格按照课程标准组织教学，加强学段间衔接""传承经典，把中华传统文化经典、革命历史题材作为语文阅读和写作教学的基本素材""切实加强学科思想、经验培养，在运用中学习语文""积极拓展阅读视野，提升阅读能力""不断丰富阅读资源，加强方法指导""有效加强学生写作能力培养""扎实推进教与学方式转变，倡导开放学习"、"不断深化学习评价方式改革"。

21条建议强调加强学科思维，聚焦语言运用，传承中华传统文化，并且非常注重拓展阅读视野，提高阅读能力，这给所有语文教育工作者释放出了强烈的信号，这对于推进语文教育教学内涵发展和质量提升有着积极意义。

（三）北京市中高考招生制度改革势在必行

《北京市深化考试招生制度改革实施方案》中提出，为培养适应国际竞争和时代要求的人才，必须改革考试招生制度，推进考试内容与形式改革。中考严格按照义务教育各学科课程标准确定考试内容，注重考查学生9年义务教育的积累，注重对学生掌握基础知识、基本技能、基本思想和基本能力的考查。重视发挥考试的教育功能，在各科目考试内容中融入对社会主义核心价值观和中国传统文化内容的考查。扩大选材范围，突出首都特色，贴近生活，注重实践。高考则体现立德树人根本要求，加强情感、态度、价值观的引领。科学设计试卷结构和命题内容，贴近社会实际，贴近课程教学改革实际和学生生活实际，突出考试的能力导向。继续保持和增强北京试卷注重基础、综合、灵活的特色，增强试题的选择性和开放性，给学生创设更大的思考空间和展示个性才华的平台，着重考查学生独立思考和运用所学知识分析问题、解决问题的能力，引导教学摒弃"死记硬背""题海战术"，促进素质教育深入实施和学生全面而有个性地发展。

（四）落实我校第二个五年计划，聚焦语文核心素养，深化魅力课堂改革

经过几代人的努力，我校教育教学管理迈上一个新台阶。

近五年来，以魅力教育为核心，以培养具有"中国灵魂、国际视野的现代人"为目标，紧紧围绕五大核心素养（语言与文学、自然与科技、体育与健康、艺术与审美、实践与创新），统筹各学段、各学科、各方参与人员和资源，开发和建设了系列课程，形成了基础型、拓展型、探究型三类课程体系，满足了不同类学生的学习需求，逐步形成了自己的特色，有效地促进了学生综合素养的提升。

如今，在五年卓有成效的基础上，学校将进入第二个五年发展阶段。在我校深入推进魅力教育、魅力课堂的探索实践中，学校已培养了一大批魅力型与实战型教师，这是我校开发丰富多样且具有较高水准的校本课程的有力师资保障，为学校的不断发展奠定了人才基础；学校还建立了幼儿园、小学、初中和高中顺畅沟通的平台和机制，实现了各学段教育有效对接、资源共享、优势互补、共同发展，有利于十五年一贯制课程的贯通建设；自2011年起，学校开始十五年基础教育综合改革实验，开展了幼、小、初、高一体化实验研究，开发编著幼小、小初、初高融通课程教材，进行了一系列的课程改革试验，有效促进孩子生命的有序成长。同时，针对我校学生独生子女

较多，自我约束能力不够，学习兴趣、动力不足等问题，本着"满足不同类学生需求的原则"，增强课程的选择性、适合性，开发系列课程，使学生在不同类课程的学习中发展能力、磨炼意志、发展兴趣、激发动力、锻炼思维、强健体魄、增强活力、产生魅力。

三、课程愿景

语文课程的基本特点是工具性与人文性的统一。语文课程应致力于学生语文素养的形成与发展。语文素养是学生学好其他课程的基础，也是学生全面发展和终身发展的基础。语文课程的多重功能和奠基作用，决定了它在九年义务教育阶段的重要地位。

九年义务教育阶段的语文课程，必须面向全体学生，使学生获得基本的语文素养。语文课程应激发和培育学生热爱祖国语文的思想感情，引导学生丰富语言的积累，培养语感，发展思维，初步掌握学习语文的基本方法，养成良好的学习习惯，使他们具有适应实际需要的识字写字能力、阅读能力、写作能力、口语交际能力，正确地理解和运用语文。同时，语文课程还应通过优秀文化的熏陶感染，提高学生的思想道德修养和审美情趣，使他们逐步形成良好的个性和健全的人格，促进德、智、体、美诸方面的和谐发展。

（一）学校目标

以十五年基础教育综合改革实验为依据，不断提高学校课程领导、管理和开发能力，逐步形成富有北实特色的"魅力课程"体系，满足一贯制、整体化办学需求，实现课程整体育人的功能，全面提升学校的办学品位和教育质量。

（二）学生目标

通过科学设置课程，合理安排，满足学生发展需求，培养学生语言的理解能力和运用能力；培养学生的实践能力和创新精神，全面提升学生的综合素养，培养"具有中国灵魂、国际视野的现代人"。

（三）教师目标

通过课程开发，提升教师课程研发和实施能力，提高教师科研水平和创新能力，引导教师从学科教学走向学科教育，促进教师的专业成长。语文教师既要注重跨学科的学习和现代科技手段的运用，还应当密切关注学生的发展和社会现实生活的变化，确立适应时代需要的课程目标，开发与之相适应的课程资源，形成相对稳定而又灵活的实施机制，不断地自我调节、更新发展。

四、培养目标

语文核心素养是学生面对具体的现实生活情境，分析情境、发现问题、提出问题、解决问题、交流结果的过程中表现出来的综合性品质。它关注个体解决真实的专业领域和现实生活问题时所需的语文学科关键能力和必备品格。

普通高中语文学科核心素养（讨论稿）中提出语文学科的核心素养为：思维发展与提升、审美鉴赏与创造和文化传承与理解（图 2-3-1）。

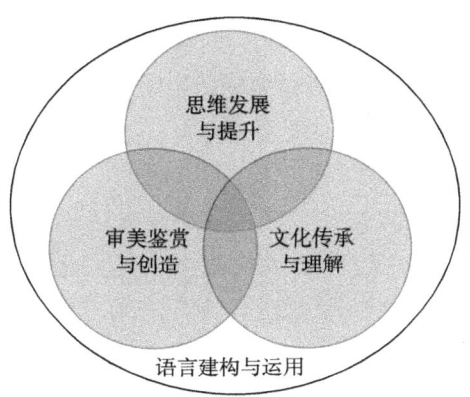

图 2-3-1　语文核心素养结构图

语言建构与运用是语文核心素养的重要组成部分，它是语文素养整体结构的基础层面，同时，它也是思维发展与提升、审美鉴赏与创造和文化传承与理解的基础。学生语言建构和运用的能力是在其个体言语经验的建构过程中得以提升和发展的。

思维发展与提升指的是在语文学习的过程中发展学生思维能力和提升学生思维品质。它是学生语文素养形成的表征，更是语文核心素养的重要组成部分。

审美鉴赏与创造是指在语文学习活动中，培养学生体验、欣赏、评价、表现和创造美的能力。语文学习活动是帮助学生形成审美体验、提升其审美能力的重要途径。

文化传承与理解是指在语文学习活动中，学生能继承中华民族优秀传统文化，理解并借鉴不同民族和不同地域文化的能力；以及在过程中表现出来的文化视野、文化自觉的意识和文化自信的态度。

1. 语文课程总目标

语文核心素养的四个方面紧密相关,不可分割,有所侧重,绝不单一。基于此,语文课程遵循九年(1~9年级义务教育阶段)一贯整体设计原则制定课程总目标:

(1)在语文学习过程中,培养爱国主义感情、社会主义思想道德和健康的审美情趣,发展个性,培养合作精神,逐步形成积极的人生态度和正确的价值观。

(2)认识中华文化的丰厚博大,吸收民族文化智慧。关心当代文化生活,尊重多样文化,吸取人类优秀文化的营养,提高文化品位。

(3)培植热爱祖国语言文字的情感,增强语文学习的自信心,养成良好的语文学习习惯,初步掌握学习语文的基本方法。

(4)在发展语言能力的同时,发展思维能力,激发想象力和创造潜能。学习科学的思想方法,逐步养成实事求是、崇尚真知的科学态度。

(5)能主动进行探究性学习,在实践中学习、运用语文。

(6)学会汉语拼音,能说普通话。认识3500个左右常用汉字。能正确工整地书写汉字,并有一定的速度。

(7)具有独立阅读的能力,学会运用多种阅读方法。有较为丰富的积累和良好的语感,注重情感体验,发展感受和理解能力。能阅读日常的书报杂志,能初步鉴赏文学作品,丰富自己的精神世界。能借助工具书阅读浅易文言文。九年课外阅读总量应在400万字以上。

(8)能具体明确、文从字顺地表述自己的意思。能根据日常生活需要,运用常见的表达方式写作。

(9)具有日常口语交际的基本能力,学会倾听、表达与交流,初步学会文明地进行人际沟通和社会交往。

(10)学会使用常用的语文工具书。初步具备搜集和处理信息的能力。

在"总目标"之下,按1~2年级、3~4年级、5~6年级、7~9年级、高中学段这五个学段,分别提出"阶段目标",体现语文课程的整体性和阶段性(图2-3-2)。课程目标根据知识与能力、过程与方法、情感态度与价值观三个维度设计。三个方面相互渗透,融为一体,注重语文素养的整体提高。各个学段相互联系,螺旋上升,最终全面达成总目标。

高中语文魅力课程必须体现时代性、基础性和选择性,既要使学生的语文素养在义务教育的基础上普遍获得进一步的提高,同时也为具有不同需求的学生提供更大的自主发展空间。因此，需要建设一个新的高中语文课程结构体系和实施机制。

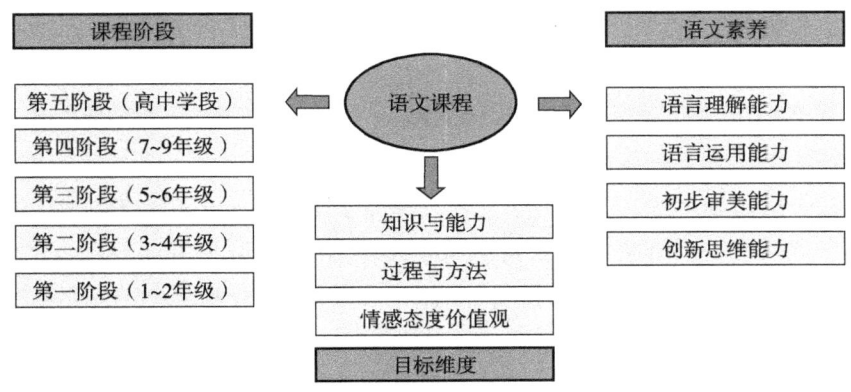

图 2-3-2　语文魅力课程培养目标结构图

2. 语文学科魅力课程设置总体构思

（1）系统思维，保证三级课程整体协同推进；有效整合，建设满足本校学生发展需求的课程结构。

（2）基于学生实际差异，实现课程的规定性与选择性的有机结合。

（3）凸显北京实验学校特色，在夯实基础的同时实现学生个性发展。

3. 语文学科魅力课程整体协同推进

（1）必修课程校本化。面向全体学生，把握本校之共性，适当充实内容，将书读"厚"。

（2）选修课程特色化。建设与学生相适应的校本选修模块，进一步拓宽夯实学生语文基础。

（3）校本课程多样化。

五、课程设置

《意见》强调，要加强学段间的衔接，切实加强学科思想、经验培养，在运用中学习语文。前不久，正式发布的"中国学生发展核心素养"框架引起社会关注，共分为文化基础、自主发展、社会参与三个方面，综合表现为人文底蕴、科学精神、学会学习、健康生活、责任担当、实践创新六大素养，具体细化为国家认同等18个基本要点。这也是语文学科课程体系需要渗透的培养目标。

《北京中考中招和初中教学改革方案》中对初中教学改进提出要求，其中强调"关注课程的整体育人功能以及学科内、学科间的联系与整合，引导学生积极参加综合实践活动。注重对学生核心素养的培养，在学科教学中加强对社会主义核心价值观的培育和渗透"，并要求"义务教育阶段7~9年级整体设置课程""合理安排学科课程，为学生创造更多自主探究的时间和空间。充分利用中小学生社会大课堂资源单位、高校、科研院所、博物馆、企业、社会团体等社会资源开展学科实践活动，用好各学科平均不低于10%的实践活动课时，逐步形成学科内综合以及跨学科多主题、多层次的系列课程。综合培养学生的人文、科学素养，提高学生综合运用知识解决问题的能力、交流与合作的能力、创新意识与实践能力""加强地方课程和校本课程建设，使学生通过学习，拓宽视野，创新思维，学会解决生活中的实际问题。地方课程、校本课程要加强与国家课程的融通"。

为了开发能够满足发展学科核心素养要求的课程，我们需要科学规划课程学习路径：理解核心素养的内涵，重构语文学科课程结构，突破课堂教与学的方式。

北京实验学校高中语文学科的魅力课程，是在当前我国"深化教育领域综合改革，落实立德树人根本任务"的大背景下构建而成，也是魅力教育语文学科十五年一体化课程的终点（图2-3-3）。北京实验学校高中语文学科魅力课程要在促进学生全面发展的基础上，用魅力语文课程构造"一方池塘"，点燃"一束火焰"，引导孩子自然成长、自己成长、自由成长、自觉成长，最终成为具有"中国灵魂、国际视野"的现代人。

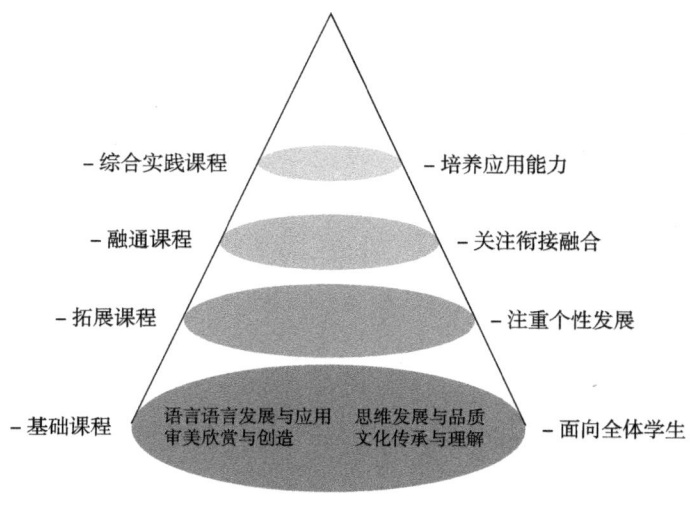

图2-3-3　语文学科育人目标

语文学科在整体课程改革与十五年一贯制独特的课程体系下，结合学校办学理念与育人目标，遵循学生学习发展规律，依据学科特点，立足培养学生的语言素养，综合培养学生的思维、审美、文化等素养。基于此，语文学科一体化课程基本框架为四大类型课程：基础类、拓展类、融通类、综合实践类课程（图2-3-4、图2-3-5）。

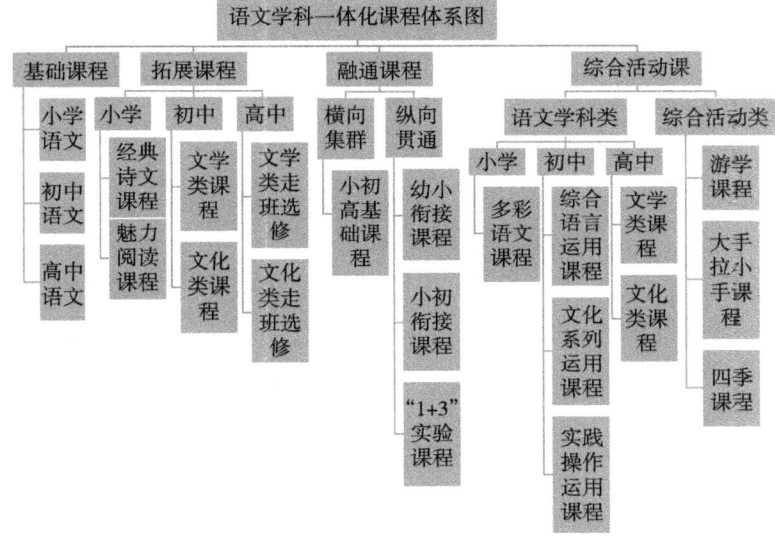

图 2-3-4　语文学科一体化课程体系图

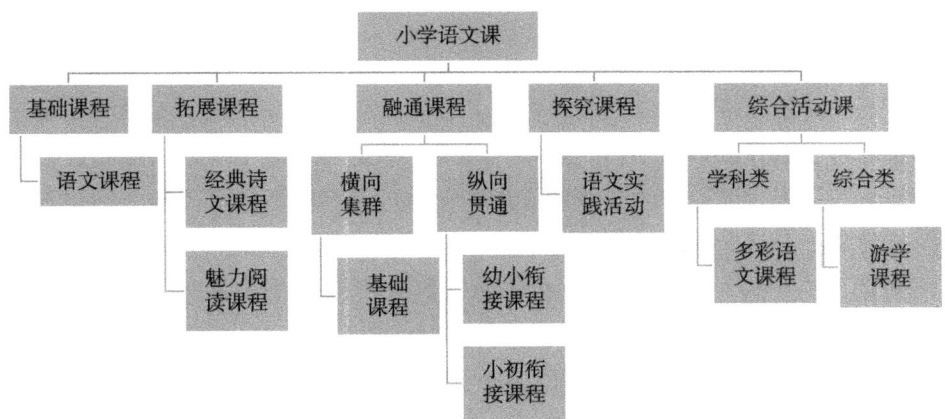

图 2-3-5　小学语文课程体系图

（一）基础课程

基础课程是全体学生必修的国家课程，由各学习领域体现共同基本要求的学科课程组成，体现国家对公民素质的最基本要求。学校以将每一名学生都培养成国家的合格公民为办学的基本目标，开足、开齐规定的基础型课程，包括基本的文本阅读与习作练习、口语交际等。

基础型课程的落实，通过学校教研组教学研讨形成共识，严格按照各学科课程标准进行教学活动，既要让学生掌握基础知识，形成基本技能，又要注重学生的发展性、创新性的培养。包括基本的文本阅读与常用写作，古今中外经典诗文诵读欣赏等（图2-3-6）。

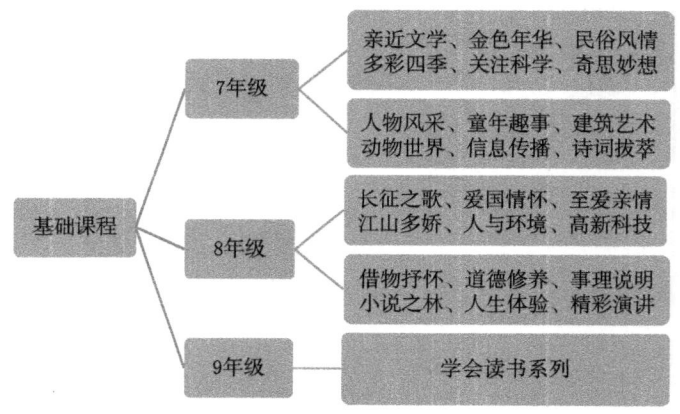

图2-3-6 初中语文课程体系图——基础课程

（二）拓展课程

拓展课程以培育学生的主体意识、完善学生的认知结构、提高学生自我规划和自主选择能力为宗旨，着眼于培养、激发和发展学生的兴趣爱好，开发学生的潜能，促进学生个性的发展和学校办学特色的形成，是一种体现不同基础要求，具有一定开放性的课程（图2-3-7）。此类课程包括"经典诗文积累背诵""魅力阅读""影视文学名作欣赏""京味儿文学选读与赏析"等文学类拓展课程；"汉字文化""古人的名与字""生肖与传统文化""成语中的传统文化"等文化类拓展课程。

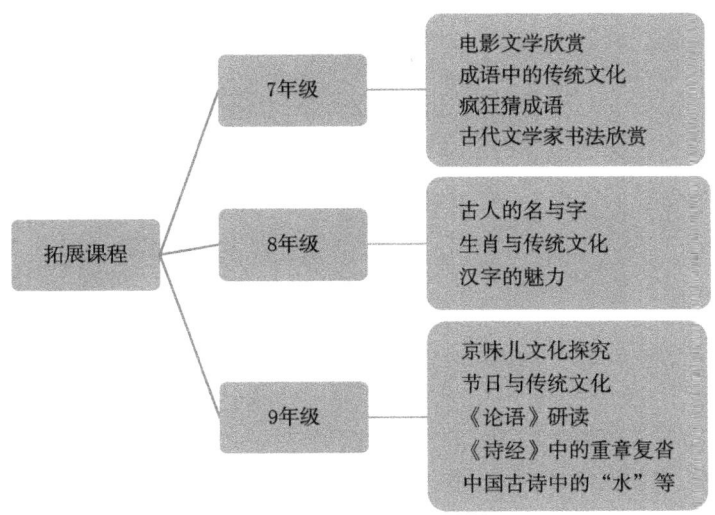

图 2-3-7　初中语文课程体系图——拓展课程

（三）融通课程

我校融通课程体系是指依托我校十五年一贯制的学制优势，为实现我校提出的培养"具有中国灵魂，国际视野的现代人"的育人目标，所构建的横向融合、纵向贯通的、多角度辐射课程，既能实现幼小初高四个学段无缝链接，又能促进各学科知识的整体融合的课程体系，更能向课内外、学习与生活工作融合。

融通课程强调语文学科与其他课程间的横向整合，通过多种学科的知识互动、综合能力培养，促进师生合作，实现以人为本的新型课程发展，在课程结构、课程内容、课程资源以及课程实施等各个方面实现一定程度的整合，从而促进课程整体的变革（图 2-3-8）。如：语文学科与历史学科融合学习长征主题单元、成语知识等，语文学科与美术、科技学科融合开展丰富多彩的实践活动等。

融通课程还强调课程的纵向贯通，是指发挥我校十五年一贯制学制优势，建设各学段的融通课程，促进学段间的有效衔接，同时加强纵贯幼小初高的一体化校本课程的建设，使课程目标、课程内容、课程实施和课程评价等方面均能体现出进阶性、整体性和一贯性。如：小初语文衔接课程、阅读整本书的专题课程、阅读写作口语交际阶梯课程等。

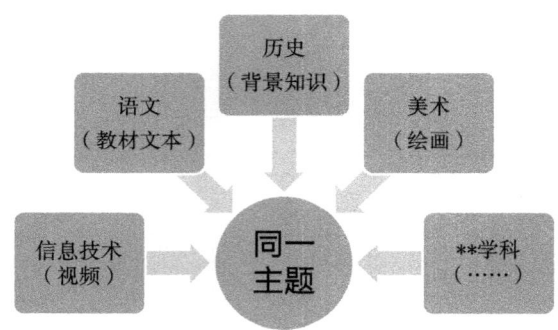

图 2-3-8　多学科融合课程框架

（四）综合实践活动课程

《综合实践课程标准》指出："综合实践活动课程是一门引导学生从自身生活和社会生活中发现问题，开展多样化的实践学习，注重知识和技能综合运用的实践性课程。总体目标是引导学生在实践学习中获得积极体验和经验，形成对自然、社会和自我之内在联系的整体认识；体验并初步学会问题解决的科学方法，具有问题意识，发展良好的科学态度、创新精神、实践能力；形成强烈的社会责任感，具有良好的个性品质。"综合实践活动的实施，应该引导学生在实践中学习，在生活中实践。倡导学生主动学习、乐于探究、勤于动手，引导学生经历多样化实践学习活动的过程，经历问题探究、问题解决的基本方法和过程（图 2-3-9）。

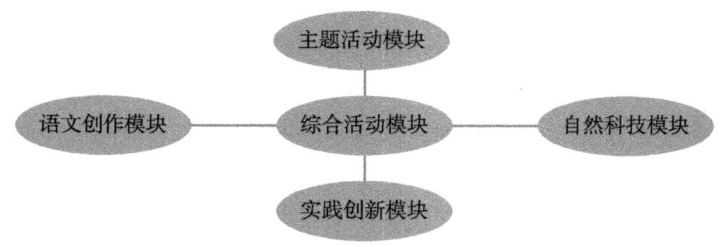

图 2-3-9　综合实践活动模块

（五）课程总体构思

基于学校十五年一贯制创新人才培养的螺旋式课程结构，语文课程体系在系统思维上，保证三级课程整体协同推进；在有效整合上，建设满足本校学生发展需求的课程结构；在基于差异上，实现课程的规定性与选择性的有机结合；在凸显特色上，在夯实基础的同时实现学生个性发展（图 2-3-10）。

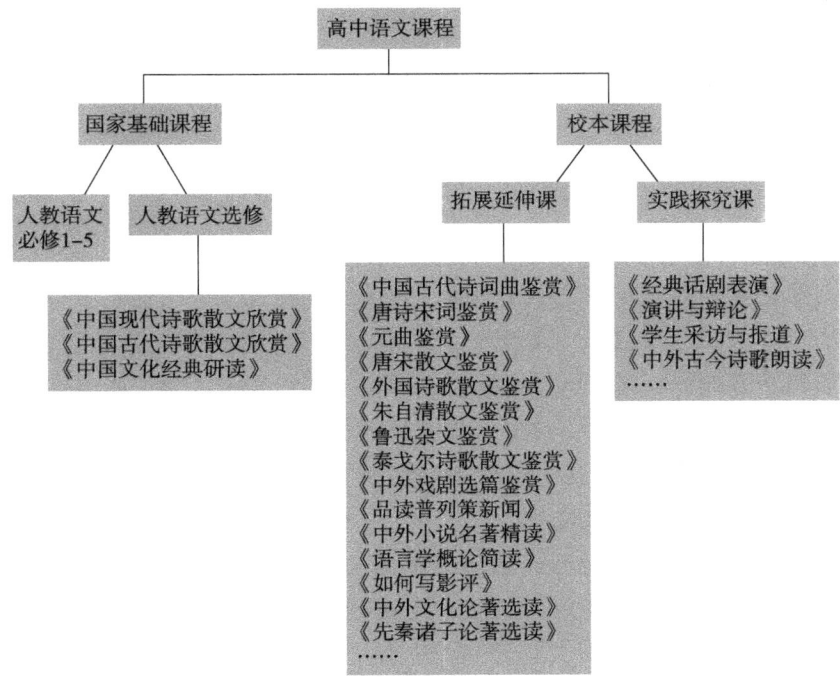

图 2-3-10　高中语文课程设置图

课程改革是基础教育综合改革的重要组成部分，当今国际课程改革发展趋势表明，世界各国重视学科融合，注重培养综合能力，以发展学生核心素养来推进课程改革。发展学生核心素养，即是围绕身心健康，学会学习，实践创新，科学精神，国家认同，国际理解，人文底蕴，审美情绪等方面，培养学生适应终生发展、幸福发展和社会发展的优异品德和关键能力。因此，我们应该培养的是一个完整的现代人，这也是新一轮课程改革的重点。

六、课程实施

为了高质量地完成课程设置，满足各个年龄段学生个性特长需求，根据学生的认知水准，借助新课改契机，充分利用学校的传统优势、地域优势和周边社会资源，将原有的国家课程中同一学科的模块内容进行重组整合，压缩拓展，强调各学段课程之间的衔接和贯通，注重连续性和一贯性（图 2-3-11）。

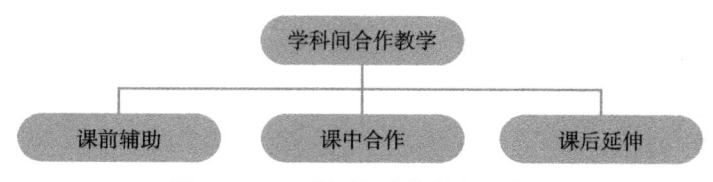

图 2-3-11　学科间合作教学示意图

（一）要将课程发展看作为教师发展

教师是教育实现改变的中坚力量，是课程实施过程中的直接参与者，这直接决定了这场教育改革、课程改革走向是成功还是失败的，课程改革的效果深受教师的能力、理念、态度等因素影响。课程实施之前，就应该让教师参与进来，并且对教师进行培训，帮助教师形成新观念、新思想，拥有新策略和新方法，拥有课程改革的主动性和创造性。

（二）要注意更新学校文化

把课程改革方案的设计同课程改革的实施统整起来加以考虑，这就要求更新学校教育理念，更新学校文化，实现课程实施从技术取向转向文化取向。

我校实施"魅力教育"改革的几年以来，逐步形成了魅力学校文化，在几次的学校大会中，全校教师对于魅力教育的理念已经掌握。在教育改革中，也应该注重用魅力教育文化引导课程实施。

（三）注重落实课堂教学实效

课堂教学实效关系到教育改革是否真正落地，将科学先进的教育理念有效地转化为学生的实际经验，让学生站在舞台中央，成为课堂的主人，真正做到帮助学生实现个体生命发展，在课堂中激发学生的探究欲望、探索精神、创新精神，为学生个性的全面发展创造宽松愉悦的环境。

七、课程评价

在评价时，要注意把握课程特点，对不同课程实现有特色、有区别的评价，构建出具有"魅力教育"特色的、三维一体的课程评价体系

（一）从结果模式走向过程模式

以往的课程评价中，重视甄别和筛选，因此以往的课程评价以非开放性的命题为主。而真正有意义的课程评价更关注学生的实际发展，更重视学生的个性化反映，更加尊重不同学习风格学生的个别差异和个性特点，允许学生发挥自己的学习风格和兴趣特长，从而激励学生促进自我发展。

（二）在评价中注重小组合作

传统评价中往往都是置于个人环境之中，不注重学生之间的互相交流讨论，把学生置于试题中孤军奋战。联合国教科文组织将合作学习视为未来教育的支柱。因此，新的课程改革中，评价应该将合作意识、合作能力纳入，并且作为重要的考量指标。小组合作完成任务，也是基于当代社会的要求。现代化人才必须具备合作能力，学会在合作中解决问题。

（三）注重评价问题的真实性和情境性

传统评级中往往是孤立的问题，抛却了问题的情境，忽视了与生活的联系，而这对于学生来说，他们知道如何计算，却不知道该如何在真实的情境中处理数学问题；知道该如何写字，却不知道该在某种情境中如何表达自我。现代化的教育改革，评定的是学生在真实情景中的反应能力，是学生对现实生活的领悟力、解释力和创造力。

八、实施保障

魅力教育课程改革以校长为组长，引领幼小初高语文教师团队一次次进行研讨，目前取得了不错的效果。语文课程为提高学生道德品质（思想道德素质）和科学文化素养，弘扬和培育民族精神，增强民族创造力和凝聚力，已经或正在发挥着积极的作用。

中高考招生制度的改革，微观上加快了社会、家长、学生、教师对语文地位的重新认识与重视。

学校积极创造条件，努力为语文教学配置相应的设备；还争取社会各方面的支持，与社区建立稳定的联系，给学生创设语文实践的环境，开展多种形式的语文学习活动。课堂教学资源和课外学习资源等语文课程资源丰富。工具书、其他图书、报刊、电影、电视、广播、网络、报告会、演讲会、辩论会、戏剧表演、图书馆、博物馆、纪念馆、展览馆、布告栏、报廊、各种标牌广告等。学校注重文化建设，又有着近百年的深厚文化底蕴，注重加强家校合作，因此，灯箱名言、名人墙、读书室、班级宣传橱窗、凤凰亭、熊希龄雕像等也都可以成为语文课程的资源。这些都为课程的实施提供了有力地支持。

在学校蕴藏多种语文课程资源基础上，语文教师团队——语文课程的开发者与实施者、评价者，具有强烈的资源意识，在课程实施过程中努力开发潜在的资源，积极利用已有资源，特别是人的资源因素和在课程实施过程中生成的资源因素，语文教师团队"老、中、青"搭配合理，有经验丰富、功底扎实的特级教师、老教师；有学历高、知识丰富的博士、硕士教师；有踏实肯干、思维活跃的中年教师，大家齐心协力，携手共进，为课程的开发、实施与评价提供了专业保障。

  语文教师高度重视课程资源的开发与利用，注重采取针对性强的有效措施，创造性地开展高质量的教师活动与学生活动，如：编写小初衔接教材、同上小初衔接课，开展诗歌创作、名著阅读交流、做一次主持人、戏剧展演等活动，促进学生的发展，增强学生在各种场合学语文、用语文的意识，多方面提高学生的语文素养。

（苏　静　张兰建　秦秋丽）

第12章　数学学科一体化魅力课程体系

一、指导思想

以科学发展观为统领，全面贯彻落实国家、市区关于课程改革与建设的文件精神，以数学素养为核心，以课程的规范、丰富、高质为重点，以"魅力教育"为特色，整体构建数学魅力课程体系，使学生理解和掌握基本的数学知识与技能、数学思想和方法，得到必要的数学思维训练，获得基本的数学活动经验，全面提高学生的数学核心素养，促进学生个性化的发展。

二、背景分析

作为基础学科的数学应用广泛，数学的计算、方法和思想作为一种技术、一种文化，应用于各行各业——银行理财、股票交易、家产管理等，特别在科学研究方面，计算机技术的威力巨大，同时，各个方面的进步也促进了数学技术的发展。

随着教育思想、观念和课标的深入改革，数学从"纯数学"和"系统化"向实用化、大众化发展，更能发挥数学的生命力和应用性，使它成为现实生活中的一种工具，不断提高人们的生产效率和生活质量。

同时，数学作为一门基础学科，它在学生的整个学习过程中是不可缺少的，它的好坏直接影响学生的一生。作为基础学科的老师，在课改的浪潮中要更新自己的教学理念，改变数学课堂的面貌，转变学生的学习方式，让学生形成持续、稳定的学习兴趣，发挥数学的学科特点，挖掘学生的内部动力。

北京实验学校在构建十五年一体化的课程体系的同时，继续深化中国基础教育的课程改革。随着课程改革的深入和魅力教育的开展，我校的数学教育已经初步形成了由基础课程、魅力拓展课程、专修课程和社会实践课程的综合课程体系，满足了不同类学生的学习需求，逐步形成了自己的特色，有效地促进了学生综合素养的提升。

三、课程愿景

依据"中国学生发展核心素养"这一总体框架,数学基础教育课程改革必须考虑数学核心素养的培养——数学抽象、逻辑推理、数学建模、数学运算、直观想象、数据分析。根据学生年龄特点和身心发展的规律,数学课程必须统筹数学学科各学段、各年级,数学学科与其他学科之间的整合,以及数学与生活的密切联系,实现全程育人、全员育人和实践育人。

(一)学校目标

以十五年基础教育综合改革实验为依据,不断提高学校数学课程领导、管理和开发能力,发挥学校一体化优势,依托数学学科大教研,不断深入开展研究,逐步形成富有北京实验学校特色的普适品牌的数学魅力课程体系,满足一贯制、整体化办学需求,实现课程整体育人的功能,全面提升数学教学质量。

(二)学生目标

根据数学学科特点,通过科学设置数学课程,合理安排,满足学生个性化发展需求,培养学生能从数学角度看问题,用数学的眼光观察世界,用数学的思维理解世界,用数学的方法解决问题,让每一个学生不同程度地做到:有条理地进行理性思维、严密求证,在解决问题时具有逻辑推理的意识和能力,对所从事的工作能够合理地量化和简化;培养学生的实践能力和创新精神,全面提升学生的综合素养,培养具有"中国灵魂、国际视野"的现代人。

(三)教师目标

通过数学课程开发,转变教师的观念,树立从学生需求出发,为学生发展服务的教育意识,不断提升教师课程研发和实施的能力,提高教师科研水平和创新能力,促进教师专业成长,力争人人成为科研型教师。

四、培养目标

数学素养属于认识论和方法论的综合性思维形式,它具有概念化、抽象化、模式化的认识特征,在人的一生发展中具有重要的作用。良好的数学修养是人一生的可持续发展的基础,更好的认识自然、了解世界、适应生活,促进孩子有条理的思考、有效的表达与交流,运用数学去发现问题、提出问题、分析问题和解决问题,发展孩子的主动性、责任感和自信心,培养孩子实事求是的科学态度和勇于探索的创新精神。

（一）体现数学学科特征

数学课程要凸显学科目标特点，分层设计，在教师指导下，通过学生的自主活动，获得数学基础知识、培养数学基本技能、获得数学基本活动经验和培养数学基本思维，即获得直接经验和实践能力的课程。数学课程的构建，不仅要横向融合，更要幼小和小初的纵向贯通，实现小初高三个学段无缝链接，促进学科知识的整体融合的课程体系。

（二）培养数学学科素养

数学学科如何实现育人目标引起了我们的思考。教师、环境、课程既相互独立、又相互制约地影响与促进着学生的健康发展。第一，我们必须关注数学学科知识的学习；第二，必须培养高中生数学学习的习惯、能力和素养；第三，需要培养高中生从数学角度思考问题的特性。

五、课程设置

数学一体化魅力课程体系融通幼、小、初、高四个学段，最终目标是构建十五年一贯制课程，实现十五年一贯制教育，主要有四类课程：基础课程、拓展课程、专修课程和社会实践课程。

（一）基础课程

1. 小学基础课程

小学数学基础课程见表 2-4-1。

表 2-4-1　小学数学基础课程

内容		年级	目标
数与代数	数的认识	1~6年级	三维目标：知识与技能、过程与方法、情感态度与价值观
	数的运算		
	常见的量	1~3年级	
	式与方程	4~6年级	
	正反比例	6年级	
图形与几何	图形的认识	1~6年级	
	测量		
	图形的运动	2、3、5、6年级	
	图形与位置	2、4、5年级	
统计与概率	简单数据统计	1~6年级	
	随机现象	4、5年级	
综合与实践	数学好玩	1~6年级	

2. 初中基础课程

初中数学基础课程见表 2-4-2。

表 2-4-2　初中数学基础课程

内容		年级	目标
数与代数	数与式	7~8 年级	三维目标：知识与技能、过程与方法、情感态度与价值观
	方程与不等式		
	函数	8~9 年级	
图形与几何	图形的性质	7~9 年级	
	图形的变化		
	图形与坐标	7~8 年级	
统计与概率	抽样与数据分析	7~8 年级	
	事件的概率	9 年级	
综合与实践	结合实际情境，经历设计解决具体问题的方案	7~9 年级	

3. 高中基础课程

高中数学基础课程见表 2-4-3。

表 2-4-3　高中数学基础课程

内容		年级	目标
预备知识	集合	高一	为高中数学课程做好学习心理、学习方式和知识技能等方面的准备，帮助学生完成初高中数学学习的过渡。重点提升数学抽象、逻辑推理和数学运算素养
	常用逻辑用语		
	相等关系与不等关系		
	从函数观点看一元二次方程和一元二次不等式		
函数	函数概念与性质	高一	三维目标：知识与技能、过程与方法、情感态度与价值观。重点提升数学运算和逻辑推理素养
	幂函数、指数函数、对数函数		
	三角函数		
	函数应用		
	数列	高二	
	一元函数导数及其应用		

续表

内容		年级	目标
几何与代数	平面向量及其应用	高一	三维目标：知识与技能、过程与方法、情感态度与价值观。重点提升直观想象和数学抽象素养
	复数		
	立体几何初步		
	空间向量与立体几何	高二	
	平面解析几何	高一 高二	
概率与统计	随机事件与概率	高一	三维目标：知识与技能、过程与方法、情感态度与价值观。重点提升数据分析和数学建模素养
	统计初步		
	计数原理	高二	
	概率		
	统计		
数学建模活动与数学探究活动	数学建模活动与数学探究活动	高中	三维目标：知识与技能、过程与方法、情感态度与价值观。重点提升数学建模、数学抽象素养

（二）拓展课程

小、初、高数学拓展课程见表 2-4-4。

表 2-4-4　小、初、高数学拓展课程

学段	课程名称	内容	开设年级	目标
小学	选修课程	"333"训练（眼、口、手、脑）	1~3年级	提升学科思维能力
		魔方升阶	1~4年级	提升学生的空间想象力，培养逻辑性
		数独游戏	5~6年级	培养多方面思考的能力，提升思维严谨性和责任感
初中	中考专项复习	数学第一轮、第二轮复习专项训练	9年级	针对中考应知必备的知识与能力，进行针对性练习

续表

学段	课程名称	内容	开设年级	目标
初中	选修课程	数理逻辑	7年级	提升学生推理证明、数学计算和数学问题符号化的能力
		数学游戏	7年级	在动脑动手参与数学游戏中找寻数学规律
		数学史话	8年级	了解数学史知识,理解数学发展进步来源于生活中科技进步所需
		古代数学名题	8年级	了解古代数学名题,增进对数学本质的理解,提升学生的数学素养
高中	初高中衔接课程	1. 因式分解 2. 根与系数的关系 3. 限制定义域的二次函数的图象与值域 4. 含参二次函数	高一	针对初中未讲高中必需的知识点进行讲解,借此提升学生对这部分知识掌握的熟练程度和思维的深刻性
	选修课程	数学解题技能训练	高一高二	通过解题方法的梳理,讲解一些简单的自主招生试题
		数学实验与数学建模		通过研究,为研究性学习与参加数学建模比赛打基础
		数学史选讲		解释数学知识的现实来源和应用,创造一种探索与研究的数学学习氛围
		围棋入门研究		普及围棋基本知识和技能,探究围棋中的数学思维
		国家战略与军事谋略		在具体的军事谋略中发现数学思想,感悟数学的应用价值
	名师大讲堂	学校聘请校外知名特级教师开设主题讲堂	高三	开拓学生视野,接受不同专家的思维,提升学生的数学素养
一体化	学科周	大教研	小初高	让三个学段无缝对接

(三)专修课程

小、初、高数学专修课程见表2-4-5。

表 2-4-5　小、初、高数学专修课程

学段	课程名称	内容	开设年级	目标
小学	小升初数学衔接课程	思维体操	6年级	注重学生学科素养的培养，为升入初中奠定坚实的基础
初中	高中先修课程	初高中数学衔接教材	9年级	衔接初高中数学学习内容，了解高中数学学习的知识体系和学习方法
初中	竞赛辅导	数学思维训练	7~9年级	拓展提升学生数学知识和思维能力，为学生参加全国数理化竞赛做专题指导
高中	学科特长培养	集合、函数、数列、三角	高一	提高学生对数学的兴趣，培养学生扎实的数学基本功，提升学生的解题能力
高中	自主招生辅导	第一讲：解不等式（组） 第二讲：不等式的证明及应用 第三讲：直线与圆及其位置关系 第四讲：线性规划 第五讲：圆锥曲线的性质 第六讲：直线与圆锥曲线的位置关系 第七讲：平面几何 第八讲：立体几何 第九讲：计数原理 第十讲：概率初步 第十一讲：二项式定理	高二	了解自主招生试题及考查方式，深入探究数学在科技、信息等领域的应用，深入研究数学的本质，提升数学核心素养
高中	小组合作学习	根据具体情况，与学生研讨决定，由一位数学老师专门负责	高三	加强合作学习，进行思维碰撞，在讨论中发展数学思维，在探究中对数学概念、数学知识深入理解

（四）社会实践课程

社会实践课程是一类以问题为载体、以学生自主参与为主的学习活动。在实践活动中，学生将综合运用数学知识和方法解决问题（表 2-4-6）。

表 2-4-6　小、初、高数学社会实践课程

学段	课程名称	内容	开设年级	目标
小学	生活数学（学科实践活动）	《生活数学》《玩好数学》校本教材	1～6年级	培养学科特长
初中	数学玩具游园会	初中全体学生数学玩具游园会	7年级	指导学生参与设计组织，通过活动激发学生的数学兴趣，学生交流沟通组织的能力
初中	自制几何模型	所有学生动手制作几何模型	8年级	发展学生的几何直观和空间想象等数学素养
初中	测量建筑物高度	利用所学的数学物理知识估测学校教学楼的高度	9年级	培养学生综合运用所学的相似、锐角三角函数等数学知识以及相关的物理知识，以小组为单位，合作设计测量计算完成，提升学生的实践活动能力
高中	研究性学习	利用所学数学知识解决一些实际问题	高一高二	培养学生用数学解决实际问题的意识和能力
高中	研学课程	游学过程遇到的实际问题	高一高二	培养学生用数学解决实际问题的意识和能力

六、课程实施

根据落实数学核心素养的要求以及我校数学教育的实际情况，我们将在：课堂教学、课程建设、资源建设等几方面制定发展目标。希望通过这些发展目标的实施，加强数学学科基础建设，促进学生全面、持续、和谐地发展，促进教师素质的进一步提高，进一步推进并深化课程与教育教学改革。

(一)课堂教学

1. 正确把握课程目标与课程内容

全面落实高中数学六大核心素养,从知识与技能、数学思考、解决问题、情感与态度等四个维度提出了数学课程目标,它们不是独立的,而是相互交织,构成一个密切联系的有机整体,为每一个学生全面奠定终身可持续发展的基础。

课程设计将由"给出知识"转向"引导活动",我们从以下几方面着手:

(1)激发数学学习兴趣。通过介绍我国数学领域的卓越成绩,和数学在各领域的广泛应用,激发出学生学习数学的动机;通过创设真实情景,引导学生提出真问题去探索、发现,让学生从中获得成就感。创新教学方法和手段激发他们的求知欲和好奇心,从而培养他们浓厚的学习兴趣。

(2)提升数学思想方法。从数学基础知识中挖掘教学思想和方法,合理设计目标,结合教学内容适时渗透,适当强化,及时反馈总结,使学生有效掌握数学思想方法,真正成为数学的主人。

(3)培养数学思维能力。特别注重培养学生良好的思维品质,使学生的思维方向明确,有自己独到的见解、广阔的思路,能揭露问题的实质,在具体问题具体分析的基础上大胆创新。同时,还应当培养和训练学生的意志品质、独立思考精神,使学生形成迎难而上、坚韧不拔、刻苦钻研、顽强拼搏的优秀品质。

(4)提高数学应用能力。首先,重现知识形成过程,培养学生应用数学的意识。其次,加强建模训练,培养学生建立数学模型的能力。最后,创造条件,让学生运用数学解决实际问题,使学生体验用数学的实用价值。

2. 构建充满生命活力的数学魅力课堂运行机制

(1)践行"以学定教"的教学理念。教学活动只有以满足学习者的学习需求为出发点和落脚点,才是有意义的。为学习者服务,以教学引导、促进学习者学习;以学生为依据,讲学生之所缺,练学生之所需。分析实际教学内容,选择合适教学策略,设计有效教学程序,力求让有效学习发生在每个学生身上。

(2)探索并完善数学魅力课堂教学模式。以学定教的原则:从学生的问题和真实状态出发,确定课堂教学的起点;从学生的心理和精神需求出发,决定课堂教学的内容与方式。遵循学习目标,当学生遇到疑难问题时,先让他们通过相互讨论、交流,自己解决,学生解决不了的,老师再作点拨,适当讲解。

以学生思维训练为主线的原则：让学生的思维动起来——质疑、批判、讨论、辩驳，一切以思维的发展和提升为依据。

以激扬学生的生命成长为评价标准，决不控制学生的生命成长。解放学生的头脑，使他们充分思考；解放学生的手脚，使他们主动探究；解放学生的时间，使他们从容学习。

3. 优化课外学习活动

为了帮助学生全面认识数学，了解数学与生活实践的联系，积极组织学生开展数学实践学习活动，提高学生的实践与综合应用能力。

（二）课程开发

1. 合理加工教材内容

数学教学是一个创造性的过程，在新课程的实施过程中，倡导教师根据学生需求，转变教师唯教材、教教材的观念，创新使用课程教材，使课堂实现"五不讲""四归还"。

2. 开发数学校本化课程

根据我校十五年一体化的发展需求，为满足学生个性发展差异性，在具体实施国家课程的前提下，通过对本校学生的需求进行科学的评估，开发可供学生选择的数学校本化课程。

3. 开发数学综合性学习课程

为了努力体现数学"从问题情境出发、建立模型、寻求结论、应用与推广"的基本过程，开发数学综合性学习课程，逐步发展学生对数学的应用意识。

（三）资源建设

1. 建立核心资源库

核心资源用于配合教师现有的教学工作，内容有：

（1）配合新版数学教材，提供内容丰富的多媒体；具有课程特色的教案或课件，以及可操作的主要实践环节的方法和配套材料。

（2）利用现代教育理论和技术手段建设有利于促进学生学习兴趣的教学方法体系，开展学生辅导和教师业务研训活动，实现资源共享。

（3）提供教学实施的组织和管理过程中质量监控的量化指标体系，提供可供师生自主选择的作业设计、试题、错题分析集锦。

2. 建立拓展资源库

按阶段收集简单的数学史、数学家故事、古代数学成就与有价值的数学古典问题，拓展资源库的建设，用于提升师生的数学素养。

资源的建设不仅利于教师的教学，还利于学生的学习，所以除了教师全员参与，更要引领和指导学生参与建设，真正发挥其效用。

七、课程评价

（一）课堂教学评价

首先，必须把课堂教学评价体系与课堂教学的改革目标统一起来。其次，教学评价不是终结性的，应该是诊断性、形成性的，既要对课堂教学的价值作出判断，又要对课堂教学增值的途径提出建议。最后，在课堂观察中，评价者与教师应有共同关注的焦点，就是课堂上学生的状态。因此，从观察教师和学生的状态两方面提出课堂教学评价标准。

1. 观察学生状态

利用学生数学课堂评价表来观察学生的状态（表2-4-7）。

表2-4-7　学生数学课堂评价表

学生状态	评价要素
参与状态	学生课堂"学"的参与率
	学生课堂"教"的参与度，有多少学生把教与学的角色集于一身
交往状态	学生在课堂上是否合作交流愉快
	学生在课堂上是否有多边、丰富的信息联系与反馈
思维状态	学生是否敢于提出问题、发表见解
	提出的问题与见解是否有挑战性与独创性
情绪状态	学生是否有适度的紧张感和愉悦感
	学生能否自我控制与调节学习情绪
生成状态	学生在课堂上有效的生成情况
	学生是否对后续的学习更有信心，感到轻松

2. 观察教师行为

通过教师数学教学评价来观察教师的行为（表2-4-8）。

表 2-4-8　教师数学教学评价表

教师能力	评价要素
组织能力	教材的组织
	语言的组织
	教学活动的组织
注意中心	教师在讲授时是否把注意中心放在学生身上
	当学生自主活动时，教师的注意中心是否在于学生活动的反馈与调节
教学机智	教师敏捷的捕捉教学过程中各种信息的能力
	教师是否灵活果断地利用"不期而遇"的课堂教学资源，有效推进教学发展的进程
教学态度	教师是否平等地对待每一个学生
	教师是否分层对待每一个学生的表现
教学境界	教师是否对三个层面：教授知识、启迪智慧、人格生成等，相互贯通，有机整合
	教师是否把"减负增效"作为一种教学境界去追求

（二）学业评价

1. 遵循新课程理念

积极进行数学命题改革，做到基础性和灵活性、开放性和发展性、层次性和差异性、激励性和启发性有机结合。

2. 依据学生个性特征

强调学生个体纵向的比较评价，重视学生成绩和素质的增值；同时，既要评价学习结果，更要评价他们情感和态度的形成和发展，关注他们在学习过程中的变化和发展。例如，每个学生建立成长记录袋，可以画一画学生学业水平折线图、开展学生展示台、撰写数学日记或者数学学习反思等鼓励反思性评价。

八、实施保障

（一）审核制度

全体数学教师均可以参加数学校本课程的开发与实施，由特级教师、学科带头人、骨干教师牵头，鼓励青年教师积极参与、自主申报，接受学校校本课程领导小组进行全面、综合分析和评审，最后决定数学课程开发及实施的人员。

（二）监管制度

（1）学习制度：在课程科研处和数学大教研组的指导下，主持校本课程的数学教师针对自己开发的校本课程实际，制订出切实可行的学期计划，教研组长组织教研组活动开展集体学习、交流、总结。

（2）督导制度：课程科研处定期安排专题督导，引领数学教师进行校本课程的具体开发与实施，并做出科学的评价。

（3）监控制度：定期检查项目有教学计划、教案、课堂教学、评价成绩、学生满意率等。

（三）激励制度

（1）将校本课程教师的工作考核纳入到日常考核与期末考核之中。

（2）有关校本课程的相关资料学校给予优先办理。

（3）作为评选各级骨干教师和优秀教师的优先条件。

（四）经费保障制度

（1）课程科研处设立专项资金，用于数学校本课程开发与实施。

（2）在课程开发与实施过程中，课程科研处积极为教师提供必需的相关费用，课题组负责人申报内控，得到校本课程领导小组的审核批准后，必须专项使用。

附：高中部分研究性学习课题（表2-4-9）及数学学科特长培养授课安排（表2-4-10）。

表2-4-9 高中部分研究性学习课题

课 题	课 题
北京雾霾PM2.5	体育锻炼情况与学习效率关系的调查分析
网购火爆的原因和影响	NURBS建模与数字绘画
悦步时代——中学生与体育健康	方便面的"内涵"
中国盗版软件现象	国外留学以及就业前景
我校学生近视问题研究	颜色在生活中的应用及影响
学生上网情况调查报告	高中校园传统文化的普及与传播
网络对青少年的影响	关于北京外国语大学欧洲小语种——招生及就业
走访大学之中国人民大学	手机游戏与生活方式
关于衰老的相关研究	中学生学生理财情况调查

表 2-4-10　数学学科特长培养授课安排

课时	课题
第一次课	集合
第二次课	集合与函数（1）三要素
第三次课	函数（2）函数的基本性质
第四次课	基本初等函数及函数的综合
第五次课	平面向量的概念、定理与线性运算
第六次课	平面向量的数量积与应用举例
第七次课	空间几何体
第八次课	点、线、面的位置关系
第九次课	数列1
第十次课	数列2
第十一次课	不等式1
第十二次课	不等式2
第十三次课	三角函数1
第十四次课	三角函数2
第十五次课	计数原理1
第十六次课	计数原理2

（张丕学　王庆华　韩志聪　孟　鑫　程春暖）

第 13 章　英语学科一体化魅力课程体系

一、指导思想

建立英语魅力课程体系，实现中小学各学段上下贯通、有机衔接、相互协调、科学合理的课程教材体系，充分发挥英语课程的人文性和工具性的整体育人功能，通过英语课程的学习使学生提升综合语言运用能力，增强文化意识、必备品质及学习能力，努力把学生培养成为具有"中国灵魂、国际视野"的现代人。

二、背景分析

（一）中华人民共和国教育部和北京市制定的相关政策

2014 年发布的《北京市中小学英语学科改进意见》明确提出，英语学科更加侧重语言运用能力的培养，让语言回归到场景应用的本质中来。强调注重听说基础、阅读的积累以及阅读对于英语思维的重要养成作用，让语言学习和学生的心智成长相符，到高中时能读懂给高中生阅读的内容，实现中国学生英语应用能力和国际接轨的目标。

2014 年是深化学校教育综合改革的关键之年，教育部印发了《教育部关于全面深化课程改革　落实立德树人根本任务的意见》。

另外，《北京市实施教育部〈课程设置实验方案〉的课程计划（修订）》特别突出课程"整体育人"的基本理念，同时，进一步落实《北京市中小学英语学科教学改进意见》，贯彻《北京市实施教育部〈课程设置实验方案〉》。

《普通高中英语新课程标准》（2017 年版）明确了高中英语学科核心素养：语言能力、文化意识、思维品质、学习能力。还指出英语课程内容六要素：主题语境、语篇类型、语言知识、文化知识、语言技能和学习策略。语言技能包括听、说、读、看、写等方面的技能。2017 年起，中、高考实行听力机考，一年两考，初中在听的基础上增加说，高中逐渐过渡到听说并行，2021

年在试卷总分不变的情况下，增加口语测试，口语加听力共 50 分。

（二）不同层面需求分析

1. 学校层面

北京实验学校为十五年一贯制学校，有近百年历史，底蕴深厚，上下贯通，形势要求学校快速发展，并需要借助英语课程培养"中国灵魂，国际视野"的现代中学生。目前，学校设置国际部，国际各种文化的融合愈发紧密，对英语课程的深度开发已迫在眉睫。

2. 学生层面

随着信息技术的不断发展，学生知识结构及学科水平较以前有了天翻地覆的变化，特别是国际英语课程对传统英语课程的冲击尤为巨大，原来英语课程内容已远远不能满足孩子们的需求。所以学校有必要根据自身情况对国家课程进行二次开发以满足学生多样化需求，增强英语课程的选择性，开发系列英语课程，使学生在不同类英语课程的学习中发展能力、磨炼意志、发展兴趣、激发动力、锻炼思维、增强活力、产生魅力。

3. 教师层面

目前，英语学习方式发生了巨大变化，信息化是当今世界经济和社会发展的大趋势，以网络技术和多媒体技术为核心的信息技术已成为拓展人类能力的创造性工具。英语课程开发要求教师熟悉学生最新学习方式和最受学生欢迎的英语学科资源，使学生尽可能多地从不同的渠道，以不同形式接触和学习英语。每位教师都应努力探索，积极投身到和网络相关的课程资源的开发与应用中去，为学生学好英语营造一个良好的学习环境。

4. 目前课程方案实施效果分析

近五年来，英语学科以学校魅力教育为核心，以培养具有"中国灵魂、国际视野的现代人"为目标，紧紧围绕五大核心素养之"语言与文学"开发和建设了系列课程，形成了基础型、拓展型、探究型三类课程体系，满足了不同类学生的学习需求，逐步形成了自己的特色，有效地促进了学生综合素养的提升。但是，拓展型和探究型课程体系还有待于进一步研讨和加强。

随着"1+3"项目的启动，英语课程开发开启了新的领域，集团办学也将对英语课程的开发及普及具有较大的推动作用。普适魅力英语课程的开发及利用具有美好前景。

三、培养目标

小学阶段英语魅力课程的目的是激发学生学习英语的兴趣，培养他们英语学习的积极态度，使他们建立初步的学习英语的自信心；培养学生一定的语感和良好的语音、语调基础；使他们形成初步用英语进行简单日常交流的能力，为进一步学习打下基础。

初中英语魅力课程强调激发和培养学生学习英语的兴趣，使学生树立自信心，养成良好的学习习惯和形成有效的学习策略，发展自主学习的能力和合作精神；使学生掌握一定的英语基础知识和听、说、读、写技能，形成一定的综合语言运用能力；培养学生的观察、记忆、思维、想象能力和创新精神；帮助学生了解世界和中西方文化的差异，拓展视野，培养爱国主义精神，形成健康的人生观，为他们的终身学习和发展打下良好的基础。

普通高中英语魅力课程要全面贯彻党的教育方针，培育和践行社会主义核心价值观，落实立德树人的根本任务，在义务教育的基础上，进一步促进学生英语学科核心素养的发展，培养具有中国情怀、国际视野和跨文化沟通能力的社会主义建设者和接班人。

四、课程愿景

小、初、高大英语教研组计划用五年左右时间，依托十五年一贯制的学制优势，建构"十五年一贯制"英语魅力课程体系。高中前两年侧重于"1+3"课程体系和各学段选修课课程体系开发，最后一年侧重于各学段必修课程的开发。新课程更加符合学校实际情况，符合学生身心发展的特点，更有助于充分发挥课程育人的功能，实施最适合学生发展的教育，培养学生英语学习的能力，培养学生的英语实践能力和创新精神，从而全面提升学生的英语学科素养。提高教师的科研能力和理论水平，以研促教，教研相辅，进一步提高教师自身的素养，提升教师课堂教学艺术，提高教学效率。

五、课程结构

北京实验学校的英语学科魅力课程体系设置了多样化的课程模块，横向上包括必修课程、国家选修课程、校本选修课程、社会实践课程，纵向贯穿小学、初中和高中各个学段（表2-5-1）。

表 2-5-1　英语课程设计的课程所属类型和范畴

课程	基础性课程	拓展型课程	隐形/潜在课程
课型	必修课程	活动课程 选修课程	情景类型 物质情境 精神情境 思想文化情境 人际关系情境
学能	基础性学能	发展性学能	基础性、发展性学能
目标	交际综合运用能力 语言知识、技能 情感态度 智慧能力 文化意识和能力 自学能力（含策略方法）	拓展知识能力视野 提升终身学习意识 发展个性兴趣爱好 发展思维、实践和创造性能力 了解跨国社会文化 提高自学能力和策略方法	综合基础性、发展性多元目标

（一）小学英语课程

1. 学科课程体系构建图

《小学英语课程标准》规定在小学阶段掌握程度为：第一级、第二级。其中第二级为六年级结束时应达到的基本要求；过渡级别的设置既有利于对各层次教学的指导，又为课程的灵活性和开放性提供了依据（表 2-5-2）。

表 2-5-2　小学英语课程体系表

小学英语课程	
基础必修课程	探究实践课程
（新起点英语）一年级上、下册	外教口语
（新起点英语）二年级上、下册	海外游学
（新起点英语）三年级上、下册	校本课程
（新起点英语）四年级上、下册	小初英语衔接课程
（新起点英语）五年级上、下册	
（新起点英语）六年级上、下册	

2. 学科课程具体结构图

（1）基础型课程：由各学习领域体现共同基础要求的学科课程组成，是全体学生统一必修的课程，教材的选择是由教育部门统一制定。

（2）探究型课程：为发展学生的专长与特长，学生可以就某一英语学科领域进行深入研究，着眼于培养、激发和发展学生的兴趣爱好，开发学生的潜能，促进学生个性的发展和学校办学特色的形成，是一种体现不同基础要求、具有一定开放性的课程。

另外，将毕业的六年级学生还有小初融通课程，以适应升学学段的课程衔接和贯通，注重连续性和一贯性。我们创新一体化英语课程衔接方式主要包括：课标衔接、知识结构衔接、教法衔接、学法衔接、作业设计衔接、课外活动衔接、教学创新衔接、学习心理衔接和教学评价衔接。

（二）初中英语课程

我校英语学科课程体系构建为：课程以核心素养的语言知识、学习能力、文化品格、思维品质的四大目标为指南，分为五个级别和四种类型。

1. 五个级别

包含基础型、拓展型、探究型、融通型和国际型课程，是将国家课程、地方课程及校本课程有效整合。

（1）基础必修课程由各学习领域体现共同基础要求的学科课程组成，是全体学生统一必修的课程，教材的选择是由教育部门统一规定的人教版《Go for it!》五册。

（2）拓展选修课程由学科能力拓展课程、综合素养拓展课程和自主拓展课程三部分组成，是全体学生根据自己的兴趣爱好或特长而选择修习的校本课程。初中英语先后开设10多种英语选修课（表2-5-3）。每学期初，老师们上报自己将要开设的选修校本课程并公布，学生自主选择学习。

（3）探究实践课程是为发展学生的专长与特长而设置。学生可以就某一英语学科领域进行深入研究，为自己的英语学科发展进一步提升而学习。这种课程相对较少，每个年级只选择一至两门开设，而且是为英语尖子生准备的。

（4）融通衔接课程是为新初一和将毕业的初三年级学生设置的，以适应升学学段的课程衔接和贯通，注重连续性和一贯性。我们创新一体化英语课程衔接方式主要包括：知识结构衔接、教法衔接、学法衔接、作业设计衔接、课外活动衔接、学习习惯衔接和教学评价衔接。

（5）初一学生还专门设置了由外教授课的国际课程。在课程中讲授《剑桥国际英语教程》《朗文快捷国际英语教程》等外籍教材内容，并将其扩展进必修教材上。

初中英语课程的分布组成见表 2-5-3。

表 2-5-3　初中英语课程体系表

课　程		教学内容
级别一 基础型	基础必修课程	人教版《Go for it!》，含：七上、七下、八上、八下和九（全），共五册
级别二 拓展型	拓展选修课程	《英语口语》《听歌学英语》《英语名著赏析》《英语游戏吧》《英语经典美文诵读》《外国电影赏析》《西方节日与文化》《英语歌曲中巧学国际音标入门》《拓展阅读——典范英语》《中国传统文化故事赏析》《英语报刊选读》《经典英语动画欣赏》……
级别三 探究型	探究实践课程	《游学课程（国际）》《博物馆课程》《英美文学》《英语诗歌鉴赏》《美国文化》《戏剧入门》《跨文化交际》……
级别四 融通型	融通衔接课程	《小初英语融通课程》《初高英语融通课程》
级别五 国际型	国际课程	《新概念英语》《剑桥国际英语教程》《朗文快捷英语教程》

2. 四种类型

即在国家必修课和拓展型课程中进行分层教学，分为 ABCD 四层。

具体来说，A 层是面向全体学生的普及课程，B 层是面向英语水平较好的中等或中上等学生的拓展阅读课程，C 层是面向英语基础相对吃力学生的基础夯实课程，D 层是面向英语尖子生的拔高课程。这四层课程主要覆盖英语语言知识技能、文化品格、思维品质等积极响应英语学科核心素养的培养能力要求。

（三）高中英语课程

普通高中英语课程由必修、选择性必修、选修三类课程构成（图 2-5-1）。"1+3"课程由初中整合课程和普通高中英语课程组合而成。

1. 必修课程

为全体学生必须修习的课程，旨在构建英语学科核心素养的共同基础，使所有学生都能达到英语学业质量水平一的要求，满足高中毕业基本要求。

高中学业水平考试应以必修课程的内容和学业质量水平一为命题主要依据。

2. 选择性必修课程

供有学习兴趣和升学考试需求的学生选修，与必修课程形成递进关系；学生在完成选择性必修课程的 8 学分后，方可参加高考。高考应以必修课程和选择性必修课程的内容以及学业质量水平二为命题主要依据。

3. 选修课程

为学生自主选择修习的课程，包括国家设置的基础类、实用类、拓展类、提高类、第二外国语类等课程和学校自主开发课程（表 2-5-4）。

其中，实用性课程应涉及社会实践型课程，强调走出课堂，主要包括国内外游学活动、社团活动及与英语文化相关的主题活动，帮助学生尽快接触社会，学会生活，快速融入不同文化群体。

另外，校内开发课程主要着眼于强化听、说、读、写、看的能力，激发学生兴趣，开阔学生视野，所包含的高考类校本课程则侧重于实战性，其中泛读教程侧重于学生阅读素养提高，所选文章力求原汁原味，大学先修课程可涉及 A-level、四、六级知识，雅思、托福等内容，为学生未来发展铺平道路。

不同课程互相补充，从语言基础到运用能力，从识记到思维，从思维到思想，再到修养和品德，从单纯课本到走向社会，从重说教到感悟和习得，从关注知识本身到回归学生本体，都是所有课程共同作用的结果。

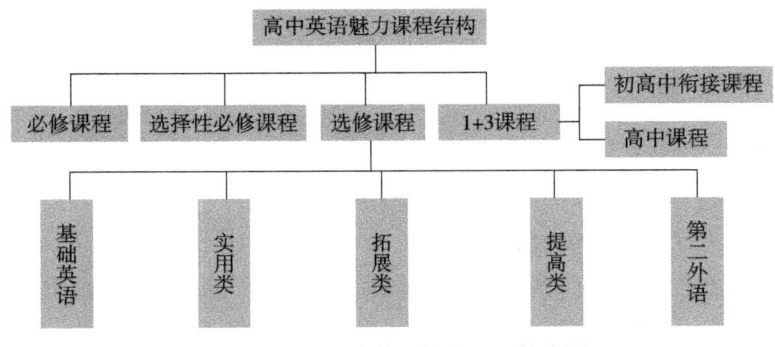

图 2-5-1　高中英语魅力课程结构图

表 2-5-4　选修课程系列的课程名称建议

选修课程 0~6学分		课程名称	备注
国家设置或学校自主开发的课程	基础类	高考备考类课程	高考类备考课程主要包括语音学、泛读教程、听说教程、高三复习教程
	实用类	职场英语　研学课程 旅游英语　社团课程 科技英语　英汉互译	为有兴趣和就业需求的学生开设，学生可在高中三年内的任何学期选修
	拓展类	英语国家社会与文化 跨文化交际 英语报刊阅读 英语文体与修辞 英语文学鉴赏 英语影视欣赏 英语戏剧与表演 英语演讲与辩论 英美歌曲赏析 大学先修	为有意愿拓展兴趣、发展潜能和特长的学生开设。学生可在高中三年内的任何学期选修
	提高类	英语8 英语9 英语10	为学有余力或报考外语类院校，以及具有特殊需求的学生开设。学生在完成选择性必修课程后方可选修，完成6个学分可以达到英语学业质量水平三
	第二外国语类	法语、日语	为有意愿学习另外一门外国语的学生开设。学生可在高中三年内的任何学期选修

（四）义务教育阶段英语课程体系框架

1. 课程开设年级及课时

初一至初三年级的英语课程每周安排5个课时，每节课为40分钟。

2. 课型设计

由新授课、复习课和综合语言实践活动课构成的立体课程结构，力求同步发展学生的听、说、读、写、看的技能以及综合语言运用能力。每周4个课时（含听说课1个课时和读写课1个课时），旨在加强学生的听说读写语言技能；综合语言实践活动课1个课时，重在引导学生在实践中学习，在生活中实践（表 2-5-5）。倡导学生主动学习、乐于探究、勤于动手。引导学生经历多样化实践学习活动的过程，经历问题探究、问题解决的基本方法和过程。采用这种课程设置方式，既能增加学生接触真实英语的机会，又能为学生提供更加丰富的语境和文化知识。

表 2-5-5　义务教育阶段英语课程体系框架

年级	课程安排
一年级	基础必修课：一年级课本 探究实践课：外教口语课、自然拼读、学唱英语歌曲、西方节日文化、外国电影赏析、经典英语动画欣赏、英语阅读吧 实践活动课：英语歌曲展演等
二年级	基础必修课：二年级课本 探究实践课：外教口语课、自然拼读、学唱英语歌曲、西方节日文化、外国电影赏析、经典英语动画欣赏、英语阅读吧 实践活动课：国内、国际游学课程（澳、加、美、英）、英语歌曲展演、小报展示等
三年级	基础必修课：三年级课本 探究实践课：外教口语课、学唱英语歌曲、西方节日文化、外国电影赏析、经典英语动画欣赏、英语阅读吧 实践活动课：国内、国际游学课程（澳、加、美、英）、英语歌曲展演、小报展示等
四年级	基础必修课：四年级课本 探究实践课：外教口语课、学唱英语歌曲、西方节日文化、外国电影赏析、经典英语动画欣赏、英语阅读吧 实践活动课：国内、国际游学课程（澳、加、美、英）、英语歌曲展演、小报展示等
五年级	基础必修课：五年级课本 探究实践课：外教口语课、学唱英语歌曲、中西方节日文化、外国电影赏析、经典英语动画欣赏、英语阅读吧 实践活动课：国内、国际游学课程（澳、加、美、英）、英语词汇闯关、小报展示等
六年级	基础必修课：六年级课本 探究实践课：外教口语课、自然拼读、学唱英语歌曲、西方节日文化、外国电影赏析、经典英语动画欣赏、英语阅读吧、小初融通课程 实践活动课：国内、国际游学课程（澳、加、美、英）、英语词汇闯关

续表

年级	课程安排
七年级	基础必修课：初一课本＋学法指导＋外教口语课 拓展选修课：语音与诵读（自然拼读）、听歌学英语、经典动漫赏析 探究实践活动课：英语听说训练、英语文化、英语竞赛等 国际课程：英语口语
八年级	基础必修课：初二课本＋学法指导 拓展选修课：英语口语角＋外教口语＋英语话剧＋人文英语阅读 探究实践活动课：中西方食品文化与制作、西方节日与习俗、英语短剧展演等
九年级	基础必修课：初三课本＋复习指导 拓展选修课：中外名著阅读指导＋名作欣赏＋英文各种文体写作实践 探究实践活动课：英国诗歌鉴赏、国内/国际游学课程（英、美、澳、加、新等） 融通课程：初高衔接课程

3. 教材的选择

主教材是人教社的《Go for it!》。其内容较简单，无法完全满足各层学生对英语知识的需求。为了补充课本知识、拓展英语学习渠道、开阔学生视野、满足学习需求，采取多套教材齐头并进的方式，互为补充、互相促进，即打造"一主多辅"教材体系。以人教版《Go for it!》为初中学段的主教材，另外整合、改编、删减、补充了外研社版、北师大版、苏教版和冀教版等多套教材和多家英文报纸或外籍教材内容的相似内容为辅助取长补短，如《凯恩英语口语教程》《新概念英语》《剑桥国际英语教程》《快捷英语教程》等。

同时，我们自选或自编校本教材，已经开发出来了各年级的英语随堂学案集和多本校本英语教材，如《初三英语一轮复习学案》《英语思维游戏》《用耳朵走进英语世界》《初三英语读写导练》《任务型阅读突破》等。例如，2015—2016届学生的三年学习主要内容的安排，见表2-5-6。

表 2-5-6 2015—2016 届学生的三年学习主要内容的安排

时间	教材内容	活动安排
七年级	《新目标英语》 《中考 50 个句型宝典》 《听说练习》 《凯恩英语口语教程》第三册 《剑桥国际英语教程》入门级	英语手抄报 海报文件夹 百词竞赛 英语角 英文歌曲大比拼 阿兹拉拼词大赛 组织参加各种竞赛
八年级	《新目标英语》 《中考 50 个句型巩固练习》 《读写策略指导》 《凯恩英语口语教程》第四册 《剑桥国际英语教程》一级	实验班汇报演出 英语角 背诵大赛 组织参加各种竞赛 带领学生外出交流学习
九年级	《新目标英语》 《各区一模、二模试题汇编》 《中考、会考试题精编》	中考备考策略指导

通过这样的安排，我们力争使学生从夯实基础，到延续发展，再到实践创新，最后能飞跃进步。

（五）高中阶段英语课程体系框架

高中及"1+3"项目实验班课程体系框架设置见表 2-5-7、表 2-5-8。

表 2-5-7 高中英语课程体系框架

学段	必修课程	国家选修课程	校本课程	学校实用类课程
高一	模块 1~2 模块 3~4	英汉互译 法语 旅游英语	听说教程 英文歌曲赏析 泛读教程	研学课程 社团活动课程
高二	模块 5 选择性必修	职场英语 英语戏剧与表演 英语影视欣赏 跨文化交际 英语文学赏析	泛读教程 写作教程 大学先修课程	研学课程 社团活动课程

续表

学段	必修课程	国家选修课程	校本课程	学校实用类课程
高三	选择性必修	科技英语 提高类课程 英语 8	高考备考课程 大学先修课程	

表 2-5-8 "1+3"项目实验班英语课程框架体系

学段	必修教材	国家选修教材	校本教材	社会实践
高中预科	初高中衔接教材 模块 1~2（或部分）	英汉互译 法语 旅游英语	听说教程 泛读课程	游学课程 社团活动课程 研究性学习
高一	模块 3~4（或加模块 2） 模块 5 选择性必修	职场英语 英语戏剧与表演 英语影视欣赏 跨文化交际 英语文学赏析 法语	泛读教程 听说教程 英文歌曲赏析	游学课程 社团活动课程 研究活动课程
高二	选择性必修	科技英语 英语国家社会与文化 英语报刊选读 欧美影视作品欣赏	泛读教程 写作教程 大学先修课程 高考课程	游学课程 社团活动课程 研究性活动课程
高三		提高类英语	大学先修课程 职业生涯规划 高考课程 英语报刊选读	游学课程 社团活动课程 研究活动课程

六、课程实施

（一）小学课程实施

（1）一二年级以听说为主，注重趣味性、游戏性，以学习单词和句子为主，同时进行自然拼读的初步感知学习。

（2）三四年级在词句教学基础上，开始进行阅读教学，在情景中学习体会语言，继续自然拼读学习。

（3）五六年级在阅读基础上，开始写作学习，熟练运用自然拼读。

（4）六年级下学期，开展小初衔接课程。

（5）整个小学阶段英语贯穿自然拼读的学习，贯穿情景教学，辅以学科素养活动和学科竞赛激发学生兴趣。

（二）初中课程实施

在初中英语教学过程中，我们注重创设多样的语言情境和教学活动，激发学生的兴趣，启发学生的智慧，让学生用英语去多听、多说、多读、多看、多写、多思、多做，通过众多的实践活动或任务去帮助学生体验和学习英语，让他们在"做"中学，在"做"中乐。使学生英语课程的学习，既是他们通过英语学习和实践活动逐步掌握英语知识技能，提高语言实际运用能力的过程，更是他们陶冶情操、开阔眼界、丰富生活经历、开发思维创新能力、发展个性和提高人文素养的过程。因此，为了促成英语课程价值的实现，把英语课程实施好，我们重视英语课程核心价值，改进教学内容和方式，注重发挥学生的主体性和拓展英语课程资源。

1. 加强课堂教学主阵地，创建"魅力英语课堂"

在英语课堂上，教师主动改变教学方法、手段、教学组织形式、学生学习方法，根据学生的实际情况积极探索使用交际教学法、情景教学法、任务型教学法等。在课堂上真正实现师生角色的互换，教学手段采取传统与现代教学手段相结合。教学组织形式上从单一的教师讲授为主的集体授课方式，向小组学习及个别学习与合作学习相结合为主的多种教学组织形式转变。组织丰富多彩的英语课外活动，如英语演讲比赛、英语辩论会、英语口语训练营、英语口语大赛等。此外，更应注意学法指导。

2. 优化教材资源，重视教材的"优化处理"

我们针对所教学生的实际班级的英语水平，对教材的体系、内容、能力要求进行合理的调整、取舍，重复性的内容要舍得删减，而在重点知识技能上必须增加。

3. 确定英语课程实施路径

英语课程实施的具体平台在课堂，其有效性则取决于课堂设计。在英语课堂设计中，我们从几个方面聚焦语言、语用、文化、策略和思维：

（1）以话题为主线、单元为平台，对教学内容、组织形式、教学辅助、学习活动、工作方式等进行整体网状化设计。

（2）围绕主题设计各类思维导图，培养学生自主建构意义的能力，帮助学生形成结构性知识。

（3）设计学案，体现"学在课前，用在课堂"理念，提升课内学习效率。

（4）设计小课题和项目化作业，作为融知识和能力发展为一体的语言实践活动，强化基于标准的小组口头展示，体现综合性、参与性、实践性和生成性学习过程。在真实语境中，培养学生思辨和交际能力。

（5）课堂设计还包括学习策略培养，转变学生学习方式和教师工作方式。基于不同课型特点，灵活选用语言输入方式，实现课堂教学多维输入模式：听、说、读、写相结合，文字、声音、图片、影像相结合，教师讲解和学生活动相结合。

英语学科与其他学科整合起来，从多层级、多角度入手，构建网络式、立体式课程结构，多方面共同作用，促进学生综合语言能力的提高和创新思维品质的提高。

4. 优化教学环节，体现魅力教学细节

听说课型和读写课型是由教研组老师共同制定的，但是却没有固定的模式，因为我们相信"教无定法"，因材施教。

5. 组织丰富多彩的英语实践活动

组织校内英语角、歌唱比赛、拼词大赛、旅游口语等和校外世界公园和蜡像馆一日游等活动，并尽可能多地参加英语各类大赛，争取获得获奖。

通过举办多种英语活动激发学生的学习兴趣，减轻压力与负担，增长学生知识，发展学生智力，巩固知识，提高技能，促进学生的身心发展，在活动准备和实施的过程中充分锻炼学生的英语实际应用能力，使学生充分体会到提高英语语言能力的乐趣，寓教于乐。英语活动一方面提高了学生的英语语言应用能力，而且还给了学生更多的展示才华的机会。

（三）高中英语课程实施

1. 关注初高中教学方式和学习方式的变化

既要发挥学生个人的主观能动性，又要培养学生团队精神。要逐渐把单一"教学课堂"转变为"学习课堂"。提倡具有探究意义的"项目式"学习方式。利用好网络平台进行英语学习。

2. 关注学习内容的变化

由课上初中知识的识记，逐步转化为运用所学知识，解决实际问题。注意学习内容的延续性及学习梯度的把握，为此，完善以前一体化学校教材，依据新的教育教学形势，开发同一主题下渐进式学习材料。既要"听、说、读、写"，又要在"看"上下功夫。要采用英语持续性阅读及文学圈阅读等

多种方式，突出初高中英语原著一体化阅读。

3. 补充常态教学机制

利用好"1+3"教育模式，将九年级并入高中，整合初高中英语教材，强调初高中英语知识的融合与再生，站在终点角度实施英语教学。

4. 及时对初高中英语学习过程进行阶段式评价

利用戏剧节、英语主题展、配音大赛、微课等多种方式进行成果展示，激发学生巩固、拓展、深化所学内容。

七、课程评价

（一）总体原则

1. 评价内容注意评价内容的综合性，关注学生不同学习内容及表现。
2. 评价方式的多样性

（1）注意从一次评价到多次评价。

（2）从否定性评价到鼓励性、激励性评价。

（3）从统一评价转移到差异性评价。

（4）从总结性评价到形成性评价。

（5）从标准型评价到最佳式答案评价。

（6）从绝对或评价转变到相对式评价。

（二）测试评价标准

不仅要设计"笔试试卷"，还要有"口语试卷"及"听力测评"。

（1）构建英语能力测试量表对听说读写等技能进行描述和评价。

（2）构建"语用能力"量表，对语言运用能力、文化意识和跨文化交际能力进行测评。量表设计分为九个等级。其中一二级为小学水平，三级为初中，四级对应为高中，五六级对应大学先修，七级为英语专业，八九级对应高端外语人才。

（3）采用形成性评价，建立学习档案，其中包括：制定与课程相关的学生课堂学习行为评估量表、家长观察记录表、学习态度自我评价表，学习兴趣自我评价表等；另外，还采用课堂观察、面谈与访谈、问卷、学习日志，或周记等多种方法对学生进行评价。具体见表2-5-9~表2-5-11。

表 2-5-9　小学课堂教学观察分析表

课堂活动评价项目		小组合作学习词汇	词汇操练初步运用	听力检测巩固词汇	综合句型操练词汇	小组交流表达感激
课堂活动的层次性	复习导入	学习词汇	操练词汇	巩固词汇	学练句型	结合句型语言描述	输出
课堂活动形式	全班	个体	小组	全班	全班个体	小组	小组
学生参与活动范围	全班	全班	全班	全班	全班	全班	全班
听说读写技能的发展	视听说	听说	听说读	听说	说	主动交流	说写
实施效果							
学生反馈							
改进意见							

表 2-5-10　一体化英语听说课流程和魅力体现要素

环节放置	听说课主要流程	魅力课堂的体现要素
导入	●明确目的 ●熟悉话题 ●激发兴趣 ●快速导入（歌曲、图片、视频、问题等）	●联系学生生活实际，和话题相关 ●利用多媒体（歌曲、动画等），激发学习兴趣 ●生生互动，师生互动
听前活动	●技巧点拨 ●了解背景信息 ●熟悉相关单词和句型 ●提出主要需解决的问题 ●明确具体听力任务 ●预测材料内容	●听力任务清晰 ●学生自主记忆单词 ●使用辅助材料帮助 ●与学生生活紧密联系 ●语言水平相当

续表

环节放置	听说课主要流程	魅力课堂的体现要素
听中活动	●听信息，排顺序 ●听信息，填空 ●听并匹配，标号、连线、选择等 ●听并画图 ●听写 ●听并记笔记 ●听并完成动作	●体现听力技巧与策略的教学：利用课本听力内容，体现提高听力技能（如关键信息处理；听懂大意或主题、确定事件逻辑顺序、速记、理解说话人意图和态度等的能力 ●活动形式多样 ●指令简洁清晰 ●互助合作，互帮互学，取长补短，自主学习，树立自信 ●教师引导、鼓励、启发
听后活动	●口头回答问题 ●小组讨论 ●模拟对话 ●复述或转述所听内容 ●根据所听内容进行角色扮演、短剧表演、小组讨论、简短报告、讲故事、复述等 ●做出口头或书面回应 ●总结要点 ●改编所听内容 ●表达个人感受或观点	●根据学生程度教师提供多种输出方法供学生选择 ●任务选择有利于学生参与合作，具有趣味性和真实性，有利于口语交际或书面表达；示范明确 ●充分利用文本信息，提炼固化课本重点内容 ●体现实际运用、增强印象、生活中学、学以致用 ●教师帮助、监控、评价
总结和作业	●黑板板书、自我反思、听写等方式总结 ●分层作业	●画龙点睛，自我总结，提炼精华，学法培养 ●创新作业样式，体现巩固、准备、反馈等作用

表 2-5-11　一体化英语读写课流程和魅力体现要素

环节放置	读写课流程	魅力课堂的体现要素
导入	●明确目的 ●熟悉话题 ●激发兴趣 ●快速导入（歌曲、图片、视频、问题等）	●联系学生生活实际、和话题相关 ●利用多媒体（歌曲、动画等），激发学习兴趣 ●生生互动，师生互动

续表

环节放置	读写课流程	魅力课堂的体现要素
读前活动	● 了解背景信息 ● 激活相关语言（熟悉相关单词和句型） ● 提出主要需解决的问题 ● 明确具体任务 ● 预测材料内容	● 阅读任务清晰 ● 学生自主掌握单词句型 ● 使用辅助材料帮助 ● 与学生生活紧密联系 ● 语言水平相当
读中活动	● 语篇阅读 ● 认读 ● 略读 ● 跳读 ● 根据所读内容话图、标图、连线、填表、排序、补全信息 ● 为课文选择或添加标题 ● 根据所读内容制作图表 ● 边读边操作 ● 判断信息的真实性 ● 批判性思维 ● 情感升华	● 体现阅读技巧与策略的教学：体现提高阅读技能（如理解大意或主题、确定事件逻辑顺序、猜测词义、推断、理解文章结构、理解说话人意图和态度等的能力等 ● 活动形式多样 ● 指令简洁清晰 ● 互助合作，互帮互学，取长补短，自主学习，树立自信 ● 教师组织、引导、鼓励、启发
读后活动	● 进一步理解与巩固所学语言 ● 转述所读内容 ● 根据所读内容进行角色扮演 ● 讨论范文结构、确定要点、搜集素材 ● 语言准备 ● 写作并修改 ● 小组交流 ● 展示作品 ● 同伴互评	● 根据学生程度教师可提供多种输出方法供学生选择 ● 体现重点能力培养 ● 任务布置有利于学生参与合作，具有趣味性和真实性，贴近学生实际和语言水平，有利于书面表达 ● 示范明确 ● 教师帮助、监控、参与、评价与反馈
总结和作业	● 黑板板书、自我反思、听写等方式总结 ● 分层作业 ● 同主题群短阅读	● 画龙点睛，自我总结，提炼精华，学法培养 ● 创新作业样式，体现巩固、准备、反馈等作用

八、实施保障

（一）学校层面

学校集团化办学，海淀校区和平谷校区英语课程开发可以取长补短，互通信息，互相促进。

（二）制度层面

学校定期实施（幼）小、初、高一体化教研，及时进行教育教学合作、培训与交流，这有助于一体化融通课程的研发、完善与推广。

（三）教师层面

英语组年龄结构、学历结构及职称结构合理，既有特级教师，又有高级教师及骨干学科带头人和外籍教师，中、青年教师搭配合理，老教师教学经验丰富，青年教师勤学好问，积极上进，这些都是我校英语魅力课程实施的直接保障。

（田国强　胡晓云　陈　红　宋　歌　王　丽　孙玉鹏）

第 14 章　物理学科一体化魅力课程体系

一、指导思想

全面实施素质教育，以课程的丰富、规范、高质为重点，以"魅力教育"为特色，充分发挥课程的整体育人功能，提升办学品位，促进学校内涵式发展，办"孩子向往、教师幸福、社会满意"的普适品牌学校，实现全科育人、全程育人、全员育人和实践育人，努力把学生培养成为具有"中国灵魂、国际视野"的现代人，创造最适合学生发展的教育。

北京实验学校物理学科魅力课程体系坚持以科学发展观为指导，积极推进物理课堂教学改革，课程设置从本学科的实际出发，注重学生科学素养的养成，突出物理学科特点。整体构建十五年一贯制魅力物理课程体系，使课程更加满足学生发展的要求，更加符合学生身心发展的特点，以增加物理学科的感染力，提升学生学习物理的兴趣和创新能力，促进学生核心素养的发展。努力构建适合学生发展的特色物理课堂，培养具备完整知识结构和技能的高素质学生，让不同层次的学生都有所进步，全面提高物理教育教学质量，为基础教育综合改革提供可参考的学科课改实例，提供可以借鉴的普适模式或鲜活样板，创建中国基础教育现代化的普适新品牌。北京实验学校物理教研工作要发扬求真务实的优良作风，结合教学实际将魅力课程体系实施与教师专业化发展有机结合，建设一支敬业奉献、爱生爱校的优秀教师团队，办学生、家长和社会满意的物理学科特色教育。

二、背景分析

在修订课程方案和课程标准方面，教育部依据学生发展核心素养体系，进一步明确了各学段、各学科具体的育人目标和任务，完善了高校和中小学课程教学有关标准，已经先行启动普通高中课程修订工作。海淀区也通过组织各学校负责人、学科带头人在满足国家课程修订工作的基础上，研究讨论得出了具有学区特色的工作指导细则。北京实验学校目前已经形成了以国家课程为根基、地方课程为补充、校本课程为特色的综合课程体系，旨在全面培养学生的核心素养。

北京实验学校近年来通过内培外引，实现了物理教师队伍的不断优化。在日常教研活动中，学校物理教师认真学习教学理论，坚持以学生兴趣培养为出发点，注重生活化导入以激发学生学习动机，努力使课堂教学素质化落到实处，"课外不占课，作业少而精"已成为物理各备课组的组风、组训。在推进魅力教育、魅力课堂探索实践中，物理教研组开发了许多丰富多样且具有较高水准的校本课程，尤其针对初高中物理衔接课题的研究，为初高中物理课程转换建立起了顺畅沟通的平台，也为实现各学段物理教育的有效对接奠定了前期基础。随着学校改革发展的脚步，学校的物理教师队伍堪称是师德高品位、专业高学识、能力多方位、工作高成果的优秀团队。

三、课程愿景

当今世界基础教育课程改革强调学生全面、和谐和可持续发展。由此世界各国开始普遍关注跨学科综合学习、主题化学习及实践活动课程。《课程计划（修订）》中关于物理学科特别突出课程"整体育人"的基本理念，即统筹各学段、打破学科壁垒、调动校内外资源，重视"做中学"，以实现科学育人、全程育人、全员育人和实践育人。在物理学习过程中，应该让学生感受到物理学科的深度和广度，体会到物理学科和各学科之间的深刻联系，主动培养物理学科学习的兴趣。

物理学是一门自然科学，研究内容包括物质、相互作用和运动规律。随后，相对论和量子论的出现，让物理学对其他自然科学产生了重要关联，推动了材料、能源、环境、信息等领域的巨大进步，进而使得人们的生产、生活方式发生巨变。苟日新，则日日新，技术的改变对理论创新提出了更高的要求，进而对基础教育中的物理课程提出了更高要求。

更高要求包括但不仅限于学生的知识与技能，还必须有应对未来社会挑战的学科能力。对教师的要求包括但不仅限于教材和学生，同时还要重视思维习惯和学习方法。

如今课程改革也在不断促进物理教学方式的转变，物理教学需进一步注重激发学生的学习兴趣，促进学生学科素养的全面发展，使学生在熟悉科学探究过程的基础之上，掌握物理知识与技能。引导学生学会发现、思考问题并主动寻求解决问题的方法。培养学生的创新精神和实践能力，学会学习、学会生存、学会做人。

四、培养目标

（一）正确的物理观念

"物理观念"包括物质观念、运动观念、相互作用观念、能量观念及其应用等要素。它是物理学科教学的核心，且会随着教学的深入发生变化，如建立路程到位移，标量到矢量的概念。

（二）良好的科学思维

"科学思维"主要包括模型建构、科学推理、科学论证、质疑创新等要素。物理学探索的内容非常广泛，除了既有知识成果之外，还应该包括对既有成果的看法、再现的方法以及创新的科学方法、科学态度和科学精神等，这个过程即是建模的抽象概括过程；也是分析、推理、论证的逻辑思考；更是质疑、批判的理性养成。

（三）较强的实验探究能力

"实验探究"主要包括问题、证据、解释、交流等要素。实验是物理的基础，更是物理的核心。因此，在物理课程设置上必须重视从实验中来，到实验中去的设计。通过实验培养学生提出、分析、解决问题的能力，培养学生猜想、假设、求证、解释的能力，以及交流、评估、反思的能力。

（四）科学的态度与责任

"科学态度与责任"主要包括科学本质、科学态度、科学伦理、科学－技术－社会－环境（STSE）等要素。在认识科学本质，理解STSE的关系基础上逐渐形成的对科学和技术应有的正确态度以及责任感。课程注重与生产、生活实际及时代发展的联系，关注学生的认知特点，加强课程内容与学生生活、现代社会和科技发展的联系，关注技术应用带来的社会进步和问题，树立学生的社会责任感和正确的世界观。培养学生用科学的方法进行思维的能力和用科学思维方法处理和解决个人以及社会的问题。

物理学科教学立足学校"十五年一贯制"的办学优势，从学校实际出发，以学生终身发展为本，满足学生多样化、优质化教育需求，构建多元化、发展性的评价体系，创造更加适合孩子发展的课程。物理学科课程建设致力于促进学生学习方式的转变，培养以"创新思维与综合能力"的形成为重点，以多元智能发展为特色和优势的优质素质，以提高学生的创新学习能力、团队协作能力、实践调研能力、难题解决能力、讨论沟通能力和自我发展能力等六大能力为核心，开拓学生的国际视野，激发学生的学习潜能和锻炼领袖才能，并用中国精神和国际眼光来思考问题、分析问题和解决问题。让每一位学生全面提升自己的综合素质，使学生人人成才，尽其所长，从而实现课程育人。

五、课程设置

在"促进学生发展，实现学校特色化育人目标"的前提下，为了高质量地完成国家课程、满足学生个性特长需求，根据学生的认知水准，北京实验学校充分利用学校的传统优势、地域优势和周边的社会资源，对原有的国家课程进行了整合、压缩、拓展和个性化设计，形成了具有选择性、层次化、体系化、且具有校本特色的国家课程——核心课程体系，并在核心课程体系基础上开发具有学校特色的创新性项目课程。

"培养具有中国灵魂、国际视野的现代人"是我校的育人目标，围绕这一目标，遵循教育部、北京市、海淀区课程改革精神，从学校实际出发，提出了"北实学生"核心素养（语言与文学、自然与科技、体育与健康、实践与创新）。学校课程建设与实施工作围绕核心素养展开。物理课程以核心素养基本内涵与培养目标体系为依据，在初中阶段积极组织物理知识应用科技竞赛活动，在高中阶段定期开展物理实验自主探究活动，形成以"基础型课程、拓展型课程、探究型课程"为支柱、以项目课程为提高的立体化魅力教育课程体系。

（一）幼儿园科学认知

幼儿科学学习重在点亮思维火花，培养科学兴趣，通过系统的科学设计，引导幼儿在具体情境中探究事物之间的关系。幼儿的思维以具体形象思维为主，因此课程设计中要重视建立幼儿的直观感知，不应揠苗助长、舍本逐末，为追求知识和技能的掌握而进行灌输训练。幼儿科学教育当始终坚持通过积累丰富的感性经验，充分发展形象思维，逐步发展逻辑思维能力，为其他领域的深入学习奠定基础（表 2-6-1～表 2-6-3）。

表 2-6-1　幼儿园科学探究目标 1：做大自然的朋友

3~4 岁	4~5 岁	5~6 岁
1. 亲近大自然，充满好奇 2. 爱提问，喜欢摆弄物品	1. 对生活中的一切抱有好奇的心态 2. 经常动手动脑接触物品和材料，并以此为乐	1. 对自己感兴趣的事物总是喜欢问东问西 2. 能经常通过自己的能力寻找问题的答案 3. 好奇的问题得到答案会很开心

表 2-6-2　幼儿园科学探究目标 2：让小手动起来

3~4 岁	4~5 岁	5~6 岁
1. 对喜欢的东西能先观望，后动手 2. 能更多地运用视觉听觉、触觉等更多肢体能力去了解一个新鲜事物，并耐心等待这些动作所产生的结果	1. 能对事物有简单的归类能力，根据相同或不同点分析差异 2. 具有一定的推断能力和猜测能力 3. 能通过简单地观察获取信息 4. 能利用已经掌握的简单符号进行标记	1. 能利用简单地比较找到事物前后的具体变化 2. 对于自己的猜测能有一定的理由解释 3. 可借助别人的帮助，完成简单的调查工作 4. 可以用自己的方式记录结果 5. 懂得分享和聆听探究过程中的问题和结论

表 2-6-3　幼儿园科学探究目标 3：在探究中认识周围事物和现象

3~4 岁	4~5 岁	5~6 岁
1. 了解常见的生物，并简单归纳 2. 能通过触觉分析物体之间软硬、光滑与否等基础特征 3. 能感受到四季的变化及天气的变化对自己的生活有什么样的影响 4. 初步了解各种动植物的生存意义并体会他们对生存环境的贡献	1. 能感受到动植物的生长和变化以及生存的基本条件 2. 能发现常见物品的用途 3. 能简单了解一定物理现象，如水冻成冰等 4. 能感受到天气对动植物或人类带来的生活变化 5. 初步接触科技产品时保持好奇心和质疑能力，了解科技产品的利与弊	1. 能通过观察联想之前遇到的事物，比较、分析其异同，总结与归纳 2. 能发现简单物品功能与结构之间的联系，如：容器和皮球的结构与用途 3. 能保持一颗好奇心探索生活中常见的物理现象的产生条件或影响因素，如影子、灯泡亮起等 4. 伴随成长感知并了解季节变化的一定规律，知道并了解变化的顺序 5. 初步了解人们的生活环境与自然环境密不可分的关系，知道尊重和珍惜每一个生命，爱护、保护环境

1. 做大自然的朋友

（1）接触更多新鲜事物

1）帮助幼儿学习和探究，亲自带动幼儿发现新鲜事物的积极性。

2）把自己当成幼儿的朋友，引导他（她）一起探究问题的答案。

3）用一切可行方式帮助幼儿记录探寻问题答案的过程和他成长的步伐。

（2）鼓励探索和发现

1）认真对待幼儿提出的一切疑问，指引他们主动猜想，尽力配合他们去完成解决问题和寻找答案的方式方法。

2）忽略幼儿因为探索问题答案而搞砸的事、物，并和他们一起完成实验的善后工作。

3）在保障安全的前提下，鼓励幼儿拆装家里的玩具甚至简易家具，鼓励幼儿自我发现和自我探究。

2. 让小手动起来

（1）多观察周围事物

1）鼓励和夸奖幼儿自发地观察和探索。

2）主动提出问题引导幼儿对事物产生疑问并引发其主动观察事物。

3）在幼儿观察后引导其对观察后得到的特征进行简单的分类和概括。

（2）主动寻找问题答案

1）帮助幼儿发现观察中值得深究的问题。如皮球、乒乓球落地后弹起的高度和什么有关？怎样让硬币浮在水面上？等等。

2）鼓励幼儿对所发现的问题大胆猜测答案并设计实验验证。如：玩汽车时，引导幼儿猜测汽车下坡时速度快慢的条件和原因，并设计实验去验证。

3）引导幼儿懂得适宜的方法发现和解决问题，为自己的想法搜寻证据。如：想知道草地上有多少种昆虫，可以采取画网格调查；想知道带马达的小汽车在平地上还是在斜坡上跑得快，可以设计实验尝试；想证明影子的大小和方向与什么有关，可以探索影子来源并设计实验进行验证等。

（3）多与他人分享交流

1）和幼儿协作制订具体调查计划，讨论针对性调查步骤和方法等，也可以用幼儿的方式帮助他们用符号和数字记录实验过程。

2）鼓励幼儿用自己熟知的办法记录实验的过程与结果，如：数字、图案或做标本。通过有意义的记录帮助幼儿丰富每一次实验经验，学会对事物进行分类和归纳。

3）鼓励幼儿在探索中学会团结协作，领会团队精神。引导他们在分享中学会表达、整理并学会对其他人的观点给予认可或质疑的能力。如在讨论中求同存异，并设法验证，用事实支撑自己的观点和理论。

3. 在探究中认识周围事物和现象

（1）多陪伴、多支持、多参与

1）和幼儿一起通过参观、运动、采摘种植等活动，感知每一种生物的独特性，了解生物不同的生长周期和各个阶段的特征。

2）给幼儿提供多样的生活材料和工具，鼓励幼儿在快乐的游戏中探索物体之间独特的结构和用途。

（2）多引导、多启发、多探讨

1）引导5岁以上幼儿观察和思考动物外部特征与生活习性存在的意义。如变色龙可以根据生活环境变成一身保护色；蒲公英种子的形状可以借助风为其传播等。

2）引导幼儿根据常见物质的材料等特性和物体的结构特点，推测和证实它们的实际用途。如：圆形的自行车轮胎骑起来更省力；不同用途的车会有不同的结构功能等。

（3）多关注、多关联、多归纳

1）结合幼儿的日常生活，引导他们思考自然与生物相互依赖的关系。如：动植物为了生存而做出的贡献，季节变化与动植物生活的关系，常见灾害性天气给动植物生活带来的不便和影响等。

2）和幼儿一起实践和探讨常见科技产品的益处和弊端。如：汽车、轮船等交通工具给日常生活带来的便捷和对自然环境的污染等。

（二）小学科学课程

小学科学课程内容包含物质科学、生命科学、地球与宇宙科学、技术与工程四个领域。从这四个领域中选择适合小学生学习的18个主要概念，其中，物质科学领域6个，生命科学领域6个，地球与宇宙科学领域3个，技术与工程领域3个。通过以上课程内容的学习，可以为小学生科学素养的初步培养和持续发展奠定良好的基础。

小学阶段的科学课程重视基本概念的培养。以物质科学领域为例，在物质科学领域的教学中，教师当重视学生基本概念的形成（表2-6-4）。

表 2-6-4　物质科学领域的基本概念内涵

物质科学领域的基本概念
物体具有一定的特征，材料具有一定的性能
水是一种常见而重要的单一物质
空气是一种常见而重要的混合物质
物体的运动可以用位置、快慢和方向来描述
力作用于物体，可以改变物体的形状和运动状态
机械能、声、光、热、电、磁是能量的不同表现形式
……

（三）中学物理课程

中学物理课程体系建构与具体结构，见表 2-6-5、表 2-6-6。

表 2-6-5　中学物理课程体系建构表

基础课程 （全体必修）		拓展课程 （集体选修）		探究课程 （个人选修）				特色课程
针对全体 基础化：夯实基础，低负增效		针对部分 多样化：拓展信息，加强专业		个人提高 主体化：培养个性，加强创新				项目课程
网络课程	互动课堂	知识拓展	技能拓展	学科特长	论文写作	自主探究	大学预修	
优秀资源共享；时间、地点灵活	增强学生主体意识；及时反馈学习信息	拓宽学生中学物理学科知识面	加强学生的动手能力	优中拔优	课外拓展	实践操作	大学预备	

表 2-6-6　中学物理课程具体结构

基础课程 （全体必修）	拓展课程 （集体选修）	探究课程 （个人选修）	特色课程
针对全体	针对部分	个人提高	学生兴趣选修项目
必修 1	选修 1-1	学科竞赛	

续表

基础课程 （全体必修）	拓展课程 （集体选修）	探究课程 （个人选修）	特色课程
必修 2	选修 3-1，选修 3-2，选修 3-3，选修 3-4，选修 3-5	论文写作	
		自主探究	
		大学选修	

六、课程实施

（一）基础课程的实施

"高中物理课程要让学生通过观察、操作、体验等方式，经历科学探究过程，认识物理概念和规律，学习科学方法，树立正确的世界观。"高中物理内容分为"物质""运动和相互作用""能量"三大部分，表 2-6-7 为物理内容的一级主题与二级主题。

表 2-6-7 物理内容的一级主题与二级主题

一级主题	二级主题
1. 物质	1.1 物质的形态和变化 1.2 物质的属性 1.3 物质的结构与物体的尺度 1.4 新材料及其应用
2. 运动和相互作用	2.1 多种多样的运动形式 2.2 机械运动和力 2.3 声和光 2.4 电和磁
3. 能量	3.1 能量、能量的转化和转移 3.2 机械能 3.3 内能 3.4 电磁能 3.5 能量守恒 3.6 能源与可持续发展

1. 高一学年

（1）第一学期：每周 4 课时。完成物理必修 Ⅰ 全部和物理必修 Ⅱ 曲线运动的教学。

（2）第二学期：每周 4 课时。完成物理必修 Ⅱ（万有引力与航天、机械能及其守恒定律）和选修 3-5（碰撞和动量守恒），并安排一定的课时用于研究性学习。

2. 高二学年

（1）第一学期：每周 4 课时。

文科：完成物理选修 1-1 内容及进行共同必修模块的学业水平考试，复习参加学业水平考试。

理科：完成物理选修 3-1（静电场、恒定电流、磁场）全部内容，参加学业水平考试。

（2）第二学期：每周 5 课时。理科修完物理选修 3-2（电磁感应、交变电流、传感器）全部内容，和选修 3-5 的近代物理初步。

3. 高三学年

（1）第一学期：每周 6 课时。进行高考物理一轮复习。

第二学期：每周 6 课时。进行高考物理一轮总复习和二轮专题复习，进行高考模拟考演练。

基础型课程旨在培养学生的基本素质，是本学科的最基本要求，是全体学生必修课。我校以国家课程体系为依托，在课程的实施过程中，将现代教育技术与试验操作相结合。对相对抽象难以理解的物理概念，通过多媒体及现代科学技术进行仿真和模拟，方便学生理解。新颖、前沿的教学技术可引起学生的注意，激发学生的兴趣，在教学过程中，加强高中物理知识在实际生活中的应用，帮助学生们进一步加深对高中物理知识的理解和分析。

实验班物理课程以提升学生的科学思维品质为出发点，为学生提供多样化的学习方式，使不同的学生在原有基础之上得到不同的发展。我们在"1+3"实验班物理课程实施中要注重提高学生人文关怀与正确对待生命的生存意识，使学生具备高尚道德情操与强烈社会责任感，通过物理学科导师的指导，促使学生形成积极的人生态度与健全的人格。

（二）"1+3"实验班课程的实施

"1+3"实验班物理课程第一学期和第二学期的具体安排见表 2-6-8。

表 2-6-8 "1+3"实验班物理课程的实施

"1+3"实验班第一学期课程安排			"1+3"实验班第二学期课程安排		
周数	授课内容	课时数量	周数	授课内容	课时数量
第一周	机械能（含定量）	2	第一周	加速度、复习	3
第二周	内能、比热容、热机、火箭、燃料的利用及单元复习	4	第二周	探究小车的速度随时间变化规律	4
第三周	认识、组装电路、电荷	4	第三周	匀变速直线速度与时间的关系	4
第四周	电流、电压、不同物质的导电性能	4	第四周	匀变速位移和时间、速度和时间关系	4
第五周	探究导体电阻大小的因素、变阻器及单元复习	4	第五周	自由落体规律的研究	4
第六周	电流与电压、电阻的关系；欧姆定律测电阻；串并联电阻关系	4	第六周	重力、弹力	4
第七周	欧姆定律应用及电路知识复习	4	第七周	摩擦力	4
第八周	电能、电功、电功率	4	第八周	力的合成	4
第九周	探究小灯泡功率、电流的热效应、家庭电路、安全用电	4	第九周	力的分解	4
第十周	磁现象、磁场、电流的磁场	4	第十周	复习前三章知识	4
第十一周	电磁体应用、磁场对通电导线的作用力、直流电动机	4	第十一周	复习前三章知识	4
第十二周	探究产生感应电流的条件及磁场复习	4	第十二周	牛顿第一定律	4
第十三周	电磁波和交流电	4	第十三周	探究加速度与力、质量的关系	4
第十四周	质点、参考系、坐标系、时间、位移	4	第十四周	牛顿第二定律	4

续表

"1+3"实验班第一学期课程安排			"1+3"实验班第二学期课程安排		
第十五周	速度及测量	4	第十五周	力学单位制、牛顿第三定律	4
第十六周	复习本学期的内容	4	第十六周	应用牛顿定律解决问题	4
第十七周	复习本学期的内容	4	第十七周	复习本学期的内容	4
第十八周	复习本学期的内容	4	第十八周	复习本学期的内容	4

（三）拓展型课程的实施

物理教研组注重特长生课程体系的建立，各备课组先后组织过部分学生参加了北京市物理学会举办的诺贝尔奖进校园活动，组织学生去首都师范大学聆听中科院院士关于诺贝尔物理学奖的相关讲座并参观了首都师范大学重点实验室，和大学生及相关专家一起学习参观，参观科技馆等；组织学生参加全国中学生数理化学科能力展示活动，先后多人获得北京市各级奖励。在第七届全国中学生趣味力学制作邀请赛中，物理组针对竞赛内容和要求精选参赛年级和学生，我校教师指导学生参赛获得全国高中组一等奖。

物理教研组在拓展型课程的实施过程中，在保持传统优势拓展型课程的基础上，进一步挖掘实验室潜力，增设部分演示实验，加强与国外友好学校及国内著名大学进行课程合作，开设一些学生能够接受的选修高级课程，以实现高中与大学的衔接。我们在开发好物理校本教材的前提下，分学段开好课外物理选修课，在学科竞赛类活动中增加挑战性的任务内容，加强一题多解和多题通解的思维练习，不断加强学生创新能力的培养。

课堂教学评价是验证课堂教学效果的重要手段，是教育全过程中的核心组成部分，起到了调控和导向的作用，不断改进课程体系的评价机制，侧面促进了魅力课堂教学的深入改革（表2-6-9）。

首先，应对学生学习进行发展性评价，不仅要关注学生对物理知识的学习评价，还要重视学生的实践能力、创新能力、心理素质以及学习态度等方面的评价。多从正面评价学生的各种素质，并说明其优势，指明其发展潜能。爱护学生的自尊心，多激励、少批评，帮助学生进行自我教育。

其次，注重过程性评价，将重点放在学生不同时期的发展情况，为每一位学生建立自己的学习记录档案，记录学生们所有的学习实践、实验、观摩、小制作等，让这些小小的里程碑作为评价学生的客观依据，也让这些小成果伴随他们成长。

再次，将学生从被动变成主动，组织学生进行小组互评，并给学生提供机会进行自我评价。让同学们了解自己的学习状况和别的同学的学习状况，发现自身长处，反思自己的不足，参考教师意见，多方位地了解自己的同时在班级中建立民主、平等的评价关系。

表2-6-9 物理教师魅力课堂教学要素一览表

组成要素	专业知识与技能	课堂组织	语言表达与教态	实验	板书
基本要求	1. 物理知识扎实，专业知识全面。通晓中学物理学乃至相关数学的有关知识 2. 掌握中学物理教学目的、要求。明确中学物理课的教学内容和学科思想方法。有较强的科研能力 3. 掌握教育理论、心理学知识，有一定的职业道德、人文素养，知识面宽，博览群书。擅于运用多媒体	1. 课堂上能充分调动学生的学习兴趣。学生参与面广、自主活动时间充裕 2. 能掌握好学生的兴奋度。学生主体与教师主导作用均得到充分发挥 3. 课堂教学环节紧凑，能充分体现师生互动、知识生成效果好	1. 教师讲普通话、无方言土语、无语病、逻辑性强，语言准确精练、科学严谨、节奏鲜明、语音适度 2. 仪表端庄，举止从容，富有感染力，师生情感融洽 3. 语言幽默、形象，循循善诱，课堂能引起学生的兴趣和注意力。善于使用物理术语，语言清晰流畅	1. 能正确操作使用教学仪器 2. 有一定的实验设计能力 3. 演示实验时，现象要明显有趣味，直观性强，可信度要高，可见度要大 4. 对有些实验装置，能加以改进，以增强演示效果	1. 设计科学合理，依纲扣本，重点突出 2. 言简意赅，布局合理，有艺术性 3. 条理性强，字迹工整美观，板画娴熟 4. 书写规范，能体现课堂教学主线

七、课程评价

学生的个性化发展需要建立与之匹配的多样化评价反馈，以更好地诊断学生问题、激励学生发展。

（一）评价标准

对学生的评价包括"知识与技能""过程与方法"和"情感态度价值观"。知识与技能是基本要求，过程与方法是实现手段，情感态度价值观则是育人的最高目标。评价应当包括且不仅限于对科学知识、科学探究、思维能力，还应探究学以致用问题、保持学习兴趣、求真求善的内在活力的评价标准。

（二）评价内容

评价是一个系统工程，"知识与技能""过程与方法"和"情感态度价值观"三者都必不可少。从"知识与技能""过程与方法"和"情感态度价值观"三者出发，设计教学内容，实施课堂教学，进而通过评价来了解学生的掌握情况，调整教学内容，从而促进学生"知识与技能""过程与方法"和"情感态度价值观"三位一体的全面发展。

（三）评价方法与使用

对"知识与技能""过程与方法"和"情感态度价值观"三者的评价，在不同阶段应根据教学内容、教学对象采用不同的评价方法。既要突出客观、公正，同时也要兼顾正向激励。常用方法包括但不限于作业评价、测验评价、作品评价、活动评价等。

八、实施保障

（一）建立一贯制课程资源库

学校根据一定的分类标准，进行必要的梳理和归类，建设物理课程资源库。教师在开发课程资源时，就到这个库里进行检索和点击，可以节约大量寻找资源的时间，而且，同一资源可以为不同的教师反复使用，提高了使用效益。资源库里不仅要有大量文本、文献类的资源，还要有许多超文本类的课程资源，使资源的数量、品种、形式多样，保持库里资源的充裕丰富。各学段、各年级、各个学科组也应该建立课程资源库，这样有利于课程资源开发向深入发展，便于教师和学生进行深层的探究和体验。而且，还应该通过信息技术把各类资源库整合联系起来，为学校和教师开发课程资源提供多重服务和深度支持。

（二）建成一贯制课程资源开发网络

开发课程资源不仅要靠学校和教师，还需教育行政部门、社区和家长的帮助与支持。学校应该通过多种途径和方式，与家长、社区以及其他相关部门建立密切的联系，形成纵向从基层学校到各级地方教育行政、教学科研部门、课程科研部门，形成交错相连的课程资源开发网络，形成课程资源开发的整体效应和优势。

（三）优化教材资源

重视教材的"优化处理"。教师在执教基础型课程教材时，从学生的实际出发对教材进行"优化处理"。在深入研究教材、准确理解教学内容、把握教学要求的基础上，针对所教学生的实际情况对教材的体系、内容、能力要求进行合理的调整、取舍。

（四）开发教学资源

倡导教师积极开展现代信息技术与学科课程的整合研究，开发、积累与教材配套的教学设计、教学课件、配套练习等课程资源。

（五）丰富课程资源

利用现代教育技术，充实、完善学校网络教育资料库；充分利用学校的场地和学校先进设施资源，使之为各类课程的教学服务。本着全心全意为学生发展服务的原则，采取校内外结合、兼聘结合、错位排课、交换轮流等形式，统筹场地、师资和资源，保证各类课程的顺利实施。

（王　京　万　红　多丽娜　王爱军　裴　洋　高　翔）

第 15 章　化学学科一体化魅力课程体系

一、指导思想

坚持以"立足于学生适应现代生活和未来发展的需要，着眼于提高 21 世纪公民的科学素养"为课程理念，构建体现化学学科核心知识、素养和能力的化学课程体系，以课程的丰富、规范、高质为重点，以"魅力教育"为特色，在学校"整体构建十五年一贯制魅力课程体系"的大背景下，使化学课程充分发挥育人功能，更加符合学生身心发展的特点，更好地满足学生终身发展的要求。

二、背景分析

北京实验学校化学学科的魅力课程是在当前我国"深化教育领域综合改革，落实立德树人根本任务"的大背景下构建的。

时代和社会发展需要进一步提高国民的综合素质，培养创新人才，这对课程改革提出了更高要求。为充分发挥课程在人才培养中的核心作用，使其更好地促进中小学学生全面发展、健康成长，北京实验学校决定'整体构建十五年一贯制魅力课程体系"，也就必然要构建化学魅力课程。

（一）化学及化学课程的重要性

化学科学和化学工业的发展对于人类文明的进步发挥了巨大的推动作用。现代化学作为一门"中心学科"，正在以崭新的姿态与人类经济社会各个领域保持着密切的联系，在促进人类文明可持续发展的过程中发挥着更加重要的作用。我国著名无机化学家、化学教育家戴安邦先生说："富国之策，虽不止一端，要在开辟天然富源，促进生产建设，发达国防工业，而带举百端，皆须化学家之努力。"我国著名物理化学家和化学教育家傅鹰说："作为新中国的化学家，要想充分利用我们的丰富资源，首先须更清楚地了解它的化学。"

化学的重要性决定了化学课程的重要，化学课程是学生学习化学知识、提高多种学习能力、提升化学核心素养的重要载体，是学生学好化学的前提和重要保证。设置符合我校学生实际的化学课程是本校化学教师的使命，我们必须开发好具有本校特色的化学课程。

（二）新形势下国家对课程的要求

党的十八大明确提出了深化教育领域综合改革、落实立德树人的根本要求，教育部给出了《教育部关于全面深化课程改革 落实立德树人根本任务的意见》，提出三项重点课程改革：一是研究制定学生发展核心素养体系，主要是明确学生应具备的适应终身发展和社会发展需要的必备品格和关键能力。二是研究制定学业质量标准，明确质量要求，完善现行课程标准，增强对教学和考试评价的指导性。三是加强相关学科教材纵向衔接和横向配合，推动不同学段整体育人、跨学科综合育人。

（三）目前我校化学课程现状分析

我校魅力课程是建立在十五年一贯制基础上的，有承上启下的过程，突出课程的连续性和科学性，育人的系统性。我校是勇于探索的综合改革实验学校，这为我校化学课程体系的改革带来了勇气和力量。我校"魅力教育思想"为我校化学课程体系改革提供了理论指导思想。首先，目前的化学学科教学中没有渗透核心素养，没有充分体现社会实践活动，不利于创新型人才的培养；其次，学科教学没有充分培养学生在合作学习中体现合作精神，因此我校化学课程力求寻找化学学科普适规律和迁移规律。对创造适合孩子一生发展的教育，培养具有"宏观辨识与微观探析、变化观念与平衡思想、证据推理与模型认知、科学探究与创新意识、科学精神与社会责任"化学素养的学生，无疑具有更加重要的现实意义。

三、课程愿景

我校基于创新型人才培养的十五年一贯的魅力课程体系建设的目标是，运用1~3年时间（2016—2018年），依托十五年一贯制的学制优势，建构"十五年一贯制"魅力课程体系，积极推进国家、地方、学校三级课程的协同发展，并形成我校的课程特色。一方面，实现课程体系横向融合，强调课程的统合性和综合性；另一方面，实现课程纵向的贯通性，即强调各个学段的无缝衔接，彻底改变原来不同学段之间的断裂现象。使课程更加满足学生发展的要求，更加符合学生身心发展的特点，充分发挥课程育人的功能，创造最适合学生发展的教育,为我国基础教育综合改革提供可资参考的课改实例,提供可资借鉴的普适模式或鲜活样板,成功创建中国基础教育现代化的普适新品牌。

四、课程目标

北京实验学校的化学魅力课程以全面提高学生的化学科学素养,培养学生的多种学习能力、应用所学化学知识解决问题能力,具有强烈的化学责任感和担当精神为总目标。

(一)学校目标

以十五年基础教育综合改革实验为依据,不断提高学校课程领导、管理和开发能力,逐步形成富有北实特色的"魅力课程"体系,满足一贯制、整体化办学需求,实现课程整体育人的功能,全面提升学校的办学品位和教育质量。

(二)学生目标

通过化学课程,学习重要的化学基础知识和基本技能,学习化学思想方法,掌握科学探究的一般方法,提高实践能力和创新精神,提高化学科学素养和整体素养,为成为高素质公民和管理者积累牢固的化学知识储备。

(三)教师目标

通过课程开发,转变化学教师的观念,增强教师学科责任意识,充分发挥化学学科的育人功能,树立从学生需求出发,为学生发展服务的教育意识,不断提升课程研发和实施的能力,提高科研水平和创新能力,促进专业成长。

学校化学课程体系是学习魅力课程体系中的一个分科课程,体现学校课程的时代性、系统性、系列性特色,从学科角度分析,期望我校化学课程的构建达到以下发展愿景:通过化学魅力课程实现化学学科的育人功能,逐步提高学生的化学科学素养。在幼儿园、小学通过化学启蒙教育,使学生知道身边常见的重要化学物质,懂得美好环境的重要性,培养孩子们爱护环境从我做起的意识和习惯。通过初中化学课程培养学生学习化学的兴趣,激发学生学习化学的热情,使他们喜欢化学,努力学好化学基础知识,并在动手实验、动脑分析、简单问题研究等方面有较大的提升。通过高中化学的学习培养学生的科学精神和社会责任感,提高学生的科学探究能力,激发学生学好化学,服务祖国和人民的使命感。

化学魅力课程中的化学核心素养即化学学科核心素养，包括"宏观辨识与微观探析""变化观念与平衡思想""证据推理与模型认知""科学探究与创新意识""科学精神与社会责任"5个维度。5项素养立足高中生的化学学习过程，各有侧重，相辅相成。"宏观辨识与微观探析""变化观念与平衡思想""证据推理与模型认知"体现了具有化学学科特质的思想和方法；"科学探究与创新意识"从实践层面激励创新，"科学精神与社会责任"进一步揭示了化学学习更高层面的价值追求。上述素养将化学知识与技能的学习、化学思想观念的建构、科学探究与解决问题能力的发展、创新意识和社会责任感的形成等方面的要求融为一体，形成完整的化学学科核心素养体系。

5项核心素养将化学知识与技能的学习、化学思想观念的建构、科学探究与问题解决能力的发展、创新意识和社会责任感的形成等多方面的要求融为一体，体现了化学课程在帮助学生形成未来发展需要的正确价值观念、必备品格和关键能力中发挥的重要作用。

五、课程结构

北京实验学校的化学学科魅力课程体系设置了多样化的课程模块（图2-7-1），横向上包括必修课程、选择性必修课程、校本选修课程、社会实践课程，纵向贯穿小学、初中和高中各个学段。

必修课程是落实国家的必修课程，是全体学生必修学习的课程，是普通学生发展的共同基础，同时也为学生学习相关学科课程和其他化学课程模块提供基础。必修课程体现了化学基本观念与发展趋势，促进学生在五大化学学科核心素养的发展，以适应未来社会发展需求。

选择性必修课程是学生根据个人需求选择学习的国家课程，学生通过进一步学习化学基础知识、基本技能和研究方法，更深刻地了解化学与人类生活、科学技术进步和社会发展的关系。

校本选修课程旨在为喜欢化学的特长生深化、拓展化学的学习打下坚实基础，开发学生化学学习潜能，提高化学综合素质。社会实践课程包括组织学生参观大学化学系、化学实验室、化工厂、污水处理厂、旧材料回收处理厂等；依托学校的社团活动开展化学类社团活动、化学类研究性学习、化学类科技节、化学史教育等，旨在拓宽学生视野，关注化学的应用，了解化学与科技、社会的关系，增强社会责任感。

由于小学阶段学生的认知和理解能力的限制，小学阶段没有涉及更多化学专业科学知识的学习，但化学科学素养的培养要从小开始循序渐进地进行，因此结合小学阶段的科学课程，将化学知识与实践渗透其中，满足了化学素养的养成，丰富小学阶段科学课的内容。

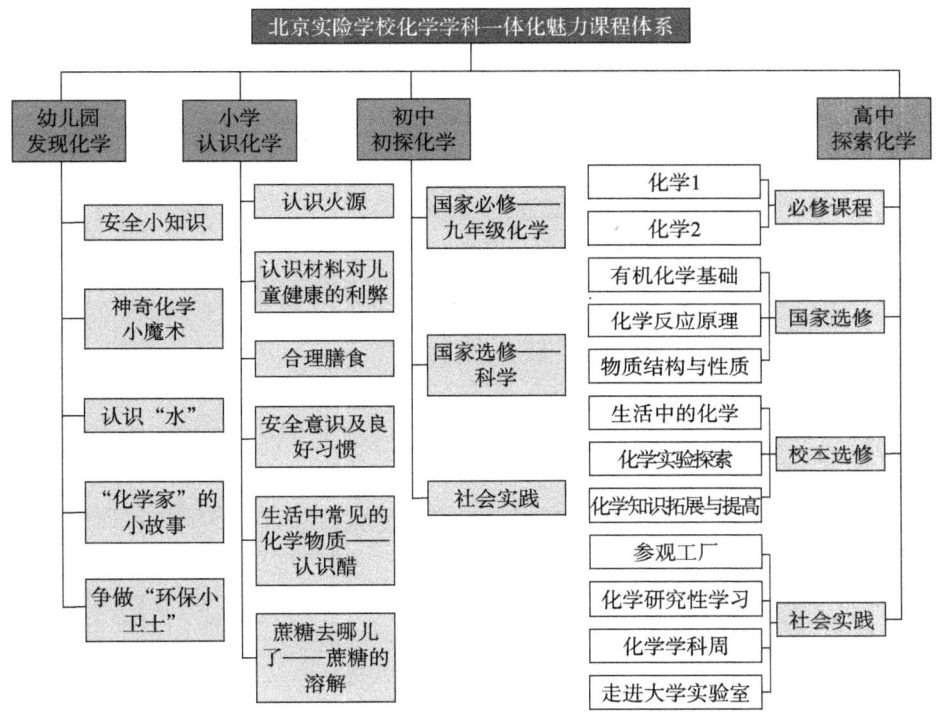

图 2-7-1　化学魅力课程的课程结构

六、课程设置

小学阶段化学魅力课程由小学科学和趣味化学两个模块构成，小学科学课程在 1～6 年级开设，借助小学科学课程，交叉渗透化学科学知识、化学科学探究、化学科学态度，并为初中阶段化学课程的学习建立衔。此外，开设趣味化学课程，通过化学小故事、化学小实验等让小学生了解科学知识、科学探究、科学态度。

初中阶段化学魅力课程以国家义务教育化学课程为主要模块构成（表 2-7-1），此外，针对我校"1+3"项目实验班，我们开发了"1+3"实验班化学预科教材。这两部分内容均在九年级实施。

表 2-7-1　义务教育化学课程内容

单元名称	章节名称	课时数
绪言	化学使世界变得更加绚丽多彩	1
第一单元 走进化学世界	课题 1　物质的变化和性质	1
	课题 2　化学是一门以实验为基础的科学	3
	课题 3　走进化学实验室	4
	单元复习	1
第二单元 我们周围的空气	课题 1　空气	2
	课题 2　氧气	1
	课题 3　制取氧气	2
	实验活动 1　氧气的实验室制取与性质	1
	单元复习	1
第三单元 物质构成的奥秘	课题 1　分子和原子	2
	课题 2　原子的结构	4
	课题 3　元素	2
	单元复习	1
第四单元 自然界的水	课题 1　爱护水资源	2
	课题 2　水的净化	2
	课题 3　水的组成	2
	课题 4　化学式与化合价	2
	单元复习	1
第五单元 化学方程式	课题 1　质量守恒定律	2
	课题 2　如何正确书写化学方程式	2
	课题 3　利用化学方程式的简单计算	2
	单元复习	1
第六单元 碳和碳的氧化物	课题 1　金刚石、石墨和 C60	2
	课题 2　二氧化碳制取的研究	2
	课题 3　二氧化碳和一氧化碳	2
	实验活动 2　二氧化碳的实验室制取与性质	1
	单元复习	1

续表

单元名称	章节名称	课时数
第七单元 燃料及其利用	课题1　燃烧和灭火	2
	课题2　燃料的合理利用与开发	2
	实验活动3　燃烧的条件	1
	单元复习	1
第八单元 金属和金属材料	课题1　金属材料	1
	课题2　金属的化学性质	3
	课题3　金属资源的利用和保护	2
	实验活动4　金属的物理性质和某些化学性质	1
	单元复习	1
第九单元 溶液	课题1　溶液的形成	2
	课题2　溶解度	2
	课题3　溶液的浓度	2
	实验活动5　一定溶质质量分数的氯化钠溶液的配制	1
	单元复习	1
第十单元 酸和碱	课题1　常见的酸和碱	4
	课题2　酸碱中和反应	2
	实验活动	2
	单元复习	1
第十一单元 盐、化肥	课题1　生活中常见的盐	3
	课题2　化学肥料	2
	实验活动8　分离混合物的常用方法： ①粗盐中难溶性杂质的去除 ②提取碘水中的碘	2
	单元复习	2
第十二单元 物质及其反应的分类	课题1　物质的分类	1
	课题2　氧化还原反应	1
	探究活动　物质性质的预测	1
	单元复习	2
第十三单元 化学与生活	课题1　人类重要的营养物质	1
	课题2　化学元素与人体健康	1
	课题3　有机合成材料	1
	单元复习	1

高中阶段是化学魅力课程实施的主要阶段，由若干课程模块构成，分为必修、国家选修、校本选修、社会实践课程四类（表2-7-2）。其中，必修包括2个模块，即化学1和化学2；国家选修包括3个模块，是必修课程的进一步拓展和延伸，包括化学与生活、化学反应原理、有机化学基础。为拓展学生的化学视野，提高学生的化学学习能力，增加了校本选修课程内容和社会实践课程内容。

表2-7-2　高中校本选修课部分内容

序号	课题名称	课时
1	自制酸指示剂并鉴别物质	1
2	自制叶脉书签	1
3	饮料分类及自制汽水	1
4	自制琥珀	1
5	喷泉实验	1
6	自制洗涤剂	2
7	水果保鲜袋的制作	1
8	制备彩色豆腐	1
9	方便面与碳酸饮料一起食用的不良后果	1
10	从坚果中提取油	1
11	蒸馏——海水淡化	1
12	海带提碘	2
13	模拟侯氏制碱	2
14	自制冰袋、暖袋	1
15	自制水果电池，探究影响发电效能的因素	1
16	制备冰灯、制备溴苯	1
17	制备硝基苯	1
18	制备酯类香料	1
19	阿司匹林中官能团的检验	1
20	各类食醋中醋酸含量的测定	1

七、课程实施

小学阶段化学魅力课程在小学科学课程中渗透实施。初中和高中阶段化学魅力课程实施体现课程改革的基本理念，尊重和满足不同学生的需要，运用多种教学方式和手段，引导学生积极主动地学习，掌握最基本的化学知识和技能，了解化学科学研究的过程和方法，形成积极的情感态度和正确的价值观，提高科学素养和人文素养，为学生的终身发展奠定基础。在整体化学魅力课程实施中，我们坚持做到：

（1）教师在化学教学与评价中紧紧围绕落实立德树人根本任务，并将发展学生"化学核心素养"落到实处，实施素质教育。

（2）细化每节课的化学学科核心素养，紧紧围绕化学核心素养的落实制定化学教学目标。

（3）认真规划化学教学内容，合理选择教学策略。

（4）充分发挥化学实验的教学功能和价值，结合学生的认知发展特点，精心设计实验和实验探究活动。

（5）依据教学内容及不同年级学生的特点，采取多样化的教学方式提高课堂教学效益。

八、课程评价

我们积极倡导"教、学、评"一体化，有效开展化学日常学习评价和化学学业成就评价（主要有化学学业水平合格性考试和学业水平等级性考试），注重过程性评价和结果性评价的有机结合，灵活运用自我评价、小组评价、验收评价、活动表现、纸笔测试、展示评价、学习档案评价等。

化学日常学习评价通过关注学科素养的提问、有的放矢的课堂点评、精心编制的课堂练习和课后作业，使"教、学、评"活动有机结合，同步实施，形成合力，有效促进学生化学学科核心素养的形成和发展。单元与模块复习通过提问或绘制概念图等策略，诊断学生化学核心概念和观念的结构化水平，对"知识关联"水平的学生，引导其形成基于"认识思路"的结构化水平。单元与模块考试，以学业质量标准的要求为依据，题目应具有一定的情境性和综合性，可以较为准确地诊断出学生化学素养的发展水平和学业质量标准的达成情况。

九、实施保障

北京实验学校十五年一贯制的办学理念以及对未来学校发展方向的愿景,"学生向往、教师幸福、社会满意"的办学方向,是化学魅力课程顺利开设和执行的重要保障。

我校小学各年级均有专业老师开设小学科学课程,中学化学师资力量雄厚,有特级教师、博士教师、硕士教师,是一支年龄结构、职称结构、学历层次合理,具有良好发展势头的教师队伍,专业的化学实验室和专业的化学实验教师,可以开展各种化学实验活动。这些都是我校化学魅力课程实施的直接保障。

(商晓芹　曹丽敏　李亚敏　汤贝贝)

第 16 章　生物学科一体化魅力课程体系

一、指导思想

认真贯彻落实《教育部关于全面深化课程改革　落实立德树人根本任务的意见》的精神，以教育部制定的《幼儿园教育指导纲要》、义务教育《小学科学课程标准（生物部分）》和《生物学课程标准》、普通高中《生物课程标准》为依据，以教育部、北京市和海淀区发布的各学段《课程计划》为参照，在学校十五年一贯制魅力课程体系的整体框架下，以生物课程特有的实验特色、思维方法，以及肩负的社会使命等方面深入思考"魅力教育"的特色。我们将根据各学段生物科学素养的培养层次，结合生物学科的教学特点，充分挖掘生物课程的育人功能，探讨生物学科核心素养的培养方法，研究具有本校学生层次和学生的培养目标的课程设计，培养出适应未来社会需要和国家发展的合格公民。我们将努力使他们在学科能力、核心素养的培养过程中，爱上科学；会科学地、理性地探讨问题；并学会应用科学的方法解决社会相关问题，最终使生物课程能够更好地满足学生终身发展和社会发展的需求。使生物课程更好地适应北京实验学校的教师幸福、社会满意、学生向往的办学理念！努力探索十五年一贯制生物课程学习的普适规律，为基础教育综合课程改革提供可资参考的课程范例，提供可借鉴的鲜活样板，成功创建中国基础教育现代化的普适新品牌。我校生物学科魅力课程体系坚持遵循人的连续发展、不同学段学生认知层次和生物学科内在联系等客观规律，从各个学段和生物学科的实际需要出发，认真实施各学段的国家课程方案，积极推进魅力课堂改革，努力构建适合学生发展的富有北实特色的生物魅力课程体系。

二、背景分析

（一）生物学的发展及生物课程的重要性

我们赶上了生物科学大发展的时代，从生物学本身来讲，它是一门研究所有不同形式的生命学科。从元素到元素组成的化合物，再到由化合物有序组成的基本生命层次细胞，最后到这个星球上所有的动植物及它们所生活的环境都是生物学研究的领域。随着现代科学技术的迅猛发展，使得生物学的研究范围更加广泛，产生的结果更加深远。在分子领域的 DNA 分子结构和功能的揭示、在细胞领域的细胞培养和克隆技术、在遗传学领域的各种生物的基因组测序、在医学领域的疾病防控与免疫学方面的研究进展、在脑科学的深入研究，生物学正在改变人类的生活。随着各种科学技术和信息技术的融入，使生物科学不仅能影响人类的生产生活和经济活动，还将影响着人们的思想观念和思维方式。

生物学课程是自然科学领域的学科课程，它反映着自然科学的本质。它既要让学生探索科学的真谛，还要感受艺术的魅力，更要让学生学会对生命的敬畏！除了要培养学生掌握基础的生物学知识，还要让学生领悟生物学家在研究过程中所持有的观点以及解决问题的思路和方法。我们期待学生在生物课程的学习过程中能够主动地参与学习、提出问题、获取信息、寻找证据、检验假设、发现规律并养成理性思维的习惯，形成积极的科学态度，发展终生学习的能力。生物课程的学习是培养合格公民不可或缺的过程，是公民素养的基本组成部分。北京实验学校的生物学课程应该是将在这里成长十五年的每个个体感受自然、感知自然、探索自然、敬畏自然的以提升生物科学素养为主要目的的必修课程，是科学教育的重要领域之一。

幼儿阶段生物课程将以感受生命为主题，1~6 年级生物课程将以感知生命和自然为主题进行的综合自然科学课程，7~9 年级生课程将以探索自然为主题的科学课程，10~12 年级生物课程将是非义务教育阶段重要的高级科学课程。其中普通高中《生物课程标准》明确指出："今日世界，科学技术迅猛发展，国际竞争日趋激烈，国力的强弱越来越取决于劳动者的素质。普通高中的教育任务是在九年义务教育的基础上，进一步提高国民素质，并使学生在全面发展的基础上实现有个性的发展。"这不仅体现了课程建设的基本理念是面向全体学生，也是基础教育目标的本质属性。高中生物课程的本质是公民性，即为了每个学生的个性都得到充分的发展，提高每个公民的科学素养，增加产生优秀人才的机会。从学生个体发展的视角出发，促进学生全面、健康地发展；从社会发展的视角出发，通过课程实施，帮助社会培养人才。要实现生物学科的教育价值，就要求学校建立好一个科学、严谨的课程体系，同时挖掘自身人文底蕴、区域资源、强大师资队伍的优势，开展以国家课程为基础、地方课程为指导、校本课程为补充的丰富、多样、实用、针对性强的生物综合课程。

（二）新形势下国家对课程的要求

《教育部关于全面深化课程改革 落实立德树人根本任务的意见》对于课程建设提出几点要求：一是制定学生发展核心素养体系，明确学生应具备的适应终身发展和社会发展需要的必备品格和关键能力，突出强调个人修养、社会关爱、家国情怀，更加注重自主发展、合作参与、创新实践。二是制定中小学各学科学业质量标准，明确学生完成不同学段、不同年级、不同学科学习内容后应该达到的程度要求。三是课程体系建设要做到增强思想性：传承优秀传统文化，体现民族特点，培养远大理想，形成正确世界观；增强科学性：遵循自然和社会发展的规律，确保课程内容严谨准确；增强时代性：充分根据科技进步新成果，及时更新教学内容；增强适宜性：各阶段的学习内容要符合学生不同发展阶段的年龄特征，紧密联系学生生活经验；增强可操作性：明确培养目标、教学内容、学业要求，对教学实施、考试评价提出具体建议；增强整体性：强化各学段、相关学科纵向有效衔接和横向协调配合。同时明确要求普通高中课程要合理确定必修、选修课时比例，打牢学生终身发展的基础，增加学生选择学习的机会。

2016年9月13日，教育部发布《中国学生发展核心素养》，以科学性、时代性和民族性为基本原则，以培养"全面发展的人"为核心，分为文化基础、自主发展、社会参与三个方面。综合表现为人文底蕴、科学精神、学会学习、健康生活、责任担当、实践创新六大素养，具体细化为人文积淀、人文情怀、审美情趣、理性思维、批判质疑、勇于探究、乐学善学、勤于反思、信息意识、珍爱生命、健全人格、自我管理、社会责任、国家认同、国际理解、劳动意识、问题解决、技术运用十八个方面。为我国各阶段课程体系建设指明了方向。

（三）义务教育课程设置方案发生重大变化看十五年一体化培养的总目标

十五年一体化的生物课程设计需要依据义务教育课程设置方案的核心变化，统筹各学段、各学科、各育人环节，实现全科育人、全程育人、全面育人。注重促进学生终身发展的核心素养的培养；关注学科间的整合、学科内的综合、组织形式的多样化；重视学生学习体验、动手实践及创新意识的培养；设计适合不同年龄段学生发展需求的综合实践活动课程、学科实践活动课程及开放性科学实践活动，实现实践育人的目标；多角度、多渠道给学生提供满足现实生活和未来发展的校内课程、校外课程及网络课程；更加注重调整国家课程和校本课程的时代性、适应性、开放性和灵活性。依据国家课程开发的校本课程在课程结构方面实现大小课和长短课更灵活的组合，跨学科的学习、问题式的学习、任务式学习和项目式学习和综合实践课的体验。北京实验学校将通过整体的、有层次的、有深度的课程设计和开发增加学生体验、合作、探究和基于信息技术的学习机会，实现课程的"全面育人"目标。北京实验学校的生物课程设计将依照北京实验学校十五年一体化培养的目标，注重课程结构的连贯性，适当增加幼儿培养、小学培养、初中培养和高中培养的课程设计，更加关注小初衔接、初高衔接课程的设计，同时在不增加专门课时的基础上，立足小初衔接，初高衔接开展学科综合或多学科整合的科学实践活动。

（四）北京市下发《北京市初中科学类学科教学改进意见》

为切实解决科学类学科教学方式单一、实验教学薄弱、学生缺乏想象力和创造力等深层次问题，北京市就改进初中科学类学科教学提出意见，成为初中生物学科课程建设的重要依据。该意见的提出，为课程方案制定和实施中落实课程标准提供了有力保证。如严格按照课程标准组织教学，准确把握学科本质；切实加强学段衔接和学科整合；指导学生开展小实验、小制作等比较系统的科学活动，提高学生的实验探究能力；有效加强课堂教学与社会实践的联系；加强实验教学；鼓励和引导学生走出课堂，将科学类学科不低于10%的课时用于开放性科学实践活动；丰富科学类学科教学的实施形式，倡导"玩中学""做中学"；加强与社会教育机构的合作，通过购买服务，市、区县两级共同推动整合利用博物馆、科技馆、大学实验室和图书馆等社会资源；开放性科学实践活动要具有一定的水平，符合教育部门规定的质量标准，要覆盖到所有类型初中学校；科学设计个性化科学作业；积极推进学习评价改革；学生初中三年参与开放性科学实践活动的考核情况纳入中考评价体系。

（五）我校生物课程建设的基本情况

北京实验学校的前身是香山慈幼院，是由著名的教育家、慈善家熊希龄先生创办的。学校结合国家要求开足开全生物国家课程，并在不同教育阶段开展过多种多样的生物课外活动。2015年6月，经市区政府的批准，学校更名为"北京实验学校"，联合平谷幼、小、初、高四所学校成立涵盖幼儿园、小学、中学和高中的一体化办学的教育集团，对各学科的课程设计提出了在纵线和横线上的要求。我们将在十五年一体化的课程体系设计的新设想中不断摸索，为深化中国基础教育课程改革提供样板和良好的示范。

随着课程改革的深入和魅力课堂的开展，我校初中生物学科教育已经初步形成涵盖国家课程、校本课程和实践课程的综合课程体系。高中生物学科教育已经初步形成由必修课程、选修课程、竞赛、研究性学习和学校科学节在内的综合课程体系。在硬件设施上拥有一个分子实验教室、一个组培实验室教室、两个常规生物实验教室、一个标本室，初步满足了目前生物课程以及实践活动的需要，而即将施工的新教学楼中的科学实验教室将进一步为十五年一贯制的课程研究打下了坚实的基础。

生物学科通过课程实践，已经确定了以国家课程体系为主，以校本课程研究开发为辅，以实验研究和实践活动为载体的课程实施模式。我校已经编写了《人体生理学基础》，其中包含了十个专题及相关的实践活动，满足了学生在学习过程中的实践活动的需求。编写的《高三生物复习指导手册》成为国家课程达标的重要参考文本。已开设的《人体生理学基础》《微生物的培养》《植物组织培养》《微生物的发酵》《微观世界》《人体的奥秘》等一系列选修课为生物学科核心素养的培养奠定了基础。

目前学校已经开设的课程包括：初中生物学科组开发的《生物制作》《微生物实验》《发酵食品制作》等校本课程，组织植物栽培、学农活动、中国科技馆参观等实践课程，初步形成了国家课程、校本课程和实践课程组成的生物课程体系。高一年级《人体生理学基础》选修课程，高二年级的《分子与细胞》《遗传与变异》《稳态与环境》必修课程和《生物技术实践》《微生物的发酵》《植物组织培养》等选修课程。高三开设《现代生物科技专题》选修课程。

三、课程愿景

基于我校十五年一贯制的魅力课程体系建设目标，生物课程将运用1～3年时间，依托十五年一贯制的办学体制优势，建构生物学科十五年一贯制魅力课程体系，积极推进国家、地方、学校三级生物课程的协同发展，形成我校所独有的生物课程特色。一方面，实现课程体系的横向融合，强调课程的统合性和综合性；另一方面实现生物课程的纵向贯通，强调各个学段的无缝衔接，以彻底改变原来不同学段之间的体系断裂现象。课程更加满足学生发展的要求，更加符合学生身心发展的特点，充分发挥生物课程育人的功能，创造最适合学生发展的教育教学模式，为我国基础教育综合课程改革提供范例和鲜活样板。

（一）学校目标

通过初、高中生物课程体系的开发，构建和完善十五年一贯制魅力课程体系，不断提高学校对生物课程的领导、管理和开发能力，满足一贯制、整体化办学需求，实现课程整体育人的功能，全面提升学校的办学品位和教育教学质量。生物课程体系的设计将立足于实践创新的思考，统筹各学段，打破学科壁垒，调动校内外资源，重视"做中学"，实现全科育人、全程育人、全员育人和实践育人。学生在学习的过程中体会成长的乐趣，转变教与学的传统方式，最终实现以多种形式全面开展生物课程的目标。

（二）学生目标

十五年一贯制的生物课程将面向全体学生，着眼于学生全面发展的导向，注重学生理想信念和核心素养的培养，关注学生的生命质量、价值和终身发展的需求，通过选修课、兴趣小组、学生社团等多种形式的课程促进学生的个性化发展。最终实现学校跨学段整体育人以及跨学科综合育人的魅力教育目标。

（三）教师目标

通过课程开发，转变生物教师的传统观念，增强教师学科责任意识，充分发挥生物学科的育人功能，树立从学生需求出发，为学生发展服务的教育意识，不断提升课程研发和实施能力，提高科研水平和创新能力，促进教师专业成长。

四、培养目标

北京实验学校的生物魅力课程总目标是全面提高学生的生物科学素养，获得继续学习和走向社会必需的生物学基础知识和观点，具备科学探究的基本能力及应用生物知识解决问题的能力，具备一定的科学态度和科学精神，具有强烈的生物科学责任感和担当精神。

北京实验学校初中生物学魅力课程的总目标是在小学的自然科学的课程基础之上，更加深入地从个体水平和群体水平认识生物学基本事实、概念、原理和规律；关注相关生物学知识在生产、生活和社会发展中的应用；利用实验室资源培养学生，使他们初步具有生物学实验操作的基本技能、一定的科学探究和实践能力，养成科学思维的习惯；通过多种类型的课程的开发和活动的开展，引导学生理解人与自然和谐发展的意义，提高环境保护意识；最终使学生初步形成生物学基本观点和科学态度，进而全面提高学生的生物学科学素养，获得继续学习和走向社会必需的生物学基础知识和观点，初步具备科学探究的基本能力及应用生物知识解决问题的能力，具备一定的科学态度和科学精神，具有强烈的生物科学责任感和担当精神。

通过初中生物学魅力课程逐步提高学生的生物学科学素养，激发学生学习生物学的兴趣，尊重和促进学生个性发展；帮助学生获得未来发展所必需的生物学知识、技能和方法，提高学生的科学探究能力；在实践活动中增强学生的社会责任感，培养学生热爱祖国、热爱生活、热爱集体的情操；引导学生认识生物学对促进社会进步和提高人类生活质量方面的重要影响，理解科学、技术和社会的相互作用，形成科学的价值观和实事求是的科学态度；培养学生的合作精神，激发学生的发展潜能，提高学生的实践能力。

学生在完成了初中的生物学习之后，具有了生物学的一些基本技能和素养，在此基础之上，高中的生物课程将实现学生在生物学的基本事实和现代科学基本技术的基础之上，关注所学知识在生产生活中的应用，进一步培养学生探索未知世界的兴趣，能够客观理性地认识科学的本质，理解科学、技术、社会的相互关系，以及人与自然的相互关系，逐步形成科学的世界观和价值观；通过多种生物实践课程初步学会生物学科探究的一般方法，创造条件开发生物小课题研究和实验，增强动手能力，使学生具有较强的生物学实验的基本操作技能、搜集和处理信息的能力、获取新知识的能力、批判性思维的能力、分析和解决实际问题的能力，以及交流与合作等多种能力，使高中阶段的学习为走出校门走进高校和走向社会做好必要的准备。

北京实验学校的生物魅力课程总目标总结如下。

（一）生物学科素养

生物学科素养即公民参加社会生活、经济生活、生产实践和个人决策所需要的生物科学知识、探究能力以及相关的情感态度价值观。是一个人对生物科学领域中核心基础内容的掌握和应用水平，以及在已有知识基础上不断提高自身科学素养的能力。

（二）生物学魅力课程的核心素养

生物学魅力课程的核心素养即学生应具有的生物学思想方法、基本技能和情感态度价值观，主要包括生命观念、理性思维、科学探究、社会责任四个方面。

（三）生物学魅力课程的具体目标

1. 生命观念

幼儿阶段：幼儿的生命观念的教学就是生命教育，帮助幼儿认识和理解什么是生命，学会爱护身边的小生命，知道自己是怎么来的，人是怎么没的，保护自己，尊重生命，热爱大自然。

小学阶段：在尊重生命的基础上，掌握基本的紧急求救和自救的方法，关注不同生命的成长过程，体会生命成长的神奇。

初中阶段：从生物体的结构层次、生命活动、生物与环境、生物进化以及生物技术等生物学基本事实、概念、原理和规律的基础知识认识生命的本质。以人体为载体获得有关人体结构、功能以及卫生保健的知识，促进在青春期的少年在生理和心理的健康发展。知道生物在时间的长河中不断的发展变化，各类生物间的区别与联系，知道科学技术在生活、生产和社会发展中的应用及其可能产生的影响。

高中阶段：在初中的基础上从分子水平到细胞水平再到个体水平和群体水平分别在不同层次获得生物学基本事实、概念、原理、规律和模型等方面的基础知识；从系统观、进化观、生态观的角度认识生物科学和技术的主要发展方向和成就；知道生物科学发展史上的重要事件。了解生物科学知识在生活、生产、科学技术发展和环境保护等方面的应用，最终能够成为生物科学知识的进入个人和社会生活的传播者。

2. 实验探究，理性思维

幼儿阶段：培养幼儿的探索欲望，在老师创设的情景故事引导下，幼儿逐步学会通过多种感官感受和观察同一个生物的不同角度，通过阶段性的观察，比较发现生物的变化并表达出来。能够在老师的指导下使用放大镜观察微小的生命或生命结构。

小学阶段：培养学生系统的观察与实验，围绕主题体验实验探究的一般过程，收集资料进行分类整理，对不同的问题猜想和依据，借助简单的工具放大镜、直尺、简单称量工具记录收集数据，根据数据做出判断。

初中阶段：学生初步学会生物科学探究的一般方法：发现问题、做出假设、制订方案、实施方案、收集数据、分析数据、得出结论、准确表述。能够正确熟练使用显微镜等生物学实验中常用的仪器和用具，具备一定的实验操作能力。初步具有收集和利用课内外的图文资料及其他信息的能力。在科学探究过程中发展自主学习能力、合作学习能力、实践能力和创新能力。可以用所学的生物学知识分析和解决某些生活、生产或社会实际问题。

高中阶段：能够正确使用生物研究常用的实验工具；初步学会客观的观察和描述生物学现象；能够利用观察或多媒体等多种渠道收集生物学信息；通过观察或从现实生活中提出与生物学相关的、可以探究的问题；根据探究问题（实验目的）设计合理的实验方案；学会选择、采集和处理实验材料；依据实验方案进行生物学实验的操作；收集数据和证据，运用图表、模型的形式反映实验结果的规律性；掌握生物绘图的一般技能；能够分析问题并与研究问题建立相关联系；根据证据做出合理判断；用准确的术语或直观方法阐明观点；听取他人的意见；利用证据和逻辑对自己的结论进行辩护以及作必要的反思和修改。

3. 社会责任

幼儿阶段：感知生命的成长与变化；在活动中培养孩子的合作、交流、语言、责任心和对劳动成果的尊重。

小学阶段：热爱大自然，爱护生命，保护环境，对自然负责。

初中阶段：了解不同地区的生物资源状况和生物科学技术发展状况，培养爱祖国、爱家乡的情感，增强振兴祖国和改变祖国面貌的使命感与责任感。理解人与自然和谐发展的意义，热爱大自然，对自然充满好奇，学会践行垃圾分类，具有较强环境保护意识。关注与生物学有关的社会问题和热点新闻，理性做出判断与决策。逐步养成良好的生活与卫生习惯和健康的生活态度。

高中阶段：初步形成生物的系统观、生物进化观和生态学观点，辩证看待问题，逐步形成科学的世界观。关注我国的生物资源状况，了解世界生物科学和技术发展现状况，更加热爱环境和家乡，对地球村具有普通一员的使命感与责任感。认识生物科学的价值，乐于学习生物科学，养成质疑、求实、创新及勇于实践的科学精神和科学态度。能正确理解科学、技术、社会之间的关系。理解人与自然和谐发展的意义，树立可持续发展的观念。确立积极的生活态度和健康的生活方式。

（四）"北实"魅力生物课程总体目标

生物课程立足学校"十五年一贯制"的办学优势，从学校实际出发，以满足学生多样化、优质化教育需求，培养学生兴趣和专长，创造更加适合孩子发展的课程，促进学生学习方式的转变，培养以"创新思维与综合能力"的形成为重点、以多元智能发展为特色和优势的优质素质，以提高学生的创新学习能力、团队协作能力、实践调研能力、问题解决能力、讨论沟通能力和自我发展能力六大能力为核心，开拓学生的国际视野，激发学生的学习潜能，并用中国精神和国际视野来思考问题、分析问题和解决问题。让每一位学生全面提升自己的综合素质，使学生人人成才，尽其所长，从而实现课程育人。

五、课程结构

北京实验学校生物魅力课程在幼小初高不同阶段分别设置了不同层次的课程。由于幼儿和儿童阶段的认知和理解能力的限制，幼儿园和小学阶段没有专门的国家课程，小学阶段仅在科学课中有所渗透，但生物科学素养的培养要从小开始就要循序渐进地进行，因此，结合幼儿和小学阶段的特点，将开设种植观察等校本课程，将动手与观察体验结合在一起，从小培养孩子科学素养的养成，也丰富了幼儿园和小学阶段自然体验和经验的积累。初高中阶段将开设相应的生物课程。

北京实验学校的生物魅力课程设置了多样化的课程模块，包括国家必修课程、国家选修课程、校本选修课程、社会实践课程，幼小初高生物学科课程体系结构图见图2-8-1，初中课程结构见《北京实验学校初中生物课程体系》课程结构图2-8-2，高中生物课程结构见图2-8-3。

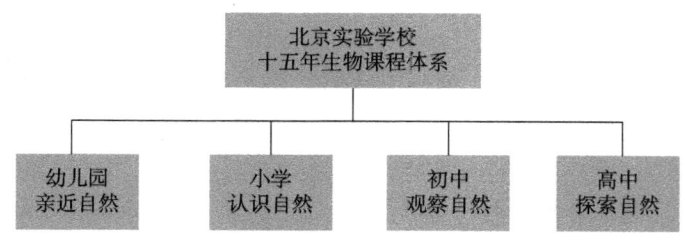

图2-8-1　幼小初高生物学科课程体系结构图

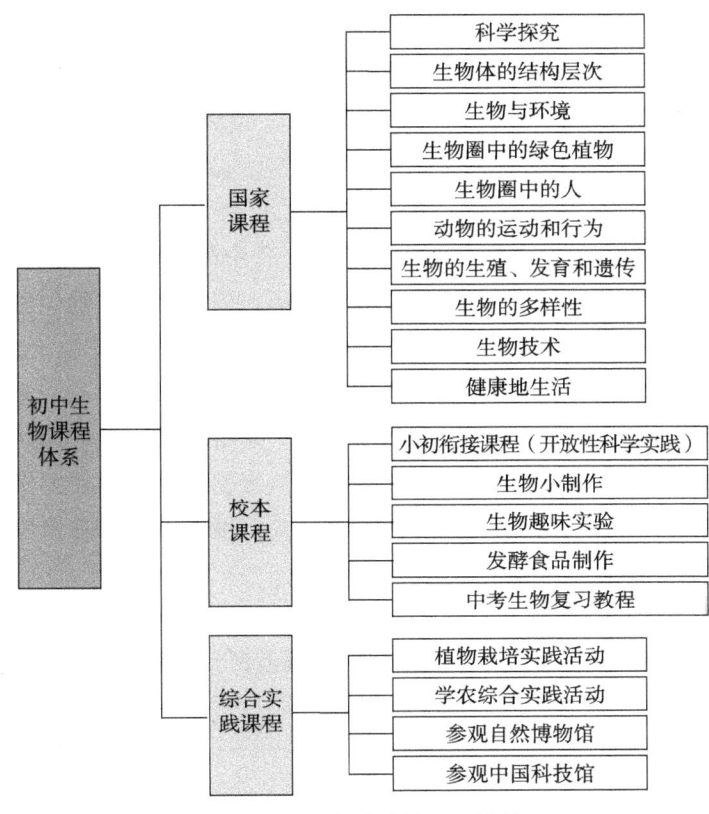

图 2-8-2　初中生物课程结构

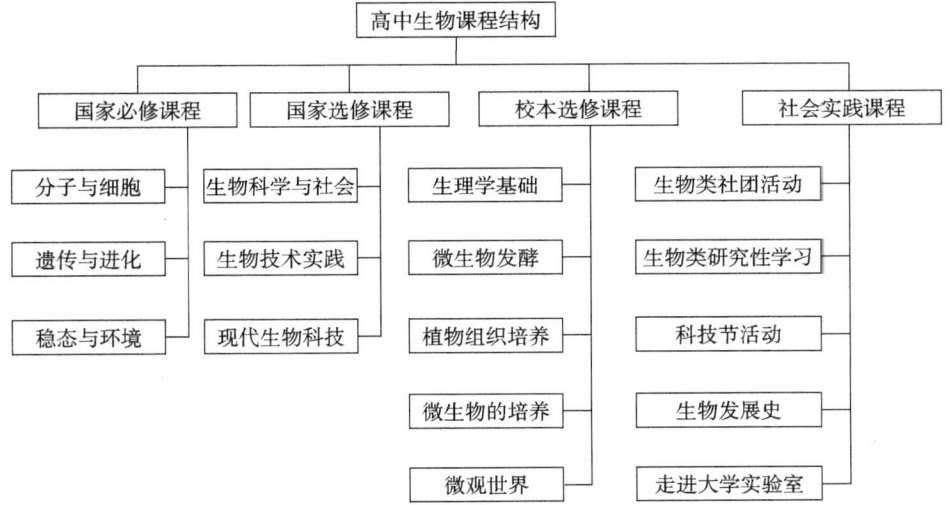

图 2-8-3　高中生物课程结构图

六、课程设置

为了构建我校十五年一贯制的课程体系,生物课程的开设分为幼儿园、小学、初中和高中四个阶段,在幼儿园和小学阶段主要开设亲近与认识自然的校本选修课程,初中课程的详细设置见《北京实验学校初中生物课程体系》课程设置部分(表2-8-1~表2-8-6)。高中阶段是生物魅力课程实施的主要阶段,由若干课程模块组成,分为国家必修、国家选修、校本选修和社会实践课程四类。其中国家必修包括两个模块:《分子与细胞》《遗传与进化》;国家选择性必修是必修课程两个模块《稳态与环境》《现代生物科技》;国家选择性选修一个模块《生物技术实践》。为拓展学生生物学视野,提高学生生物学习能力,为有生物特长和有志于从事生物专业发展的学生提供更广的学习空间,又增加了校本选修课程和社会实践课程,课程设置部分见表2-8-7。

表2-8-1 初中三年课程设置安排表

年级	学期	国家课程	校本课程	综合实践课程
初一	第一学期	生物与环境	小初衔接课程《科学》(生物部分,含开放性科学实践活动)	参观自然博物馆
		科学探究		
		生物体的结构层次		
		生物圈中的绿色植物		
	第二学期	生物圈中的人	生物小制作	学农综合实践活动
初二	第一学期	生物的多样性	微生物小实验	参观中国科技博物馆(生物部分)
		动物的运动和行为		
	第二学期	生物的生殖、发育和遗传	发酵食品制作	植物栽培实践活动
		生物技术		
		健康地生活		
初三		中考生物复习课程(对选考生物学生开设)	无	无

表 2-8-2　初中国家课程内容设置安排表

单元名称	章节名称		课时数
第一单元 生物和生物圈	第一章　认识生物	第一节　生物的特征	1
		第二节　调查我们身边的生物	2
	第二章　了解生物圈	第一节　生物与环境的关系	2
		第二节　生物与环境组成生态系统	2
		第三节　生物圈是最大的生态系统	1
第二单元 生物体的结构层次	第一章　细胞是生命活动的基本单位	第一节　练习使用显微镜	1
		第二节　植物细胞	2
		第三节　动物细胞	1
		第四节　细胞的生活	1
	第二章　细胞怎样构成生物体	第一节　细胞通过分裂产生新细胞	1
		第二节　动物体的结构层次	1
		第三节　植物体的结构层次	1
		第四节　单细胞生物	1
第三单元 生物圈中的绿色植物	第一章　生物圈中有哪些绿色植物	第一节　藻类、苔藓和蕨类植物	2
		第二节　种子植物	2
	第二章　被子植物的一生	第一节　种子的萌发	2
		第二节　植株的生长	1.5
		第三节　开花和结果	1.5
	第三章　绿色植物与生物圈的水循环		2
	第四章　绿色植物是生物圈中有机物的制造者		2
	第五章　绿色植物与生物圈中的碳–氧平衡	第一节　光合作用吸收二氧化碳释放氧气	2
		第二节　绿色植物的呼吸作用	1
	第六章　爱护植被　绿化祖国		2
第四单元 生物圈中的人	第一章　人的由来	第一节　人类的起源和发展	2
		第二节　人的生殖	2
		第三节　青春期	1

续表

单元名称	章节名称		课时数
第四单元 生物圈中的人	第二章 人体的营养	第一节 食物中的营养物质	2
		第二节 消化和吸收	2
		第三节 合理营养与食品安全	2
	第三章 人体的呼吸	第一节 呼吸道对空气的处理	1
		第二节 发声在肺内的气体交换	2
	第四章 人体内物质的运输	第一节 流动的组织——血液	2
		第二节 血流的管道——血管	2
		第三节 输送血液的泵——心脏	2
		第四节 输血与血型	1
	第五章 人体内废物的排出		2
	第六章 人体生命活动的调节	第一节 人体对外界活动的感知	2
		第二节 神经系统的组成	2
		第三节 神经调节的基本方式	2
		第四节 激素调节	2
	第七章 人类活动对生物圈的影响	第一节 分析人类活动对生态环境的影响	1
		第二节 探究环境污染对生物的影响	2
		第三节 拟定保护环境的计划	2
第五单元 生物圈中的其他生物	第一章 动物的主要类群	第一节 腔肠动物和扁形动物	2
		第二节 线性动物和环节动物	1
		第三节 软体动物和节肢动物	2
		第四节 鱼	2
		第五节 两栖动物和爬行动物	2
		第六节 鸟	2
		第七节 哺乳动物	1
	第二章 动物的运动和行为	第一节 动物的运动	1
		第二节 先天行为和学习行为	2
		第三节 社会行为	2
	第三章 动物在生物圈中的作用		1

续表

单元名称	章节名称		课时数
第五单元 生物圈中的其他生物	第四章 细菌和真菌	第一节 细菌和真菌的分布	2
		第二节 细菌	1
		第三节 真菌	2
		第四节 细菌和真菌在自然界中的作用	1
		第五节 人类对细菌和真菌的利用	2
	第五章 病毒		1
第六单元 生物的多样性及其保护	第一章 根据生物的特征进行分类	第一节 尝试对生物进行分类	1
		第二节 从种到界	1
	第二章 认识生物的多样性		2
	第三章 保护生物的多样性		2
第七单元 生物圈中生命的延续和发展	第一章 生物的生殖和发育	第一节 植物的生殖	1
		第二节 昆虫的生殖和发育	1
		第三节 两栖动物的生殖和发育	1
		第四节 鱼的生殖和发育	1
	第二章 生物的遗传和变异	第一节 基因控制生物性状	2
		第二节 基因在亲子代间的传递	1
		第三节 基因的显性和隐性	2
		第四节 人的性别遗传	1
		第五节 生物的变异	2
	第三章 生命起源和生物进化	第一节 地球上生命的起源	1
		第二节 生物进化的历程	2
		第三节 生物进化的原因	2
第八单元 健康地生活	第一章 传染病和免疫	第一节 传染病及其预防	
		第二节 免疫与计划免疫	
	第二章 用药与急救		
	第三章 了解自己，增进健康	第一节 评价自己的健康状况	
		第二节 选择健康的生活方式	
	学习还将继续		

表 2-8-3　初中生物校本课程内容安排表

序号	课题名称	课时数
1	种子发芽	2
2	生态瓶的观察	1
3	蚕的一生	2
4	植物吐水的秘密——观察植物的蒸腾作用	1
5	测定人体呼出气体中含有较多的二氧化碳	1
6	没有土壤也能栽培植物——无土栽培	2

表 2-8-4　校本课程《生物小制作》内容安排

序号	课题名称	课时数
1	动植物细胞模型的制作	2
2	染色体结构模型的制作	2
3	细菌结构模型的制作	2
4	红细胞在毛细血管中运输的模型制作	2
5	小肠绒毛结构模型的制作	2
6	肾单位模型的制作	2
7	呼吸系统模型的制作	2
8	植物双受精过程模型的制作	2
9	肌肉牵动运动模型的制作	1
10	树叶书签的制作	1

表 2-8-5　校本课程《生物趣味实验》内容安排

序号	课题名称	课时数
1	简易生态瓶的制作	2
2	动植物琥珀标本的制备	2
3	DNA 的粗提取	2
4	葡萄果酒的制备	2
5	酵母的显微观察	2
6	探究叶片用哪一面呼吸	1

表 2-8-6　校本课程《发酵食品的制作》内容安排

序号	课题名称	课时数
1	发酵食品的制作原理及营养价值	2
2	制作酸奶	2
3	果酒的制作	2
4	豆包的制作	2
5	面包的制作	2
6	腐乳的制作	2

表 2-8-7　高中阶段国家课程、校本课程及实践课程安排表

年级	学期	国家课程	校本课程	综合实践课程
高一年级	第一学期	分子与细胞	人体生理学基础	生物类社团
	第二学期	遗传与进化	微生物发酵	生物节
高二年级	第一学期	稳态与环境 现代生物科技专题（基因工程）	微生物的培养	参观高校实验室（生物部分）
	第二学期	现代生物科技专题（胚胎工程、生态工程） 生物技术实践	植物组织培养	生物类研究性学习
高三年级	第一学期	分子与细胞、遗传与细胞、稳态与环境、现代生物学技术专题学习和复习	微观世界	生物发展史
	第二学期	高考生物复习课程（对选考生物学生开设）	对自主招生同学开设辅导课程	

（一）高中国家必修课程

高中生物必修课程是生物科学的核心内容，同时也是现代生物科学发展最迅速、成果应用最广泛、与社会和人生活关系最密切的领域，所选内容能够帮助学生从微观和宏观两个方面认识生命系统的物质和结构基础、发展和变化规律以及生命系统中各组分间的相互作用。因此，必修课程对于提高全体高中学生的生物科学素养具有不可或缺的作用。包括《分子与细胞》《遗传与进化》两个部分。

（二）国家选修课程

高中的专业选修课程是为了满足学生多样化发展的需要而设计的，有助于拓展学生的生物科技视野、增进学生对生物科技与社会关系的理解、提高学生的实践和探究能力（表2-8-8）。

表2-8-8　生物选修课程具体内容

体内容	学习建议	课时
3-1 人体的内环境和稳态		
3-1-1 细胞生活的环境	内环境概念；内环境的理化性质；了解人体细胞如何与外界环境进行物质交换	1
3-1-2 内环境稳态的重要性	内环境的动态变化；对稳态调节机制的认识；内环境稳态的重要意义	1
3-2 动物和人体生命活动的调节		
3-2-1 通过神经系统的调节	神经调节的结构基础和反射；兴奋在神经纤维上的传导；兴奋在神经细胞间的传递；神经系统的分级调节；人脑的高级功能	3
3-2-2-1 通过激素的调节	激素调节的发现过程；激素调节的实例；激素分泌的调节；激素调节的特点	1
3-2-3-1 体温调节	神经调节与体液调节比较 通过体温调节综述神经体液调节方法	1
3-2-3-2 水盐调节	了解抗利尿激素的调节过程并提出神经调节的概念	1
3-2-3-3 血糖调节	掌握激素间作用（动物植物共性的）；以血糖为例讨论稳态的意义	1
3-2-4-1 人体免疫系统在维持稳态中的作用	了解免疫的概念和三道防线；说出非特异免疫；说出T细胞和B细胞的产生和分化；说出抗原和抗体的概念；了解体液免疫和细胞免疫	3
3-2-4-2 关注艾滋病的流行和预防	从免疫的角度分析免疫异常疾病	1
3-3 植物的激素调节		
3-3-1 植物激素的发现	生长激素的发现过程；生长素的产生、运输和分布	1
3-3-2 生长素的生理作用	生长素的生理作用；尝试运用生长素促进扦插生根；生长素的作用特点具有两重性；解释背地生长；了解顶端优势	2

续表

体内容	学习建议	课时
3-3-3 其他植物激素	其他植物的种类和作用；植物生长调节剂的作用	1
3-4 种群和群落		
3-4-1 种群的特征	理解种群的概念和特征	1
3-4-2 建立数学模型解释种群的数量变动	学习建立数学模型；关注模型建立的条件；讨论研究种群数量变化的意义	2
3-4-3 群落的结构特征	描述群落的结构特征；群落的物种组成；群落的空间结构	1
3-4-4 群落的演替	理解群落演替的概念；区分原生和次生演替	1
探究活动实验	探究营养液中酵母菌种群数量动态变化 土壤中动物类群丰富度的研究 探究水族箱中群落的演替	（课外）3
3-5 生态系统		
3-5-1 生态系统的结构	说出生态系统的概念和结构	1
3-5-2 生态系统的功能-能量流动	从能量守恒的角度分析生态系统的能量流动	3
3-5-3 生态系统的物质循环	物质循环具有全球性；以碳为例研究碳循环、氮循环、硫循环和水循环	1
3-5-4 生态系统的信息传递	通过实例学习信息传递	1
3-5-5 生态系统的稳定性	知道生态系统稳定性的内容；提高生态系统稳定性的方法	1
3-6 生态环境保护		
3-6-1 人口增长对生态环境的影响	全球性生态环境问题；生物多样性保护的意义和措施	1
3-6-2 保护我们共同的家园	关注全球性生态环境问题；保护生物多样性的内容；保护生物多样性的措施；可持续发展是人类必然的选择	1
实践活动	通过环保宣传活动关注环境、组织生物多样性讲座，收集应用生物技术保护生物多样性的实例	1
4-1 微生物的利用		
微生物的分离和培养	用大肠杆菌为材料进行平面培养，分离菌落	4

续表

体内容	学习建议	课时
研究培养对微生物的选择作用。测定某种微生物的数量	用土壤浸出液进行细菌培养，仅以尿素为氮源，测定能生长的细菌的数量；观察并分离土壤中能分解纤维素的微生物，观察该微生物能否分解其他物质，讨论这类微生物的应用价值	
4-2 生物技术在食品加工中的应用		
发酵食品加工的基本方法	利用酿酒酵母和果汁制酒，再利用乙酸菌由制酒转为制醋、设计并组装简单的生产果酒及果醋装置；腐乳制作，分析制作过程中的科学原理及影响腐乳品质的条件；泡菜制作的基本原理和动手完成泡菜制作过程	6
测定食品加工中可能产生的有害物质	尝试用比色法测定亚硝酸盐含量的变化，并讨论与此相关的食品安全问题。	4
4-3 生物技术在其他方面的应用		
植物的组织培养	用组织培养法培养花卉等幼苗，并进行陆地转移栽培	4
DNA的粗提取和鉴定	掌握DNA粗提取和鉴定的原理，选取适当的材料完成DNA粗提和鉴定	2
蛋白质的提取和分离	以动物血清为材料，提取其中的乳糖脱氢酶并分离其同工酶	2
PCR（DNA多聚酶链式反应）技术的基本操作和应用	用某一DNA片段进行PCR扩增	4
5-1 基因工程		
基因工程的诞生	知道基因工程的发展史；知道基因工程的理论基础和三大工具	4
基因工程的原理及技术	了解技术流程，通过一个实例详解基因工程的过程	4
基因工程的应用	具体实例看基因工程的应用	1
蛋白质工程	了解蛋白质工程的流程，分析与基因工程相比的突破	1
5-2 克隆技术		
植物组织培养	知道组织培养技术的发展史；了解植物组培技术的理论基础是细胞的全能性；复习技术流程；选取实例详解技术过程；举例应用掌握植物体细胞杂交技术流程及意义	6

续表

体内容	学习建议	课时
动物的细胞培养与体细胞克隆	知道动物细胞培养和体细胞克隆的发展史；了解理论；学习基本技术流程，根据实例，详解技术过程，以克隆兰为例详解克隆过程；讨论克隆技术的最新发展	4
细胞融合与单克隆抗体	知道单抗的发展史；了解理论基础；掌握技术流程；详解技术过程；举例应用	2

《稳态与环境》以人体为中心介绍稳态及稳态调节的系统概念，充分体现了学科素养中的健康生物的核心，同时围绕不同层次学习生物的群体范围的稳态调节，充分体现系统的方法论

《现代生物科技》介绍现代生物技术一些重要领域的研究热点、发展趋势和应用前景，以开拓学生的视野，增强学生的科技意识，为学生进一步学习生物科学类专业奠定基础。

《生物技术实践》重在培养学生设计实验、动手操作、收集证据等科学探究的能力，增进学生对生物技术应用的了解。本课程适合继续学习理工类专业或对实验操作感性的学生学习。

（三）校本选修课程

校本选修课程具体内容见表 2-8-9 ~表 2-8-12。

表 2-8-9 校本课程《人体生理学基础》

序号	课题名称	课时数
1	人体是一个统一的整体	2
2	消化系统——物质与能量的获取	2
3	心脏——为血液循环提供动力	2
4	血液循环——为细胞提供营养	2
5	泌尿系统——负责排出废物	2
6	神经系统——产生并传导兴奋	2
7	人脑——对信息的加工与处理	2
8	内分泌系统——参与体液调节	2
9	免疫系统积——极防卫与监控	2
10	生殖系统——助力生命的延续	2

表 2-8-10　校本课程《植物组织培养》

序号	课题名称	课时数
1	细胞的分化和细胞的全能性	2
2	无菌操作技术	2
3	植物组织培养技术之培养基的制备	2
4	植物组织培养技术之外植体的接种	2
5	植物组织培养技术之试管苗的移栽	2

表 2-8-11　校本课程《微生物的培养》

序号	课题名称	课时数
1	微生物的分类	2
2	微生物的实验室培养	2
3	微生物的培养基制备	2
4	微生物的接种和分离技术	2
5	微生物的分离与计数	2
6	微生物与人类的关系	2

表 2-8-12　校本课程《微观世界》

序号	课题名称	课时数
1	微生物的分类、培养	2
2	显微镜下的酵母菌、细菌、霉菌及应用	2
3	微生物遗传物质的提取	2
4	微生物遗传物质的扩增	2
5	微生物的遗传分析	2
6	病毒与人类生活的关系	2

（四）社会实践课程

社会实践课程具体内容见表 2-8-13~表 2-8-17。

表 2-8-13　综合类社会实践课程《生物类社团》

序号	课题名称	课时数
1	果蝇是很好的遗传学材料	2
2	果蝇与遗传的历史	2
3	果蝇的培养与杂交	2
4	果蝇的世代和性状的统计	2
5	果蝇的研究方向	2

表 2-8-14　综合类社会实践课程《生物科技节》

序号	课题名称	课时数
1	生物个性化作业展示	2
2	生物问题论坛	2
3	生物模型制作	2
4	生物记录片展播	2
5	生物前沿技术与生活	2

表 2-8-15　综合类社会实践课程《走进大学实验室》

序号	课题名称	课时数
1	首师大的显微实验室	2
2	植物研究所标本分类馆	2
3	动物研究所细胞培养实验室	2
4	林业研究所的生态研究室	2
5	北京大学的生物分子实验室	2
6	海军总医院的生化实验室	2

表 2-8-16　综合类社会实践课程《生物类研究性学习》

序号	课题名称	课时数
1	探究影响蛋白酶和脂肪酶活性的因素	4

续表

序号	课题名称	课时数
2	北京市癌症发病率的调查报告	4
3	男性与女性骨密度的差异	4
4	探究不同波长的光对植物光合速率的影响	4
5	探究不同药物对水蚤心率的影响	4
6	探究某细菌对不同抗生素的敏感度	4

表2-8-17　综合类社会实践课程《生物发展史》

序号	课题名称	课时数
1	生物发展的一般历史	4
2	北京自然历史博物馆参观	4
3	北京动物历史博物馆参观	4
4	北京古生物博物馆参观	4
5	生物发展史记录片展播	4
6	绘制个性化的生物发展史图例	4

七、课程实施

在幼儿阶段集合儿童的发展水平和认知水平，设计体验观察类的活动进行自然的探索，小学阶段注重以一个话题展开科学的初步探究的培养，初中阶段是义务教育阶段，注重学生的整体发展和社会的需求，生物教学更加关注学生已有的生活经验；更强调学生的主动学习，并增加实践环节。高中阶段我们期望使每一个学生通过学习生物，能够对生物学知识有更深入的理解，对事物发展和变化具有理性思考的能力，能够使他们对今后的生活、卫生保健有更好的指导作用；能够在探究能力、学习能力和解决问题能力方面有更好的发展；能够在责任感、合作精神和创新意识等方面得到提高。高中阶段的生物课程是科学课程，在当代的科学技术领域中，生物科学和技术的发展尤为迅速，成果显著，影响深远。高中生物课程应当与时俱进，以适应时代的需要。我们在吸纳现行高中生物学教育优点的基础上，更尊重学生多样化发展的需求；更贴近社会实际和学生的生活经验；更多地反映生物科学和技术的新进展。我们不同年龄段都将围绕下面几个角度进行课程的实施。

（一）联系生产、生活实际，拓宽学生的视野

生物学科学与生产、生活以及科技的发展有着密切联系，对社会发展、科技进步和人类生活质量的提高有着广泛而深刻的影响。学生会接触到很多与生物学有关的生活问题，我们在教学中注重联系实际，帮助学生拓宽视野，开阔思路，综合运用生物学及其他学科的知识分析解决有关问题。

（二）突出生物学学科特征，更好地发挥实验的教育功能

以实验为基础是生物学学科的重要特征之一。生物学实验对全面提高学生的科学素养有着极为重要的作用。在生物学教学中，我们努力从以下几个方面发挥实验的教学功能：

（1）设计同一个项目内容的学习方案，在不同教育阶段开展不同层级的生物相关实验探究活动。

（2）不同年龄段，利用同一生物材料从不同角度挖掘实验的价值，帮助学生了解生物学概念、生物学原理的形成和发展，认识实验在生物学学科发展中的重要作用。

（3）在高年级引导学生综合运用所学的生物学知识和技能，进行实验设计和实验操作，分析和解决与生物学有关的实际问题。

（三）把握不同课程模块的特点，合理选择教学策略和教学方式

转变学生的学习方式是课程改革的基本要求。我们在教学中注重引导学生进行自主学习、探究学习和合作学习，帮助学生形成终身学习的意识和能力。

（四）组织好探究性学习

教学不仅要使学生获取一定的知识，还要使学生知道获取知识的方法，提高解决问题的能力。在教学中，我们结合教学内容和社会生产生活的问题，提出激起学生好奇的问题，引导学生设计方案解决问题。目的在让学生亲历思考和探究的过程，领悟科学探究的方法。教师在挖掘探究问题和组织探究活动时要注意：探究活动有明确的需要解决的问题。问题要具有激发学生探究的欲望的吸引力，记录学生的学习过程，关注学习成果呈现的过程。探究问题多用准确的动作的疑问句来表达，以便有针对性地完成活动过程的设计；要有值得探究的问题或研究任务，探究的问题越是答案不确定越能激

发学生进行真正的探究规划，为此教师可以用多种方式创设问题情境，鼓励学生提出自己感兴趣的问题，并选择其中最有探究价值的问题作为小组或全班共同研究的课题；探究过程要给学生营造安全的心理环境，鼓励每个学生尽可能多地提出个人的想法和见解，结合证据有逻辑地展开讨论。讨论问题时所有师生都处于平等的地位，在探究和讨论过程中教师应注意保护学生勇于探究的自信心；探究过程不是学习过程唯一的方式。教师要根据不同的教学内容采用多样化的教学方式，如项目设计演示、辩论、模拟、游戏、角色扮演、专题讨论、个案研究等。

（五）加强实验和其他实践活动的教学

教师开发一切资源，经常让学生参与实验和其他实践活动。能做个体实验的就不做演示实验，能做演示实验的就不放视频资源，能放视频资源的就不用语言或图片描述实验，要创造条件使学生身临其境，亲自动手。通过实验和其他实践活动，不仅可以帮助学生更好地理解和掌握相关的知识，有利于他们在观察、实验操作、科学思维、识图和绘图、语言表达等方面能力的发展，也能促进学生尊重事实、坚持真理的科学态度的形成。首先教师要挖掘学校实验室的资源、挖掘大学实验室的资源、挖掘附近医院和社区的资源，逐步完善不同类型生物学实验。生物学教师也应创造条件，就地取材、因陋就简地开设好生物学实验。其次在重视定性实验的同时，也应重视开发定量实验，让学生在量的变化中了解事物的本质。学习实验室能向学生提供机会学习量的多种工具，指导学生实事求是地记录、整理和分析实验资料、定量表述实验结果等。

八、课程评价

我们积极倡导评价目标和评价方式的多样化，坚持更加注重过程性评价，利用综合素质评价平台做好课堂表现、学业成绩、实践活动等过程的记录，制定评价量规，辅助进行定性评价和定量评价，同时权重多层次、多角度、多维度的数据，如学生自评、学生互评、教师评价、学习过程记录、实验报告、纸笔测验相结合，努力将评价贯穿于生物学习的全过程。课程的评价应该以《课程标准》为依据，根据课程目标和具体的教学目标进行，要客观、公正、合理，要从促进学生学习的角度恰当地解释评价数据，以增强学生的学习自信心，提高学生生物学的兴趣，激发学习的动力。评价是日常教学过程中不可或缺的重要环节，是教师了解教学过程、调控教和学的行为、提高教学质量的重要手段。评价以学生发展为本，以生物学课程的内容标准、质量标准为依据，聚焦学科核心素养，促进教师的教和学生的学。

（一）评价原则

评价应遵循"立德树人"的指导思想，重视学生爱国主义情操和社会责任感的形成；评价应关注学生对生物学概念的理解和融会贯通；评价应指向学生生物学核心素养的养成；评价应体现导向性和激励性；评价方式应具有多样性。使评价既促进学生核心素养水平的提升，又推动教师教学水平的提高，实现评价者和被评价者共同发展的目的。

（二）评价内容

评价内容应以课程目标、课程内容和学业质量标准为依据，结合具体的教学内容，以生物学重要概念、骨干知识为依托采用不同方式，多维度地进行开放式为主的评价方法，检测学生生物学核心素养的发展水平。评价的主要内容围绕学生生命观念的建立、学生学科思维的发展水平、学生科学探究能力的提升、学生的社会责任意识形成进行。我们将根据专题式的教学、问题式探讨、生物社团建设等过程入手，规划不同教育过程的评价内容。

（三）评价方式

根据需要评价的不同课型，分别采取不同的评价方式。对于生物学的基本概念和过程和基本图形可以采用传统的知识再现、试卷检测、思维导图等方式进行定量的评价；对于专题式学习，需寻找和设计整合单元知识和应用的学习任务，提前制定任务完成过程的环节，每个环节的评价标准，还要根据评价对象的不同，制定不同层次的评价标准。评价方式的选择，可采用学生自评和互评、小组评和教师评相结合的形式。

评价方法应该多样。例如：利用综合素质评价平台记录学生成长记录；课堂行为观察师生互动、自主学习、同伴合作中的行为表现、参与热情、情感体验和思考的过程；作业练习测验；实践与应用检测；阶段性纸笔检测等。

九、实施保障

（一）建立一贯制课程资源库

学校信息管理中心根据一定的分类标准，将各种信息资源进行纵向和横向的梳理和归类，建设生物课程资源库。资源库中包含北京实验学校自编试题库、授课课件和资源、教师培训参考资料、与教学相关的视频资源、生物专业网站链接、专题资料卡库、优秀生物教学 APP、特级教师开发课程资源、专业文献资料等。也可按照各学段、各年级纵向梳理课程资源库，或通过信息技术把各类资源库整合联系起来，为学校和教师开发课程资源提供多重服务和深度支持。

（二）生物专业实验室建设

生物课程是一门实验实践类课程，高中生物课程需要带领学生进行很多实验，专业性非常强，对实验室的条件要求也很高，因此，我们需要对生物实验室进行功能化建设，如建设"中学分子实验室""组织培养实验室""微生物发酵实验室""数字显微互动教学实验室""常规实验的常规实验室""数字传感器实验室"等功能实验室。根据不同实验室的功能，对其进行不同的实验仪器装备，开展各类生物实验。

1. 分子实验室

主要开展蛋白质的提取、分离和 DNA 的提取、分离、纯化及 PCR 扩增等实验，同时根据学生兴趣爱好，还可以开展许多分子生物方面的课外活动实验，根据此实验室的功能，我们已经配置有：PCR 仪、电泳设备、凝胶成像系统、离心机、微量移液器、电子天平等设备。

2. 组织培养实验室

植物的组织培养，应该配置高压灭菌锅、超净工作台、恒温培养箱、光照培养箱、恒温摇床等设备。

3. 数字显微互动教学实验室

应配备数码显微镜系统，网络交互设备等设备可进行显微镜观察与教学的互动相关实验。

4. 微生物实验室

主要是进行微生物的分离、培养及发酵，需要常备各种培养基的药品、微生物培养和接种器具、灭菌的设备、培养容器等。

（三）一贯制课程资源开发网络和生物课程数字化教学的建设

贯穿幼小初高全体专业教师，勾连校内外教师工作群体，发展学生和家庭的生物课程教育资源，建立一个立体的课程资源开发网络。生物课堂数字化教学是未来学生自主选择课程的一种重要形式，生物教师可依托学校或专业部门的数字教学平台，结合学校的实际情况，对学生实行网络信息化条件下的选课和教学。

（四）教师队伍的培养与建设

采取引进与培养相结合，校内与校外（海淀区教委、北京市教委）相结合、专职与兼职相结合、错位排课、交换轮流等形式，加快提升生物教师队伍的专业化水平，将自然科学教师有效组织，专题方式进行不定期的学科交叉部分的研讨和交流。优化生物教师资源配置，保证各类课程的顺利实施。

（袁伟静　李银乐　王　爽　王　舒）

第 17 章　历史学科一体化魅力课程体系

一、指导思想

历史课程是人文社会科学中的一门基础课程，对学生的全面发展和终身发展有着重要的意义。义务教育阶段的历史课程，是在唯物史观的指导下，弘扬以爱国主义为核心的民族精神和以改革创新为核心的时代精神，传承人类文明的优秀传统，使学生了解和认识人类社会的发展历程，更好地认识当代中国和当今世界。学生通过历史课程的学习，初步学会从历史的角度观察和思考社会与人生，从历史中汲取智慧，逐步树立正确的世界观、人生观和价值观，提高综合素质，得到全面发展。

（一）全面贯彻国际教育改革需求，培养学生的人文素养，特别是历史学科核心素养

21 世纪，随着信息化、全球化时代的到来，世界教育改革的浪潮方兴未艾，以学生核心素养推进教育改革与发展已成为当今世界教育领域的潮流。国际组织、欧美等国家和地区，在教育领域相继建立了学生的"核心素养"模型。为顺应国际教育改革趋势，增强国家核心竞争力，提升我国人才培养的质量，我国教育部于 2014 年印发了《教育部关于全面深化课程改革 落实立德树人根本任务的意见》，明确提出将"发展学生核心素养体系"的研制与构建作为推进课程改革深化发展的关键环节，以此来推动教育发展。历史的学科素养是：唯物史观、时空观念、史料实证、历史解释、家国情怀。根据对核心素养的认识，结合历史学科的特点，特制定、规划历史魅力课程。

（二）全面贯彻和落实国家、市区关于课程改革与建设的文件精神

以课程的丰富、规范、高质量为重点，以"魅力教育"为特色，整体构建十五年一贯制魅力课程体系，使课程更加满足学生发展的要求，更加符合学生身心发展的特点，充分发挥课程的整体育人功能，提升办学品味，促进

学校内涵式发展，办"孩子向往、教师幸福、社会满意"的品牌学校，实现全科育人、全程育人、全员育人和实践育人，努力把学生培养为具有"中国灵魂、国际视野"的现代人。创造最适合学生发展的教育，为基础教育的综合改革提供可资参考的课改实例，提供可借鉴的普适模式的鲜活样板，成为创建中国基础教育现代化的普适品牌。

（三）全面贯彻高中课程标准的要求

通过普通高中历史魅力课程学习，扩大掌握历史知识的范围，深入地了解历史发展的基本线索；对历史唯物主义的基本理论和方法有所了解，初步认识人类社会发展的基本规律，学会运用科学的理论和方法认识历史和现实问题，逐步形成科学的世界观和历史观；树立不断完善自我、为祖国社会主义现代化建设做贡献和关注民族与人类命运的人生理想。

（四）全面贯彻北实的育人目标

培养具有中国灵魂、国际视野的现代人。中国灵魂的培养，家国情怀的塑成离不开历史学科的知识积累，国际视野的养成同样也离不开历史的人文沉淀。

二、背景分析

北京实验学校历史学科的魅力课程是在当前我国"深化教育领域综合改革，落实立德树人根本任务"的大背景下构建的。

时代和社会发展需要进一步提高国民的综合素质，培养创新人才，这对课程改革提出了更高要求，为充分发挥课程在人才培养中的核心作用，使其更好地促进中小学学生全面发展、健康成长，北京实验学校决定"整体构建十五年一贯制魅力课程体系"，也就必然要构建高中历史魅力课程。

美国哥伦比亚大学教育学院历史系的戴安娜·诺维茨教授说："没有历史头脑的民族是健忘的民族，一觉醒来，他们就不知道自己是谁了。"司马迁说过："有国者，不可以不知《春秋》"我国许多伟大的政治家、科学家都具有丰富的历史知识。著名的天文学家竺可桢，正是在研究了我国史志、方志、古诗、游记，掌握了中国古代气候变迁的线索之后，才写出了《中国近五千年来气候变迁的初步研究》这篇著名论文。历史学科的重要性不言而喻。

"十八大"和十八届三中、四中、五中全会明确提出了深化教育领域综合改革、落实立德树人的根本要求，人才强国战略也已深入实施，时代和社会发展需要进一步提高国民的综合素质，培养创新人才，这对课程改革提出了更高要求。教育部印发《教育部关于全面深化课程改革 落实立德树人根本任务的意见》，为落实好立德树人的新要求，全面深化课程改革的近期工作目标是"建成一个体系、确立一个体制、形成一个格局"，即基本建成高校、中小学各学段上下贯通、有机衔接、相互协调、科学合理的课程教材体系；基本确立教育教学主要环节相互配套、协调一致的人才培养体制；基本形成多方参与、齐心协力、互相配合的育人工作格局。

为衡量学生全面发展状况提供评判依据，引导教育教学评价从单纯考查学生的基本知识和基本技能转向考查学生的综合素质。一是强调学生全面、和谐和可持续发展；二是重视全球化视野下国际意识和民族精神的培养；三是关注学生生活世界和学习世界的整合；四是强化核心课程在课程体系中的中心地位；五是注重改进和完善课程评价制度。由此，世界各国开始普遍关注跨学科综合学习、主题化学习及实践活动课程。以实现全科育人、全程育人、全员育人和实践育人。

育人导向更加注重学生理想信念和核心素养的培养：一是关注学生的生命质量和价值，突出终身发展的核心素养。二是关注课程的综合化、主题化发展趋势，强调课程整体育人的功能和价值。三是更加关注学生学习体验、动手实践及创新意识的培养，注重综合实践活动课程及其包含的学科实践活动课程、开放性科学实践活动在课程体系中的地位和作用，突出实践育人的价值。四是更加关注从课堂上减轻学生的课业负担，作业布置的形式及总量均发生较大变化。五是课程更加贴近学生的生活，提供满足孩子现实生活、未来发展的课程，特别关注核心价值观、生涯指导、金融理财素养，突出学生是现实生活中"完整的人"。六是课程适应性的变化，更加注重增加国家课程和地方课程的适应性及课时保障，突出地方、校本课程的时代性、开放性和灵活性。七是明确课程自主权的进一步下放，增大区县和学校的课程自主权，课程结构中大小课、长短课体现更加灵活和契合学校，凸显区域和学校的课程领导力和课程特色。八是学习方式的变化，更加注重学生体验、合作、探究和基于信息技术的学习方式变革，让学生生动活泼地发展。

海淀区要求我们结合教育部深化课程改革，落实立德树人根本任务，从课程建设、课堂教学、综合评价、资源整合建设等多维度出发，围绕高中课改的根本目标和核心工作，开展课程全方面的改革探索，开展课程创新实验，使中小学各学段课程教材体系上下贯通、有机衔接、相互协调、科学合理，培育高质量的海淀教育。

我校是百年老校，原名香山慈幼院，由著名教育家、近代中国慈善之父熊希龄先生创建，是北京市唯一的一所幼、小、初、高十五年一体化基础教育综合改革实验学校。目前，国内尚未有系统的、具有推广价值的十五年一贯制课程体系的研制经验。伴随教育集团化办学发展的趋势，一贯制教育模式的探索，对建立幼儿园、小学、初中和高中顺畅沟通的平台和机制，实现各段教育的默契配合和无缝衔接，实现教育资源共享，优势互补，共同发展。对创造适合孩子一生发展的教育，无疑具有更加重要的现实意义。

初、高中历史组教师中，现有特级教师1人，骨干教师3人，高级教师2人，一级教师3人。优质的师资力量为我们研制并实施十五年一贯制课程体系提供了可能。

三、课程愿景

我校基于创新型人才培养的十五年一贯制的魅力课程体系建设的目标是，运用1～3年时间（2016—2018年），依托十五年一贯制的学制优势，建构"十五年一贯制"魅力课程体系，积极推进国家、地方、学校三级课程的协同发展，并形成我校的课程特色。一方面，实现课程体系横向融合，强调课程的统合性和综合性；另一方面实现课程纵向的贯通性，即强调各个学段的无缝衔接，彻底改变原来不同学段之间的断裂现象，使课程更加满足学生发展的要求，更加符合学生身心发展的特点，充分发挥课程育人的功能，创造最适合学生发展的教育，为我国基础教育综合改革提供可资参考的课改实例，提供可资借鉴的普适模式或鲜活样板，成功创建中国基础教育现代化的普适新品牌。

（一）学校目标

以十五年基础教育综合改革实验为依据，不断提高学校课程领导、管理和开发能力，逐步形成富有北京实验学校特色的"魅力课程"体系，满足一贯制、整体化办学需求，实现课程整体育人的功能，全面提升学校的办学品位和教育质量。

（二）学生目标

通过历史，学习重要的历史知识和基本技能，学习历史思想方法，掌握科学探究的一般方法，提高实践能力和创新精神，提高历史科学素养和整体素养，为成为高素质公民和管理者积累牢固的历史知识储备。

（三）教师目标

通过课程开发，转变历史教师的观念，增强教师学科责任意识，充分发挥历史学科的育人功能，树立从学生需求出发，为学生发展服务的教育意识，不断提升课程研发和实施的能力，提高科研水平和创新能力，促进专业成长。

（四）学科目标

通过课程开发、日常教化和自我积累，而获得历史知识、能力、意识以及情感价值观；能够从历史和历史学的角度发现问题、思考问题及解决问题；能发挥历史课程的育人功能，全面提高学生的人文历史素养及整体素养。

（五）社会目标

课程开发是教育教学的重要内容，是综合实践育人的有效途径。开展课程研学，有利于促进学生培育和践行社会主义核心价值观，激发学生对党、对国家、对人民的热爱之情；有利于推动全面实施素质教育，创新人才培养模式，引导学生主动适应社会，促进形成正确的世界观、人生观、价值观，培养他们成为德智体美全面发展的社会主义建设者和接班人。

四、课程性质与基本理念

（一）课程性质

历史学是研究人类历史进程的学科，是在一定的历史观指导下对人类历史的叙述和阐释。历史研究是人文社会科学的重要基础，承担着"究天人之际，通古今之变"的使命。重视历史、研究历史、借鉴历史，可以使人类增长智慧，更好地了解昨天、把握今天、开创明天。历史学是人类文化的重要组成部分，在传承人类文明的共同遗产、提高公民文化素质等方面起着不可替代的重要作用。探寻历史真相，掌握历史规律，从历史中汲取经验教训，顺应历史发展趋势，是历史学的重要社会功能。

中学历史课程承载着历史学的教育功能。普通高中历史课程是在义务教育历史课程的基础上，进一步用历史唯物主义观点，多角度地反映历史演进的基本过程，展现人类在历史上创造的文明成果，揭示人类历史发展的基本规律和大趋势。普通高中历史课程是促进学生全面发展的一门基础课程，学生通过高中历史课程的学习，进一步拓展历史视野，发展历史思维，提高历史学科核心素养，能够从历史发展的角度理解并认同社会主义核心价值观和中华优秀传统文化，认识并弘扬以爱国主义为核心的民族精神和以改革创新为核心的时代精神,树立正确的世界观、人生观和价值观,为未来的学习、工作与生活打下基础。

(二)基本理念

1. 以立德树人为历史课程的根本任务

历史课程最基本和最重要的教育理念是全面贯彻党和国家的教育方针,切实落实立德树人的根本任务,坚持育人为本、德育为先,使历史教育成为形成和发展社会主义核心价值观的重要途径,努力培养德智体美全面发展的社会主义建设者和接班人。发挥历史学科立德树人的教育功能,使学生能够从历史的角度考察国家的命运和世界的发展,形成现代公民应具有的历史素养和国家历史认同,得到全面、持续的发展,是历史课程所坚持的价值追求。

2. 坚持正确的思想导向和价值判断

历史课程要以唯物史观为指导,对人类历史发展进行科学的阐释,将正确的思想导向和价值判断融入对历史的叙述和评判中;要引领学生通过历史学习,认清历史发展规律,对历史与现实有全面、正确的认识,形成实事求是的科学态度和正确的世界观、人生观、价值观;要增强学生的历史使命感,使学生具有正确的国家意识、民族意识、社会意识、公民意识,以及世界意识和国际视野。

3. 以培养和提高学生的历史学科核心素养为目标

历史课程要将培养和提高学生的历史学科核心素养作为目标,使学生通过历史学习逐步形成具有历史学科特征的必备品格和关键能力。课程结构的设计、课程内容的选择、课程的实施等,都要始终贯穿发展学生历史学科核心素养这一任务。在结构设计上,要在体现基础性的同时,为学生提供多视角、多类型、多层次的学习内容,拓宽历史视野,发展历史素养,提高国家认同,增强历史洞察力。在内容选择上,要注重展现人类优秀文明成果和历史发展大势,精选最基本、最重要的知识,以利于学生获得更多的历史启示。在课程实施上,要有利于教学方式、学习方式和评价机制的转变,将教、学、评有机结合,促进学生的自主学习、合作学习和探究学习,提高创新意识和实践能力。

五、学科核心素养与课程目标

(一)学科核心素养

学科核心素养是学科育人价值的概括性、专业化表述,是知识与能力、过程与方法、情感态度和价值观的整合与提炼,是学生在学完本课程之后所形成的、在解决真实情境中的问题时所表现出来的必备品格和关键能力。历史学科核心素养是学生在学习历史过程中逐步形成的具有历史学科特征的必备品格和关键能力,是历史知识、能力和方法、情感态度和价值观等方面的综合表现,包括唯物史观、时空观念、史料实证、历史解释、家国情怀五个方面。唯物史观是学习和探究历史的核心理论和指导思想;时空观念是了解和理解历史的基础,是认识历史所必备的重要观念;史料实证是学习历史和认识历史所特有的思维品质,是理解和解释历史的关键能力与方法;历史解释是在形成历史理解和认识的基础上叙述历史的能力,是检验学生的历史观和历史知识、能力、方法等方面发展水平的主要指标;家国情怀是学习历史和认识历史在思想、观念、情感、态度等方面的重要体现,是实现历史教育育人功能的重要标志。

1. 唯物史观

唯物史观是揭示人类社会历史客观基础及发展规律的科学历史观和方法论。人类对历史的认识是由表及里、逐渐深化的,要透过历史的纷杂表象认识历史的本质,科学的历史观和方法论是非常重要的。唯物史观使历史学成为一门科学,只有运用唯物史观的立场、观点和方法,才能对历史有全面、客观的认识

2. 时空观念

时空观念是在特定的时间联系和空间联系中对事物进行观察、分析的意识和思维方式。任何历史事物都是在特定的、具体的时间和空间条件下发生的,只有在特定的时空框架当中,才可能对史事有准确的理解。

3. 史料实证

史料实证是指对获取的史料进行辨析,并运用可信的史料努力重现历史真实的态度与方法。历史过程是不可逆的,认识历史只能通过现存的史料。要形成对历史的正确、客观的认识,必须重视史料的搜集、整理和辨析,去伪存真,去粗取精,这是历史学的重要方法。

4. 历史解释

历史解释是指以史料为依据,以历史理解为基础,对历史事物进行理性分析和客观评判的态度、能力与方法。所有历史叙述在本质上都是对历史的解释,区别只是在于解释的正误、深浅。人们通过多种不同的方式描述和解释过去,通过对史料的搜集、整理和辨析,辩证、客观地理解历史事物,不

仅要将其描述出来，还要揭示其表象背后的深层因果关系。通过对历史的解释，不断接近历史真实。

5. 家国情怀

家国情怀是学习和探究历史应具有的社会责任与人文追求。学习和探究历史应具有价值关怀，要充满人文情怀并关注现实问题，以服务于国家强盛、民族自强和人类社会的进步为使命。

（二）课程目标

普通高中历史课程的目标是坚持落实立德树人的根本任务。学生通过历史课程的学习，形成作为现代公民应具备的历史学科核心素养，促进全面发展、个性发展和持续发展。通过历史课程的学习，学生能够掌握以下知识和方法。

（1）了解唯物史观的基本观点和方法，理解唯物史观是科学的历史观；能够正确认识人类历史发展的总趋势；能够将唯物史观运用于历史的学习与探究中，并将唯物史观作为认识和解决现实问题的指导思想。

（2）知道特定的史事是与特定的时间和空间相联系的；能够知道划分历史时间与空间的多种方式，并能够运用这些方式叙述过去；能够按照时间顺序和空间要素，建构历史事件、历史人物、历史现象之间的相互关联；能够在不同的时空框架下理解历史上的变化与延续、统一与多样、局部与整体，并据此对史事做出合理解释。在认识现实社会时，能够将认识的对象置于具体的时空条件下进行考察。

（3）知道史料是通向历史认识的桥梁，了解史料的多种类型，掌握搜集史料的途径与方法；能够通过对史料的辨析和对史料作者意图的认知，判断史料的真伪和价值，并在此过程中体会实证精神；能够从史料中提取有效信息，作为历史叙述的可靠证据，并据此提出自己的历史认识；能够以实证精神对待历史与现实问题。

（4）区分历史叙述中的史实与解释，知道对同一历史事物会有不同解释，并能对各种历史解释加以评析和价值判断；能够客观论述历史事件、历史人物和历史现象，有理有据地表达自己的看法；能够认识历史解释的重要性，学会从历史表象中发现问题，对历史事物之间的因果关系做出解释；面对现实社会与生活中的问题，能够以全面、客观、辩证、发展的眼光加以看待和评判。

（5）从历史的角度认识中国的国情，具有家国情怀，形成对祖国的认同感；能够认识中华民族多元一体的历史发展趋势，形成对中华民族的认同感,具有民族自信心和自豪感;了解并认同中华优秀传统文化,认识中华文明的历史价值和现实意义;树立道路自信、理论自信、制度自信和文化自信;了解世界历史发展的多样性,理解和尊重世界各国、各民族的文化传统,形成广阔的国际视野;能够确立积极进取的人生态度,塑造健全的人格,树立正确的世界观、人生观和价值观。

六、新高考形势下的高中历史课程与策略

(一)背景

2014年9月4日,国务院颁布了历时三年多起草的《关于深化考试招生制度改革的实施意见》。该实施意见增强高考与高中学习的关联度,考生总成绩由统一高考的语文、数学、外语3个科目成绩和高中学业水平考试3个科目成绩组成。保持统一高考的语文、数学、外语科目不变、分值不变,不分文理科。

从国家颁布的改革文件中,我们可以清楚地了解到这次改革改变了以往传统文理分科的考试模式,增强了考试的综合性,也就是说历史科目将会成为一门文理科生混合所学的科目。

随着新高考改革方案的提出和实施,社会各界对高考这一重要的考试有了更多的关注,都在积极地分析和讨论新制度带来的变化。高中历史是学业水平考试总成绩的一个重要组成部分,所以面对改革带来的变化,应做好新高考形势下的高中历史课程与策略。新版历史教材在内容编排上有着很大的亮点和优势,教师在课堂教学过程中需要不断的探索和努力,努力提高学生的历史学习水平。

(二)新高考形式下高中历史课程与策略

1. 优化历史课程,调动学生学习积极性

现在学生使用的历史教材相对以前的教材,每个章节时空跨度大,各个专题之间的联系不大,既有古代史、近代史、现代史,还有中外史合编。在单元与单元之间,还是每个单元内部之间,也就是各课之间都有一定的联系。针对这种情况,教师可以优化历史课程,比如,打乱现有章节,把中国史的内容集中起来讲,让学生对中国史的内容有整体性、延续性、连贯性的认识,从而调动学生学习历史的积极性。世界史亦如此。

新课程倡导灵活运用多样化的教学手段和方法,为学生的自主学习创造必要的前提,以充分发挥学生的主体性、积极性与参与性。

2. 充分利用多媒体手段，活跃课堂气氛

历史是一门时间跨度极大、涉及内容极广、综合性极强的学科，在教学手段的选择上现代信息技术的运用无疑是首选。借用多媒体技术，可以将历史文本、图像、视频、原始资料等多种信息组织成实用性极强的历史教学课件，不但能起到增加课堂容量、突破教学重点、难点的作用，而且还能活跃课堂气氛，培养学生的自主学习阅读、分析的能力。教师应积极主动地去适应、掌握和运用多媒体技术，发挥其优势，为教学服务。

3. 注重过程评价，引导学生积极探究学习

传统教学中，对学生的评价过于单一，而且重结果轻过程，只看考试分数，忽视了学生对学习过程中的丰富感受和体验。新课程强调过程评价，过程评价可以体现在课堂讨论、剧情表演、主题辩论、学生问答、提纲展示、课堂演讲、社团活动、社会调查和社会考察等各种各样的活动中，评价的及时性给学生参与学习的过程添注了积极动力，非常有益于提高学生自主学习、探究学习、合作学习的效能。

4. 注重专题模块教学，明确教学目标

专题式模块教学，直接将学生的思维发展定位于政治、经济、思想、文化等专题模块的学科要求上，既简化了知识架构又缩短了教学过程。对于知识框架，无论纵向知识还是横向知识却都是不能省略的，基本的历史事实、历史事件、历史阶段、阶段特征都应在教学中体现。首先，必须在培养学生能力、新的学习观，尽快适应新课程教学；其次，引导学生阅读课外书籍、上网、复习初中知识，建立专题模块学习的基础，在探究中掌握史实、史论、史法的基本关系，养成自主、合作、探究学习的习惯；另外，应该制订每一节的中心教学目标，即分层次的知识、能力目标和重点难点，要有所取舍，未必面面俱到。

高考对于学生来说是学习道路上的一个重大考验，在当前新高考制度改革的新形势下，要想提高学生的历史学习水平，在高考中取得一个比较满意的考试成绩，高中历史教师就要重点优化课堂教学，运用丰富的教学手段，真正地让学生在历史学习中能够获得更多的知识及能力。

七、课程结构

（一）初高中历史衔接

新课程下，初高中无论课程体系、课程编排、课程深广度还是教法学法

等方面都有巨大差异，在知识和能力衔接上甚至严重脱节。那么，如何使初高中形成合力，共同促进学生成长与课程改革的发展？如何帮助学生克服高中学习初期阶段的疑难，尽快度过适应期？关注和研究初高中衔接非常必要。

1. 初中学情

搞好初高中历史教学的衔接，必须掌握学生在初中的学习情况。

（1）初中生兴趣比较多，初中教材知识面相对较广，个性活泼是目前初中生普遍具有的优点，他们对社会问题、生活问题特别感兴趣，关注较多。课堂学习比较主动，参与意识强，发言比较积极，常常是老师提出一个问题，学生们便踊跃回答，一人答错了，另一人会举手补充；不少学生善于发表自己的见解，敢于提出不同意见。学习讲究互助，喜欢讨论，表达交流能力较强。思维灵活，探究意识强，相当一部分学生能设计一些活动方案，靠自己解决问题。总体而言，综合素质较高，可塑性较强。

（2）知识基础薄弱。学生虽然兴趣广，知识面较宽，但课程重学习过程，重能力，重人文素质教育，不重知识积累。再加上内容上实行中外交叉合编，知识链接广，所以没有形成系统的知识体系；而且事件叙述简要，有的尽是点到而已，非常简化且浅化。相当多的历史事件、历史知识，学生只知道有这回事，即便有所叙述，学生也只知大概。总体看，初中学生缺乏高中新教材预设的基础知识。

（3）学习能力较低。从课程标准的要求来看，能力要求基本上是识记、了解、理解，虽有处理信息能力和评价能力，但要求比较低。而历史学科必备能力，如归纳概括能力、分析比较能力，基于鉴别、鉴赏之上的历史评价能力，基于历史理解之上的历史学科阅读能力，还有处于核心地位的历史思维能力，初中极少要求。思维的深度、广度和严谨度都很欠缺。虽然教材也提供了许多专题探究，但真正组织、指导学生去探究的少之又少，多是从中跳过。从进入高中后的初期学习看，学生基本停留在翻书找答案的简单学习阶段。

（4）学习习惯较差。传统观念造成学生普遍重理轻文（主要指政、史、地），平时考试为考而背，考后自然忘记。从学校到老师、学生普遍不重视。觉得课前预习，课后复习没有必要，日久便没有了预习、复习的意识和习惯。听课一般也是我讲你听，我写你抄，轻轻松松，探究和深入思考越到初三越是稀少。课堂虽然热热闹闹，却华而不实；学生看似跟着老师在转，其实学习比较浮躁。思维简单，一些问题甚至不经思考就脱口而出，对难一点的问题不愿深究，有畏难情绪。

上述学情，是高中教师选择教学方法、进行学法指导的基础和重要依据。

2. 高中学情

高中新教材突破了"知识为本"的传统观念，摆脱了"知识体系"的束缚，改变编年史体例，以"模块"加"专题"的形式，重新整合了知识，形成有层次、多样化的知识结构。主要有以下几个特点：

（1）知识量大。新教材采用大量图片，增加了"资料卡片""学习思考""知识链接"等栏目，使教材焕发出较强的活力，有很好的可读性。但大量的正文信息，"资料卡片""学习思考""知识链接"加上教材每课后面的自我测评、材料阅读和思考，都需要学生花不少时间去阅读，获取信息，进而思考。加之高中新教材打破了历史学科传统、严密的知识体系，采用中外合编的专题式教学模式，跳跃性强，专业性强。学生在学习过程中会出现较大的知识落差。

（2）能力要求高。有的专家将新课改下的历史思维能力概括为：阅读和提取历史信息的能力；分析、综合、比较、归纳、概括历史事实的能力；运用已知信息解决新问题的能力。这些能力要求较之初中大大提高，以第一个能力要求而言，新课程提供了大量的资料卡片和文字阅读材料，其中有许多文言文和译文，读起来拗口、生涩，要求学生不仅要读懂，还要从中提取有效信息，这对于刚升入高中的学生来讲难度很大。

（3）理论性强。高中历史学习要求学生会用辩证唯物主义和历史唯物主义观点分析解决历史问题，这些理论包括：社会存在决定社会意识、原因和结果、现象与本质、共性与个性、形式与内容、必然性与偶然性、普遍性与特殊性、内因和外因、主要矛盾与次要矛盾、生产力与生产关系、经济基础与上层建筑、人民群众与英雄人物等，学生既缺乏对这些概念内涵的理解，也不清楚它们之间的辩证关系，但却要运用它们去分析解决问题；此外，还要求学生通过历史知识的学习和历史现象的分析，揭示历史规律、历史的本质，以及历史的启示等；还要对历史现象和历史事件做定性和定量分析。所有这些都有很强的抽象性。

（4）综合性增强。虽然初中课程整合了历史、人文地理和其他人文学科的部分知识，但侧重于知识的整合，要求低。高中历史需要用语文学科、政治学科和地理学科的某些知识解决历史问题，侧重于能力整合，其难度更大，综合性更强。

综上分析，初高中存在知识、能力和习惯等方面的巨大落差。那么，在高中初期阶段，如何在贯彻落实新课程理念，把握学科教学特色的基础上做好初高中的衔接呢？

3. 初高中衔接策略

课程改革实施以来，我们必须要清楚知道理念不等于接受理念，接受理念不等于落实理念，而新课程发展的核心问题是新课程理念的落实。新课程主要新在思想上，新在方法上。行动受思想、受观念的支配，只有真正落实新课程教学理念，才能真正实现教学方法的转变，才能较好地进行初高中的衔接和进一步开展高中历史教学。

（1）真正落实新课程理念，实现教学目标的衔接。这里的"理念"不是着眼于教师与学生在教学中的角色定位，而是从学科角度谈谈对历史新课程和新课程教学的一些理解，较好地完成与初中课程的对接。

高中历史教学要突出学科特色。普通高中历史课程是"在义务教育的基础之上""进一步培养和提高学生的历史意识、文化素质和人文素养，促进学生全面发展的一门基础课程"。这里的"进一步"讲的就是学科上的衔接，是基于学科特色上的学科知识、学科能力及学科教学目标的衔接。历史学科的终极目标是培养学生识人明己，知往鉴来的能力，培养学生的爱国情感，人文精神，科学精神，人格意志；是用历史的智慧和情感化为学生内在的知识结构和精神支撑。

重视三维目标的落实，这是教育、教学的真谛所在，是有效教学的前提和关键，是我们教学设计的指导依据和指导方向。首先要明确知识与能力，过程与方法，情感态度与价值观是学生要达到的目标。其次要正确认识三维之间的关系，三维不是互相割裂的三个方面，而是一个目标的三个维度，是一个有机整体。他们相辅相成，缺一不可。知识和能力是课堂有效教学的核心，没有知识和能力，过程与方法，情感态度与价值观便成了空中楼阁。知识的获取与重现伴随着相应的能力，一定的能力是学生获取知识的必要手段；同样能力的提升也是建立在相应的知识基础之上，一定的知识是能力形成和提高的基础。知识与能力通过过程与方法来实现，没有过程与方法，就不能达到知识和能力目标，所以过程与方法是实现有效教学的保证。而情感、态度、价值观是在一定的过程与方法中获取知识和能力的同时来实现的，它是有效教学的体现。实际上，为写目标而写或备课不备目标的现象较为普遍。只重知识而忽视能力，更忽视情感、态度与价值观的现象也普遍存在。无论从教学的有效性考虑，还是从历史学科的特点考察，重视三维目标落实应是历史教师的职责所在。

（2）依据课程特点、教材编排和初中学情处理教学内容、选择教学方法。组织课堂教学要注意原则性和灵活性的统一。根据课程标准、学科核心素养的要求实施课堂教学，这是原则性。新教材各版本的共同特点是知识量大，以多种方式呈现，一方面增加了教材的可读性并给学生提供了许多自主学习的材料；另一方面也给教学带来许多困难，尤其是教学进步上的困难。还由于初中生知识储备上的欠缺和高中新教材专题模式的编排，老师在上课时往往要作知识上的铺垫，增加部分知识以补新教材体系上的不足，老师们常常完不成课时教学任务，从而使教学进度的困难进一步增加，这种状况在新课程实施之初尤其突出。

灵活性就是在落实课程标准、学科核心素养的基础上，对教材进行大胆取舍，对教学内容灵活处理，该删的删，需增的增，该调整的调整。新课程采用一标多本，极具开放性，教材不再是唯一的教学资源，只是一种重要资源，只是历史课堂教学的重要依据。这就要求教师在充分了解和把握课程标准、学科特点、教学目标、教材编写意图的基础上，以教材为载体，灵活有效地组织教学。一要善于吸取各版本的精华，四大版本教材各有自己的特点和优点，在比较各版本基础上，抓住各版本共同的知识重点，而对不同版本的各自特点和特殊处理方面采取挖掘其闪光点的方法融合进平时的教学中去，更换教学内容，或者适当增减教学内容等。二是对于知识作依托的理解分析需要补充知识，如学习必修一第一专题中国古代政治制度，必须让学生知道中国古代社会发展的脉络。三是教学指导意见要求掌握但教材却未提及的知识给予补充，如必修二专题一第四课"古代中国的经济政策"中，了解"海禁"政策及其影响，分析中国资本主义萌芽发展缓慢的原因。四是对教材中各种形式的思考题、自测题等，视学生学习情况和学习能力，需要解决再去解决。

参照初中教材，恰当处理教学内容。初中教材对绝大多数知识点只是点到，但少量知识点叙述比较详实，还专门配有专题探究，补充材料，设置探究问题，比如"中美关系的改善""冷战"等。了解初中教学内容，对我们较好地处理高中教材内容、选择教学方法是有帮助的。

（3）研究教材，重视和落实教学内容的整体性。

首先，要有全模块意识，整体安排教学内容，即对每一个模块的教学内容，要注意整体的考虑和设计。在高一教学实施过程中，尽管有学科教学指导意见作教学依据，老师们还是感到内容多、时间紧，赶进度现象依然严重。怎样解决这个问题，改善这种现象呢？那么备课时，首先要做的不是对着一个个的40分钟来设计，而是就一个模块及学时的整体考虑。如何合理地搭配合理地调控，某一些内容需用多少学时，还有学生的活动等，都要充分考虑。只有这样，才能较好地解决教时有限，内容较多这个突出的矛盾。

其次，依托教材，对内容进行整合，帮助学生构建知识体系，使知识系统化、完整化。布鲁纳说："务必教诸学生以基本结构。"知识结构化和系统化，能把多而杂的知识变得少而精。历史的两个基本特点是时序性和全面性，这就要求学生对历史纵横两方面的概貌都有一个整体感知和把握。新教材的专题式编排基本以纵向为主，围绕一个主题展开叙述分析，体现了历史发展的时序性特点。对每一专题，教师都有必要指导学生进行单元小结，高屋建瓴，形成整体框架。

将知识连成线、结成网的结构图，不仅帮助学生克服遗忘，还可增进对该专题知识的理解和引发更多的思考。同时可对模块中的专题作适当调整，比如必修一，第一专题"古代中国的政治制度"、第三专题"近代中国民主革命"、第四专题"现代中国的政治建设和祖国统一"都是叙述中国政治制度建设和创新的，可以把他们放在一起来教学，有利于学生对此内容形成比较完整的认识。

新教材从政治文明、经济文明、思想文化文明三方面展现人类发展文明史的精华。但教材的模块化，使原本一个完整的知识，一个完整的历史事件被人为地割裂，放入政治、经济、思想文化不同的模块和专题中，不仅变得支离破碎，而知识重复现象也多出现。以中国现代史为例，如"三大改造""中共八大""十一届三中全会""中共十五大"等，必修一和必修二基本列作重点知识，虽然从不同角度进行了阐述，但却把完整的知识人为地割裂成几部分，像"十一届三中全会"在必修三还会提到，所以教学时，在条件许可的情况下，教师需要帮助学生把这些破碎的知识进行修复，进行整合，使学生头脑中对一历史事件形成完整的概念。

上述所说，模块+专题式编排，割裂了一些完整的事件，不仅如此，也缺少了一些历史事件的背景叙述，学生对某一阶段的特征非常模糊。在教学时教师要对教材进行补充和灵活整合，指导、帮助学生对一个历史时期政治、经济、文化概况进行横向的归纳总结，构建一个阶段历史发展的框架，有助于对该知识点的深入理解。比如学习模块三专题一第一课"百家争鸣",其背景是春秋战国时期的社会大变革,那么应让学生理解春秋战国是怎样一个社会大变革时期,把历史发展的阶段性特征呈现给学生,从而使学生对某一知识深入理解并形成整体而全面的认识(图2-9-1)。

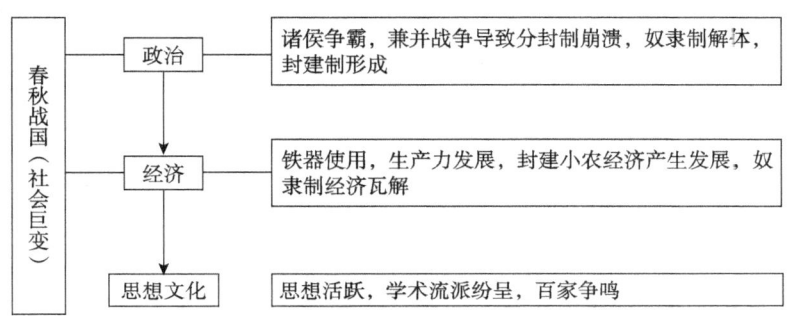

图2-9-1　春秋战国时期历史发展框架

(4)教学设计要关注生活,关注现实。教师的作用是什么?我想很重要的一点就是通过我们的教学,能够把学生原有的生活经验和生活体验,进行深化,上升到理性的高度。我们的教学设计就要强调从学生的实际经验、生活经验、从他们最关注的一些问题出发,创设情境,引发思考,理解问题。比如学习《辛亥革命》这课,通过图片清朝官袍和中山装来体现革命前后的变化。清朝不同级别的官员,其官袍上绣的动物也不相同,实质上体现了封建等级制度,相比而言,中山装设计的简洁明快,朴实大方恰好说明辛亥革命后人们的平等观念,中山装前身的五粒扣子体现了行政、立法、司法、考试、监察五权分立原则,袖口的三粒扣表示民族、民权、民生三民主义。又如,学习《罗马人的法律》一课,通过设计罗马不同发展时期的系列案例来反映罗马法的发展和罗马法的内容。课堂生活化,让学生走近历史,让远离现实、难以理解的历史引起学生的兴趣和情感的共鸣,从而激发学生的兴趣和学习积极性。

(5)注重学法引导,养成良好的学习方法和学习习惯。

上好初高中第一堂起始课,一是让学生初步明确历史学科的地位,改变其传统观念;二是使学生初步了解学习历史的要求和学好历史的基本方法,为其接下来的历史学习作好铺垫。

首先,指导和督促学生养成良好的学习习惯。首先,教师要指导学生预习。新教材信息量大，呈现方式多样，有文字、图片、表格，还配有知识连接和资料卡片，这些预习时都要关注。经过预习才会了解本课的知识点，才有可能发现自己难以理解的地方，以便听课时特别关注。

其次，指导学生听课，做到眼、脑、手、口并用，既要认真听课，注意老师是怎样提出问题的，又是以怎样的思路、方法、步骤来解决问题的，积极思考，积极发言，又要及时作好笔记。

再次，督促学生及时复习。根据遗忘曲线，识记后的两三天，遗忘速度最快，然后逐渐缓慢下来。因此，对刚学过的知识，应及时复习，所谓"趁热打铁"，学过即习，方为及时。随着记忆巩固程度的提高，复习次数逐渐减少，时间可以逐渐加长。最忌在学习之后很久才去复习，这样，所学知识会遗忘殆尽，就等于重新学习，其掌握的难度和用时都大大增加。

引导学生掌握一般历史学习方法。高中学生课业负担重，完成各科作业几乎用上全部的课余时间，好的学习方法和学习技巧对学生实在太重要了，它可明显减轻学生负担，起到事半功倍之效。另外，初中学生喜欢死记硬背，囫囵吞枣，不注重理解、分析、推理和归纳，高一新生对于历史学习，还处于摸索阶段，对他们的学习方法和学习技巧的点拨尤为重要。比如研究问题要论从史出，史论结合。比如原因分析法，要关注分析的角度，可从政治、经济、军事、思想文化等方面分析；也可按内因、外因（或主观原因、客观原因）去分析；又可按特点操作法从构成事件的要素考虑，像分封制，就要考虑分封的目的、内容（对象，受封者的权利和义务，分封的方法）、作用等。有了恰当适宜的方法，他们将加快适应高中学习，并可能会受益终身。

倡导自主探究和合作交流，发挥学生主体性。合作学习理论的倡导者认为"在课堂上，学生之间的关系比任何其他因素对学生学习的成绩，社会化和发展的影响，都更强有力。"高中学习强调的不仅仅是信息的量，还要强调理解、思维阐释和运用的质，因此更需要自主探究和交互式的学习方式。而课改生的优点为实施自主探究学习和合作交流学习提供了很好的条件。为此，高一老师要做好以下几件事：要保护学生课堂发言的积极性，鼓励学生发言，并找出他们发言的闪光点及时加以肯定；要营造民主开放的课堂，只有在开放的课堂中，学生才会思想活跃、思路开阔，才会开启发散思维，激活学生思维的灵感；要鼓励学生与教师间的平等对话和交流，敢于向教师质疑；要倡导学生之间为促进学习而进行的各种讨论和合作；要创造机会让学生参与课堂教学，如角色扮演等，创造机会让学生收集、整理、分析历史信息并得出结论；布置作业时要设置一些开放性试题等。我想唯其如此，才使历史不再那么遥远，历史学习不再令人生厌，从而焕发出历史学科的生命力。

（二）初高中历史课程结构

1. 设置初高中设计历史课程结构的背景

北京实验学校是十五年一贯制，从总体上来，目前国内尚未有系统的、具有推广价值的十五年一贯制课程体系的研制经验。一些学校在探索过程中，也往往缺乏顶层设计，没有提出具有统领性的指导思想，也没有统一的设计原则、标准等，导致课程体系的建设自发性和随意性强。各学段之间的衔接课程不完善，综合实践活动课程开设散乱，缺乏统一管理，随意性较强。校本课程的开发虽然涉及学科广泛，覆盖面广，内容丰富，形式多样，但多为一个学期的短期课程，课程纵深不够，长期具有连续性的课程建设少之又少，不利于学生兴趣特长的深入培养。

我校十五年一贯制课程体系呈现横向集群、纵向贯通、纵横交织的特点。横向集群强调课程要素范围的广泛性和多样性，以"创新素养"的养成为课程设计的中心指向，逐层向外扩散课程知识的内容范围，不断增强知识呈现形式的灵活性，形成一套同心圆式课程结构框架，包括基础课程、拓展课程、融通课程、探究课程、活动类及特色类课程等六类课程，纵向组织强调各学段课程之间的衔接和贯通，注重连续性和一贯性（图2-9-2）。

2. 设置初高中设计历史课程结构的主要依据

（1）普通高中课程方案的相关要求。历史课程的设计要符合普通高中课程方案的规定，并考虑到与初中、大学相关专业的衔接，依据学生发展的多元需求、学分结构、课程内容选择原则，既要为全体学生的终身发展打好共同基础，又要有助于学生的个性发展和专业发展。

（2）历史学科核心素养。将历史课程结构的构建与学生历史学科核心素养的发展紧密结合起来，使课程类型及其布局有利于学生历史学科核心素养的不断提升，使高中历史课程的育人价值得以更为充分的体现（图2-9-3）。

（3）历史学科发展的前沿成果。注意吸收历史研究的新成果，使课程内容体现出历史学科的发展，在此基础上，精选基本的、重要的史事，并为学生提供认识历史的多个角度；课程内容不苛求面面俱到，而应注重引导学生对历史的探究。

（4）课程改革的成功经验和国际历史教育的优秀成果。在充分吸取近年来历史课程改革成功经验的基础上，注意解决新问题，使课程结构的设计更有利于改革的不断深化，顺应国际历史教育改革与发展的趋势，体现鲜明的中国特色。

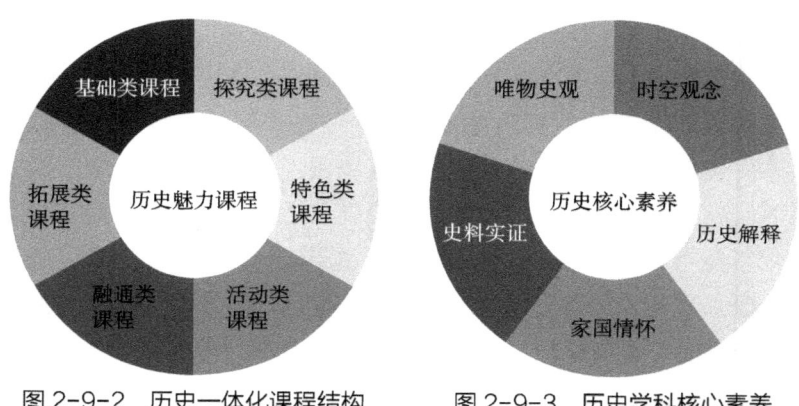

图 2-9-2　历史一体化课程结构　　　图 2-9-3　历史学科核心素养

3. 初高中一体化课程结构

（1）学科基础课程：基础型课程强调促进学生基本素质的形成和发展，体现国家对公民素质的最基本要求。基础型课程由各学习领域体现共同基础要求的学科课程组成，是全体学生必修的课程。

在初中历史课程的基础上，根据普通高中教育的性质、任务以及课程目标和基本要求，遵循时代性、基础性、多样性和选择性的原则，规定适合高中学生学习的课程目标和学习内容，为其进入社会和高一级学校奠定基础。

高中历史课程由必修课和选修课构成。高中历史必修课分为历史（Ⅰ）、历史（Ⅱ）、历史（Ⅲ）三个学习模块，包括25个古今贯通、中外关联的学习专题，分别反映人类社会政治、经济、思想文化、科学技术等领域的重要历史内容，是全体高中学生必须学习的基本内容。

通过历史必修课，学会从不同角度认识历史发展中全局与局部的关系，辩证地认识历史与现实、中国与世界的内在联系；培养从不同视角发现、分析和解决问题的能力；培养健康的情感和高尚的情操，弘扬民族精神，进一步提高人文素养，形成正确的世界观、人生观和价值观。

1）历史必修一着重反映人类社会政治领域发展进程中的重要内容，共有9个专题。

政治活动是人类社会生活的重要组成部分。它与社会经济、文化活动密切相关，相互作用。了解中外历史上重要政治制度、重大政治事件及重要人物，探讨其在人类历史进程中的作用及其影响，汲取必要的历史经验教训，是高中历史学习的基本内容之一。

2）历史必修二着重反映人类社会经济和社会生活领域发展进程中的重要内容，共有 8 个专题。

在人类发展进程中，经济活动是人类赖以生存和发展的基础，它与社会生活息息相关，并在社会政治、文化的发展中起决定作用。了解自古以来中外经济的发展和社会生活的变迁，以及人类为发展社会经济、改善生活所做出的努力，进一步加深对人类社会发展进程中经济和社会生活领域的认识，是高中历史学习的基本内容之一。

3）历史必修三着重反映人类社会思想文化和科学技术领域的发展进程及其重要内容，共有 8 个专题。

思想文化活动是人类社会生活的重要内容。在漫长的历史发展进程中，人类的思想文化经历了由低级向高级发展的历程，并呈现出多元化的特征。在这一过程中，不同特色的思想文化相互碰撞、相互交融，共同发展。了解中外思想文化发展进程中的重大事件、重要现象及相关人物，进一步从思想文化层面了解人类社会发展的基本特征，是高中历史学习的基本内容之一。

（2）国家级选修课程：高中历史选修课是供学生选择的学习内容，旨在进一步激发学生的学习兴趣，拓展学生的历史视野，促进学生个性化发展。历史选修课分为历史上重大改革回眸、近代社会的民主思想与实践、中外历史人物评说等模块。

1）选修 1：历史上重大改革回眸。

人类历史是一个复杂的社会演进过程。人类社会自产生以来，改革就与社会进步相伴而生。因此，学习和掌握历史上重大改革的史实，有利于学生认识人类社会的发展规律。

通过学习，了解改革的历史背景和进程，改革的复杂性与多样性，科学地认识和评价改革，理解历史发展的多样性；学习改革家坚强不屈的意志，增强对社会的历史责任感，进一步认识我国改革开放的伟大意义。

2）选修 4：中外历史人物评说。

在人类历史发展中，涌现出一大批重要历史人物。他们是特定时代的产物，并以其各自的个性和活动，从不同侧面有力影响了人类历史的发展进程。了解这些历史人物及其主要活动，探究他们与时代的相互关系，科学地评价其在历史上的作用,是历史学习的一个重要内容,也是现代公民必备的人文素质之一。

通过学习,认识历史人物所进行的各项重大活动既受到历史环境的影响和制约,同时又与其个人的主观因素密切相关;掌握科学评价历史人物的一些基本方法,把历史人物置于特定历史条件下,进行具体分析,尤其要关注个人在历史发展进程中所起的作用,正确认识个人与社会、个人与自然的关系;从杰出人物的嘉言懿行中汲取历史智慧和人生经验,进而确立强烈的历史使命感和社会责任感。

必修课每个模块为36学时、2学分,共108学时、6学分。选修课每个模块为36学时,2学分;学生可根据自己的兴趣,任选若干个模块;人文社会科学方向发展的学生,选修3个模块。历史课程体系见表2-9-1。

表2-9-1 历史课程体系

历史课程体系													
必修课程			选修课程			校本选修课程					实践类课程		特色类课程
必修一	必修二	必修三	选修一	选修二	选修三	服装的历史与文化	经典老歌传唱	高中历史会考宝典	传统文化与故事	文物鉴赏与收藏	文物古迹参观	历史社团	写历史大赛	研学课程	校史

(3)探究类课程:旨在开拓学生视野、启发思想、懂得生活情趣,具有人文情怀的特质。优化教学进程与整合教学内容:以历史高中学习通盘考虑为出发点,以培养具有国际视野的现代公民和为高一级学校输送人才为宗旨,全面优化历史教学进程,整合高中历史教学内容,以培育学生的主体意识、完善学生的认知结构、提高学生自我规划和自主选择能力为宗旨,着眼于培养、激发和发展学生的兴趣爱好,开发学生的潜能,促进学生个性的发展和学校办学特色的形成,是一种体现不同基础要求、具有一定开放性的课程。

包括高一高二学生选修的《服装的历史与文化》《经典老歌传唱》《传统

文化与故事》《文物鉴赏与收藏》，高二学生选修的《高中历史会考宝典》。

下一步，根据高中历史教研组的师资状况，也为了进一步弘扬传统文化，注意加强学生的品德培养，形成正确的人生观、价值观，在培养和加强学生人文学科的素质和能力的同时，发掘适合基础教育阶段的中华优秀传统文化精髓。因此，高中历史组教师预计明年开设新选修课《晚清70年》《中国当代外交史》《高中历史学法指导》。

（4）特色类课程：北京实验学校的前身是香山慈幼院，近百年的历史，为社会贡献出无数合格的建设者、优秀的领导者，设校史选修不仅起到了宣传学校的作用，更让全校师生有一种归属感、成就感。

忆往昔是为了更好地展望未来，"北实人"继承熊希龄先生"面向社会，全面育人，追求高水平教育"的平民教育思想，并不断创新，确立了自己的办学目标：依法治校，以德立校；育人为本，开拓创新；服务社会，追求卓越，使师生共同学习，共同进步，共同发展。形成"尊重每一个学生的成长，以人的发展为本，为国家培养合格的建设者，并为高等院校输送优秀人才"的培养目标和"明理、诚信、博学、笃行"的良好校风。

坚持面向时代追求教育高水平的办学思想，继续贯彻素质教育方针，深化教育课程改革，注重教育创新，提升教育质量。通过引进特级教师、博士，构建良好的师资队伍，改善学校教师和学生的工作学习条件和学习生活环境，以最新的教育教学方法加上师生共同努力，争取成为创建中国基础教育现代化的普适品牌。

（5）融通课程：我校融通课程体系是指依托我校十五年一贯制的学制优势，为实现我校提出的培养"具有中国灵魂，国际视野的现代人"的育人目标，所构建的横向融合、纵向贯通的，既能实现幼小初高四个学段无缝链接，又能促进各学科知识的整体融合的课程体系。

具体包括以下两层含义：

一是强调课程间的横向整合，即针对当下教育领域中各学科课程存在的割裂和对立问题，通过多种学科的知识互动、综合能力培养，促进师生合作，实现以人为本的新型课程发展，在课程结构、课程内容、课程资源以及课程实施等各个方面实现一定程度的整合，从而促进课程整体的变革。

二是强调课程的纵向贯通，是指发挥我校十五年一贯制学制优势，建设各学段的融通课程，促进学段间的有效衔接，同时加强纵贯幼小初高的一体化校本课程的建设，使课程目标、课程内容、课程实施和课程评价等方面均能体现出进阶性、整体性和一贯性。

三是"1+3"课程的整合贯通。2016年起，北京市将开展"1+3"培养改革试验，旨在进一步打通学段壁垒，形成多种形式的一贯制培养模式。北京实验学校成为"北京市'1+3'培养模式改革项目"首批试验学校，并将于2016年7月首次面向海淀区初二年级招生60人，成立两个"1+3"项目实验班，试验4年制连贯培养模式，使海淀区就读初二年级的学生，免试中考，直接享受高中优质教育，进一步优化资源，提高学习效率。

（6）进一步开发综合实践活动课程：综合实践活动作为新课程中国家规定的普通高中必修课程，是一门引导学生从自身生活和社会生活中发现问题，开展多样化的实践学习，注重知识和技能综合运用的实践性课程。总体目标是引导学生在实践学习中获得积极体验和经验，形成对自然、社会和自我之内在联系的整体认识；体验并初步学会问题解决的科学方法，具有问题意识，发展良好的科学态度、创新精神、实践能力；形成强烈的社会责任感，具有良好的个性品质。综合实践活动的实施，应该引导学生在实践中学习，在生活中实践。倡导学生主动学习、乐于探究、勤于动手，引导学生经历多样化实践学习活动的过程，经历问题探究、问题解决的基本方法和过程。

学科实践活动旨在使学生通过亲身实践，综合培养人文、科学素养，培育学生树立正确的人生观、价值观，提高综合运用知识解决问题的能力、交流与合作的能力、创新意识与实践能力。

结合校情，依托各种活动，引导学生纵深感受、体验和传承传统文化价值，避免简单诵读、复古表演等形式。

综合实践活动的实施要切实转变单一的学习方式，引导学生开展调查研究与访问、实验研究与观察、社会参与与服务、信息收集与处理等多种实践学习活动，体现学习方式的多样性，初步学会实践学习的方法。比如去熊希龄故居参观这种以研究为主的实践活动，包括制订方案、调查、访问、观察、实验、统计、信息收集与处理等。

再比如丰富多彩的社团活动，还有教师带学生参加中学生写历史大赛，提供给学生在复杂、有意义的情景中发展自己能力的机会，表现更加优秀。课程广泛涉猎不同的学科领域，拓宽知识基础，实现不同学科领域间的融合，培养创新信息、媒体和技术，生活和职业技能等二十一世纪核心技能；培养学生成为独立思考、敢于质疑、善于合作、勇于探索而全面发展的人。

(三) 课程评价

《基础教育课程改革纲要》中对评价问题做出了明确的规定,"要建立促进学生发展的评价体系,要发现和发展学生多方面的潜能,帮助学生认识自我,建立自信,发挥评价的教育功能,使学生在原有水平上的发展"。这就要求我们树立新的十五年一贯制评价标准和观念,以"创造适合学生发展的教育",适应新课程改革和素质教育的需要。

1. 课程目标与课程方案的评价

包括课程目标是否科学、合理、可行;课程规划方案是否符合国家课程的要求;课程资源是否符合课程开发的需求;教师的专业素养是否达到课程的要求;课程结构和门类是否合理;课程资源与条件是否充分;课程组织实施是否合理有效等。

2. 课程实施过程的评价

主要是对课堂教学过程的评价,包括对教师的评价和对学生的评价。对教师的评价涉及教学目标的设定是否合理科学;教学内容的组织是否恰当有效;教学方法的运用是否灵活适当;师生互动是否充分;课程实施的效果是否达到了预定的目标。对学生的评价主要包括学生的学习兴趣、学生学习的感受、学生的课堂参与程度等。

3. 课程实施效果的评价

主要评价课程目标的达成度、学生的发展情况、学生的满意度,以及其他方面的实施效果评价。

4. 指导思想

要突出评价的发展性功能和激励性功能,重视对学生学习潜能的评价,立足于促进学生的学习和充分发展,为"适合学生的教育"创造有利的支撑环境。

5. 评价主体

调动学生主动参与评价的积极性,改变评价主体的单一性,实现评价主体的多元化;建立由学生、家长、社会、学校和教师等共同参与的评价机制。

总之,全面贯彻落实国家、市区关于课程改革与建设的文件精神,以课程的丰富、规范、高质为重点,以"魅力教育"为特色,整体构建十五年一贯制魅力课程体系,使课程更加满足学生发展的要求,更加符合学生身心发展的特点，充分发挥课程的整体育人功能，提升办学品位，促进学校内涵式发展，办"孩子向往、教师幸福、社会满意"的品牌学校，实现全科育人、全程育人、全员育人和实践育人，努力把学生培养成为具有"中国灵魂、国际视野"的现代人。创造最适合学生发展的教育，为基础教育综合改革提供可资参考的课改实例，提供可资借鉴的普适模式或鲜活样板，成功创建中国基础教育现代化的普适新品牌中的精品。

（邓朔先　赵胜男　荀燕洁）

第18章 地理学科一体化魅力课程体系

一、指导思想

地理课程是从兼顾社会、学科和学生这三个方面的因素出发，谋求基础性、时代性、选择性的互相统一和渗透整合，并力图将这一指导思想贯穿于整个地理课程的框架设计、目标制定、内容选择、标准拟定、活动安排以及课堂教学方案设计和教学评价体系构建之中。

二、背景分析

地理学科是反映地理科学发展、适应社会生产生活需要的课程。引导学生关注全球问题以及我国改革开放和现代化建设中的重大地理问题，弘扬科学精神和人文精神，培养创新意识和实践能力，增强社会责任感，强化人口、资源、环境、社会相互协调的可持续发展观念，这是时代赋予地理教育的使命。

近年来，学校以魅力教育为核心，以培养具有"中国灵魂、国际视野的现代人"为目标，紧紧围绕五大核心素养（语言与文学、自然与科技、体育与健康、艺术与审美、实践与创新），统筹各学段、各学科、各方参与人员和资源，开发和建设了系列课程，形成了基础型、拓展型、探究型三类课程体系，满足了不同类学生的学习需求，逐步形成了自己的特色，有效地促进了学生综合素养的提升。

三、课程愿景

（一）学校目标

以十五年基础教育综合改革实验为依据，不断提高学校课程领导、管理和开发能力，逐步形成富有北京实验学校特色的"魅力课程"体系，满足一贯制、整体化办学需求，实现课程整体育人的功能，全面提升学校的办学品位和教育质量。

（二）学生目标

通过科学设置课程，合理配置资源，满足学生发展需求，培养学生的实践能力和创新精神，全面提升学生的综合素养，培养"具有中国灵魂、国际视野的现代人"。

（三）教师目标

通过课程开发，转变教师的观念，树立从学生需求出发，为学生发展服务的教育意识，不断提升课程研发和实施的能力，提高科研水平和创新能力，促进专业成长。

四、培养目标

（一）地理课程理念

（1）培养未来公民必备的地理素养（学习对生活有用的地理）。
（2）满足学生对不同的地理学习内容需要。
（3）倡导自主学习、合作学习和探究学习。
（4）强调信息技术在地理学习中的应用。

（二）地理课程总目标

义务教育阶段地理课程的总目标是：掌握基础的地理知识，获得基本的地理技能和方法，了解环境与发展问题，增强爱国主义情感，初步形成全球意识和可持续发展观念，特别是近几年提出的地理核心素养。

地理素养是指学习者经过地理学习后所养成的比较稳定的心理品格，包括地图技能、空间视角、综合思维、人地观念、地理实践力。

1. 地图技能

地图既是地理学习的重要内容，又是地理学习的重要工具。现代地图学知识素养相当丰富，既有传统的纸质地图，又有现代的电子地图。引导学生把握地图"三要素"，且能从地图中获取、整理和运用地图信息来分析解决地理问题，是中学地理教育的主体任务之一。也就是说，中学地理课程中的识图、绘图、用图能力的培育应是地理素养的关键所在。

2. 空间视角

空间视角是在观察确定地球表层各种事物空间位置关系、空间展开范围和空间排列状态等的学习过程中形成的一种学科能力品质，是认识空间位置、空间分布格局所应具备的核心素养。

3. 综合思维

将地理的综合思维确认为地理核心素养是基于地理学科内容和学习思维综合性的考虑。

地理学是一门综合性的学科，既包括自然、经济、政治、社会文化等综合要素及其之间相互关系的综合研究，也包括地貌、水文、气候、植被、土壤、人口、聚落、工业、交通等诸要素及其之间相互关系的综合研究。岩石圈、大气圈、水圈、土壤圈、生物圈等自然地理圈层组成的环境是一个有机整体，地形、气候、水文、生物、土壤等每一要素都作为整体的一部分而存在，与其他要素相互联系和相互作用。同时，自然环境特征影响并制约着人类活动，因地制宜开展合适的生产和生活方式是人类唯一的选择。地理环境的整体性决定了对地理问题的分析和对人类活动决策的评判必须借助综合思维。

4. 人地观念

地理科学以研究人地关系为主线，探索可持续发展路径为主旨。通过地理学习，除了掌握必要的地理知识、地理技能和地理方法外，更重要的是形成对人的生命发展质量及终身发展所需的地理意识和地理观念。在《全日制普通高中地理课程标准（实验）》中，对地理意识和地理观念有明确要求："培养学生的全球意识、可持续发展意识与行为及正确的环境观和人地协调观。"

5. 地理实践力

修订后的《初中地理课程标准》突出了"构建开放的地理课堂"的理念。课标提出"地理课程着眼于学生创新意识和实践能力的培养，着力拓展学习空间，倡导多样的地理学习方式，鼓励学生自主学习、合作交流、积极探究"。

五、课程设置

北实地理课程由学科基础课程与选修课程组成（图 2-10-1），学科基础课程与选修课程的关系是：学科基础课程是选修课程的基础，贯穿或渗透于选修课程的始终；选修课程是学科基础课程的延伸与补充，对学科基础的课程内容起到拓展作用。所有课程以尊重差异，满足多元选择为特征，面向全体学生，学生根据自己的兴趣爱好，个性特长，需求层次，发展志向，在老师的指导之下，在不同的层次中选择自己所需的、适合的课程，为自己打下扎实的专业知识基础，为自己的最优发展选择最佳的课程。

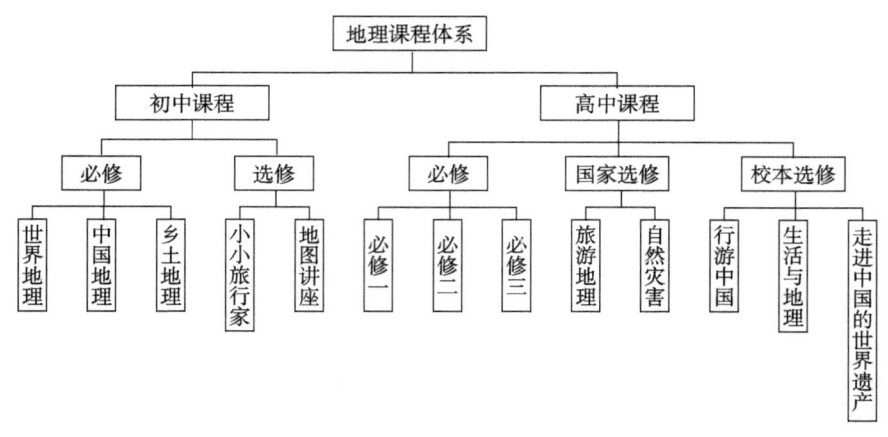

图 2-10-1　地理课程体系

1. 基础课程

（1）初中基础课程由《地球和地图》《世界地理》《中国地理》组成。先讲述地球和地图基础知识，目的之一是让学生了解地球的形状、运动及其产生的一些自然现象，从而为学习和了解人类生存的地理环境打下基础；目的之二是获得有关地图的一些基础知识，初步学会阅读和运用政区图和地形图。

在世界地理概况中，以地理环境、自然资源、人类及其活动为线索，使学生了解世界的海陆分布和地表形态，世界的气候和陆地自然带等基础知识；了解世界各种自然资源、居民和国家等概况，人类利用自然资源的现状，从而初步认识人类、资源、环境三者之间相互依存、相互影响、相互制约的关系。世界地理的分区，是按地理位置及自然和人文地理特征来划分各地区的，每一地区只重点讲述一两个有代表性或有特点的国家，引导学生认识世界上不同地理环境中的地区和国家，及其人类生产和生活的情况，以及存在的问题，使学生初步熟悉学习区域地理的方法，并具有根据一定的地理事实材料，运用所学过的地理基本知识分析认识一个地区地理特征的初步能力。

中国地理采用中国地理总论 – 中国区域地理 – 中国在世界中，即"总 – 分 – 总"的知识结构。中国地理总论，目的是使学生了解我国的地理位置、疆域和行政区划的概况；自然环境、人口和自然资源的基础情况；我国主要工业、农产品、重要交通线、商业中心、著名旅游地等的分布概况。中国区域地理，首先让学生认识我国地区差异大的基本国情，初步树立因地制宜、发挥优势、趋利避害、共同发展的观念；其次，了解本省（自治区，直辖市）的地理概况，再进一步学习乡土地理。"中国在世界中"，目的是使学生认识我国社会主义建设成就巨大，但在经济上还是一个发展中国家；同时也要认识中国在国际事务中肩负着的重要责任。

（2）高中地理基础课程共 6 学分，由"地理 1""地理 2""地理 3"（各 2 学分，36 课时）三个模块组成（图 2-10-2）。这三个模块是递进关系，即：必须先学"地理 1"，再学"地理 2"，后学"地理 3"。"地理 1""地理 2"和"地理 3"既相对独立，又相互联系构成一个整体。

"地理 1"以自然地理内容为主，包括地球的宇宙环境、地球的 4 大圈层、自然环境的整体性、差异性等传统内容，但又不拘泥于纯自然地理结构，而以"自然环境对人类活动的影响"作为总结，紧扣可持续发展这一核心论题。

"地理 2"以人文地理内容为主，包括人口与城市、工农业区位因素等经典内容，但也不拘泥于纯人文地理结构，以"人类与地理环境的协调发展"结尾，阐述可持续发展的缘由、基本内涵和任务。

"地理 3"则以区域作为载体，介绍区域同人类的关系、区域的开发整治等，同样紧扣可持续发展这一核心论题。当然"地理 3"介绍的区域的内涵等内容，和初中地理介绍世界和中国各地概况的区域地理是完全不同的。"地理 3"同样不拘泥于学科体系的严密，在最后部分介绍体现时代气息的地理信息技术的应用，紧跟地理科学的时代步伐，顺应世界发展潮流。

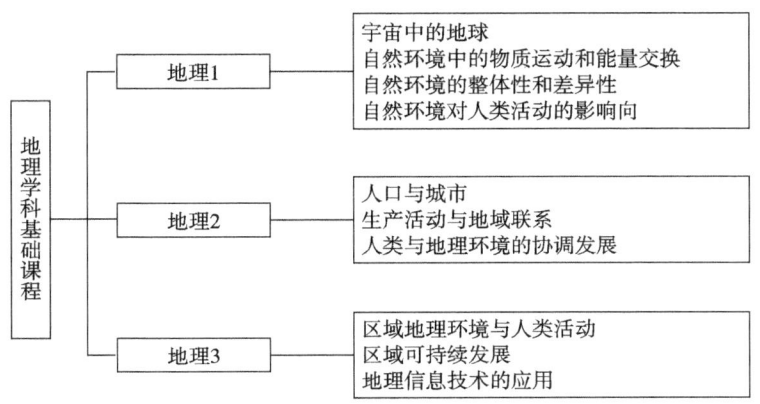

图 2-10-2　地理学科基础课程

学科基础课程的三个模块，涵盖了现代地理学的基本内容，体现了自然地理、人文地理和区域地理的联系与融合，并且注意其结构的相对统一和教学内容的新颖、充实，使课程具有较强的基础性和时代性。

2. 选修课程

（1）初中选修课程：中学地理旨在通过学生的动手实践，提高学生的地理实践力。地图讲座，地图在地理学习中是非常重要的，通过让学生更多地了解地图并且亲自动手实践测绘地图，更好地学习地图，以便于更好地学习其他部分的地理知识，并提高地理能力。

（2）高中选修课程

1）国家级选修课程：主要是高二年级文科班学习的国家选修课程，主要是两本书选修三《旅游地理》，选修五《自然灾害》。拓宽学生的学科视野，认识学科的价值与研究方法，获得更为全面的知识与能力，并进一步培养探究能力与创新精神，全面提升学科素养，为进一步学习打下扎实的学力基础，为大学输送优秀的人才。

2）校本选修课程：是地理学科拓展课程，旨在开拓学生视野、启发思想、懂得生活情趣，具有人文情怀的特质。目前开设了《行游中国》《走进中国世界遗产》等课程。

六、课程实施

（一）教学进度安排思路

优化教学进程与整合教学内容：以地理六年通盘考虑为出发点，以培养未来公民必备的地理核心素养和为高一级学校输送人才为宗旨，全面优化地理教学进程，整合初高中地理教学内容（表 2-10-1）。

表 2-10-1 地理学科教学进度安排表

学段	课程名称		
	必修课程	国家选修课程	校本选修课程
初一年级	《地球地图》《世界地理》		《小小旅行家》
初二年级	《中国地理》		《美食地理》《地图讲座》
初三年级	复习《世界地理》《中国地理》		

续表

学段	课程名称		
	必修课程	国家选修课程	校本选修课程
高一第一学期	《地理一》(部分)		《行游中国》
高一第二学期	《地理二》(部分)会考		《生活与地理》
高二第一学期	《地理一》《地理二》(剩余部分)		《走进中国的世界遗产》
高二第二学期	《地理三》	《旅游地理》《自然灾害》	《区域地理》
高三第一学期	复习《地理一》《地理二》		
高三第二学期	专题复习与综合能力的提升		

(二)教学工作重点

根据我校学生的实际和地理学科的特点,不同年段有不同的工作重点,具体安排如下:初一学年度工作着力点:做好引导,提高兴趣;夯实基础,传递情感。从学生身边的地理现象入手,提高学生对地理的学习兴趣,尽快适应初中地理学习。培养学生学习地理的良好习惯,多观察,多思考。

初二学年度工作着力点:加强对基本概念和原理的准确、全面、进一步的理解和把握,提高运用基本原理、分析实际问题的能力;并以此为基点,掌握区域地理学习的基本方法,能够举一反三。同时注意引导学生探寻适合自己的地理学习方法,并不断使之转化为高效的方法,为高中学习打好基础。

高一学年度工作着力点:优化教学方式与学习方式,加强学法指导,使学生尽快适应高中地理学习。培养学生学习地理的良好习惯,提高学生自主学习的能力,做到让学生自己思考、自己发现问题、自己解决问题、自己帮助自己提高,提高学生的学习能力。

高二学年度工作着力点:注重学法的指导,加强对基本概念和原理的准确、全面、深刻的理解和把握,提高运用基本原理、分析实际问题的能力;并以此为基点,构筑学科内知识体系,增强对知识及其相互关系的理解,以提高学生的综合能力。

高三学年度工作着力点：立足教材，夯实"双基"；立足课堂，提高效率；立足规范，提高能力。精选复习资料和试题，增强复习的实效性、针对性和仿真性。归纳总结学考试题题型与解题方法技巧，进行变式演练。重视每一次综合检测与讲评，做到讲练结合。

七、课程评价

（一）评价目的

用评价引导学生在地理学习中学会认知、学会思考、学会行动。用评价使学生能看到自己在发展中的长处和不足，增强学习地理课程的自信心；用评价激励、引导学生发展，形成生动、活泼、开放的教育氛围。用评价鼓励学生发展自己的特长和爱好。

（二）评价内容

评价内容多元化，关注学生对地理过程和地理知识的理解，关注学生对概念、原理、规律的理解和应用，提高地理科学的基本技能，关注学生的地理思维能力形成，关注学生运用地理知识、地理技能、地理科学探究方法解决学习、生活中的问题；关注学生的好奇心与求知欲，发展科学探索兴趣；关注学生形成坚持真理、勇于创新、实事求是的科学精神。

（三）评价方式

倡导评价方式的多样化，重视学生地理学习过程中的思维发展，关注学生地理学习中表现出来的思维结构的个体差异。提倡学生呈现开放性思维，具有创新性表现，将过程性评价和终结性评价给予同等重视，在教育、教学的全过程中采用多样的、开放式的评价方法：激励式评价、课堂纪律评价、日常表现评价、个人学习资料袋评价。也注重终结性评价：期中期末考试成绩评价。

八、实施保障

（一）具有一贯制课程体系

我校是一所十五年一贯制学校，实行统一的学校行政、教育、教学管理。我校具备开展跨学段课题研究、跨学段听评课、跨学段备课、衔接年级的教师共同开展校本研修等条件，支持初中部和高中部开发一体化课程资源。校领导统筹各方力量，创设课程实施条件和环境，开发课程实施所需要的资源。

（二）具有较强的指导教师队伍

地理组教师具备渊博的知识和较强组织领导力，努力以及乐于奉献的精神。首先，精通本专业知识和其他相关学科的知识，能够洞悉学科前沿发展动态；其次，还具备较强的实践和创新能力；最后，要乐于奉献，具有良好的道德素质和科学文化素养。

（三）完备的地理教室和资料室

地理教室和资料室都是培养学生实际动手能力的重要场所，是地理专业素质拓展课程开设必不可少的地方。对学生开放地理教室和资料室有利于学生进行实验研究等，提高学生的动手能力，有利于学生参加各级各类地理学科竞赛。

（杨莉君　张　平　顾亚楠）

第19章 政治学科一体化魅力课程体系

一、指导思想

全面贯彻落实国家、市、区关于课程改革与建设的文件精神,以课程的丰富、规范、高质为重点,以"魅力教育"为特色,整体构建十五年一贯制魅力课程体系,使课程更加满足学生发展的要求,更加符合学生身心发展的特点,充分发挥课程的整体育人功能,提升办学品位,促进学校内涵式发展,办"孩子向往、教师幸福、社会满意"的品牌学校,实现全科育人、全程育人、全员育人和实践育人,努力把学生培养成为具有"中国灵魂、国际视野"的现代人。创造最适合学生发展的教育,为基础教育综合改革提供可资参考的课改实例,提供可资借鉴的普适模式或鲜活样板,成功创建中国基础教育现代化的一流普适新品牌。

思想政治课程是一门以引导学生形成正确的价值体系为基础,使学生能够更好地结合生活和促进学生思想品质发展为目的的综合性课程。本课程的特性主要有以下几个方面。

思想性——以社会主义核心价值体系为导向,深入贯彻落实科学发展观,根据不同阶段学生所具有的不同特点,分阶段分层次对学生进行爱国主义教育和在生活中形成正确的价值观的教育,为青少年健康成长奠定基础。

人文性——尊重学生的成长规律,关注学生在成长过程中的精神需要,用学生更能够接受的方式组织课程内容、实施教学,培育学生的道德情操,提升学生的人文素养和社会责任感。

实践性——从学生的生活实际出发,注重课本与社会实践的联系,引导学生自主参与社会实践活动,在认识、体验与践行中形成对社会生活全新的认识,促进正确思想观念和道德品质的形成和发展。

综合性——初中思想品德课程有机整合道德、心理健康、法律和国情等多方面的学习内容,高中思想政治课程有机整合中国特色社会主义的形成、社会经济、政治和法律、哲学和文化等多方面的学习内容；与学生的家庭生活、学校生活和社会生活紧密联系；将价值观的培养、知识的认知、辨别能力的提高与思想、思维的形成融为一体加强学科素养的提升。

二、背景分析

（一）课程基本理念

当下，伴随教育集团化办学发展的趋势，一贯制教育模式的探索，对建立幼儿园、小学、初中和高中顺畅沟通的平台和机制，实现各段教育的默契配合和无缝衔接，实现教育资源共享，优势互补，共同发展。对创造适合孩子一生发展的教育，无疑具有更加重要的现实意义。

从总体上来，目前国内尚未有系统的、具有推广价值的十五年一贯制课程体系的研制经验。一些学校在探索过程中，也往往缺乏顶层设计，没有提出具有统领性的指导思想，也没有统一的设计原则、标准等，导致课程体系的建设自发性和随意性强。各学段之间的衔接课程不完善，综合实践活动课程开设散乱，缺乏统一管理，随意性较强。校本课程的开发虽然涉及学科广泛，覆盖面广，内容丰富，形式多样，但多为一个学期的短期课程，课程纵深不够，长期具有连续性的课程建设少之又少，不利于学生兴趣特长的深入培养。

为了充分发挥我校的特点，因地制宜、创新实验、探索发展，培育和践行社会主义核心价值观。同时，提高学生的多种能力，如综合运用知识解决问题的能力、交流与合作的能力、创新意识与实践能力，丰富课程供给，给学生更多样的"营养"。从以"教"为出发点的课程建设转向以"学"为出发点的课程建设，围绕学生提升核心素养构建课程体系；探索以经济、文化、政治、生活等领域的专题为内容设计课程或课程群，使学生在实际生活情景中学习、运用知识，提升政治的核心素养——公共参与、法制意识、理性精神、政治认同。

坚持育人为本，立德树人的根本教育理念，增强高中课程育人功能，使学生具备适应终身发展和社会发展需要的必备品格和关键能力，突出强调个人修养、社会关怀、家国情怀，更加注重自主发展、合作参与、创新实践。

学生正处于身心发展的重要时期，自我意识和独立性逐步增强。在中学阶段帮助学生形成良好品德，初步掌握运用马克思主义基本原理分析现实问题的基本方法，树立公民意识和科学的世界观、人生观、价值观，对学生一生的发展具有基础性的作用。

（二）目前课程方案实施效果分析

实行新课程改革以来，我们的课堂教学已发生了巨大的变化，不再是封闭式的单纯接受式教学，而是开放的、综合的、多元的，具有实际效果的课堂教学。

1. 落实教学目标，提升课堂教学的有效性

在每一年级的每一课、每一框中都分布着一些自身的教学目标，只有实现了自身的目标，才能最终实现教育的总目标。因此，作为教师要认真钻研每个目标，确定符合实际，符合内容的、明确清晰的三维目标，并在每节课的课题中运用各种方式呈现给学生，使学生明确本节所要学的内容。

2. 培养学生学习兴趣，提高课堂教学的有效性

学生学习的兴趣在学习活动中具有十分重要的作用。作为教师应采用多种方式，创设情景，激发学生的学习兴趣和学习热情。

3. 科学有趣的设计教学问题，提高课堂教学实效性

教学问题设计是否科学有趣能够极大地调动学生学习的兴趣，影响学生的学习效果，问题设计得过于简单或过于深奥都难以激发学生的学习热情，因此，怎样把问题设计的科学化、有趣化则是调动学生学习积极性的关键所在。问题的设计要在趣味性和科学性上得到体现，激发学生思维的积极性和主动性。使学生在学习过程中处于一种积极兴奋状态，这样才能使得学生的课堂参与度加强。

三、课程愿景

我校基于创新型人才培养的十五年一贯制魅力课程体系建设的目标是，运用1~3年时间（2016—2018年），依托十五年一贯制的学制优势，建构"十五年一贯制"魅力课程体系，积极推进国家、地方、学校三级课程的协同发展，并形成校本化的课程特色。实现国家校本化、地方课程校本化、校本课程特色化、课程资源优合化的基本目标，实现课程体系的综合性、连续性和贯通性。一方面，实现课程体系横向融合，强调课程的统合性和综合性；另一方面实现课程纵向的贯通性，即强调各个学段的无缝衔接，彻底改变原来不同学段之间的断裂现象，使课程更加满足学生发展的要求，更加符合学生身心发展的特点，充分发挥课程育人的功能，创造最适合学生发展的教育，为我国基础教育综合改革提供可资参考的课改实例，

提供可资借鉴的普适模式或鲜活样板,成功创建中国基础教育现代化的一流普适新品牌。

(一)学校目标

以十五年基础教育综合改革实验为依据,不断提高学校课程领导、管理和开发能力,逐步形成富有北京实验学校特色的"魅力课程"体系,满足一贯制、整体化办学需求,实现课程整体育人的功能,全面提升学校的办学品位和教育质量。北京实验学校的校训是:"健康、明礼、乐学、创新"更彰显出学校的历史感与文化底蕴。校训体现着学校的培养目标,对学生的精神成长有着重大作用。

(二)学生目标

通过科学设置课程,合理配置资源,满足学生发展需求,培养学生的实践能力和创新精神,全面提升学生的综合素养,培养"具有中国灵魂、国际视野的现代人"。同时能激发学生身上的巨大潜能,给学生提供展示的舞台,增强学生综合探究的兴趣,锻炼学生小组团结协作的精神、自我表现的勇气,进一步强化自主探究的意识。

初中思想品德课程在情感-态度-价值观、能力和知识三个方面的课程目标如下:

1. 情感-态度-价值观

体会生命的价值,树立自尊自信,保持积极乐观的人生态度,形成坚强的意志。

理解人类与生态环境相互依存的紧密关系,形成勤俭节约、珍惜资源的意识,培养爱护环境的行为习惯。

对待自我能够自主自立,对待父母能够尊重孝敬,对待他人能够诚实守信,培养有责任心、乐于助人的品质。

面对生活,热爱劳动、注重实践;面对学习,崇尚科学、勇于创新;面对挑战,善于合作、敢于竞争、追求公正。

树立规则意识、形成法制观念、培养公共精神,增强公民意识。

热爱集体、热爱祖国、热爱人民、热爱社会主义,认同中华文化,继承革命传统,弘扬民族精神,有全球意识和国际视野,热爱和平。

2. 能力

培养自我情绪调节的能力,学会调适、控制自己的情绪。

使用恰当的方法保护环境,培养爱护环境的能力。

学习与他人交往、沟通的方式，掌握参与社会公共生活的方法。

掌握信息搜集、处理及运用的方法，提高信息素养，成为信息化社会的公民。

尊重社会生活的复杂性与价值观念的多样性，学习正确的价值观，将其作为道德判断和选择的准则。

学习使用法律武器维护自己、他人、国家及社会的合法权益。

3. 知识

了解青少年身心发展的基本规律，掌握促进自身健康成长的方式方法，理解个体发展与环境变化的关系。

了解自我、他人、集体三者之间的关系，认识处理三者关系的基本社会规范与道德规范。

理解人类与环境之间的紧密依存关系，了解现今的生态环境问题及其产生原因，掌握保护环境的方法和基础知识。

知道基本的法律知识，了解法律在个人、国家和社会生活中的基本作用和意义。

知道我国的基本国情，初步了解当今世界发展的现状与趋势。

随着教育理念的不断转变和教育改革的不断深化，专家学者在三维目标的基础上提出了思想品德学科的核心素养，培养学生核心素养的最终目标就是育人。初中思想品德学科的核心素养是建立正确的世界观、人生观和价值观；建立科学的方法论；有各种应对现实问题的能力和主动实践的能力。21世纪的中学生首先必须具备合格的政治素质，树立正确的世界观、人生观和价值观，确立正确的政治立场、政治观点和政治方向。只有这样，才能在学习和成长的道路上经受考验，才会有强大的学习动力，才会有前进的方向和目标。

（1）国家层面——社会主义核心价值观。了解中国国情，加强国家认识。富强、民主、文明、和谐是国家层面的价值目标。从意识形态战略高度着力培育国家层面的社会主义核心价值观。

（2）社会层面——强化法治意识。自由、平等、公正、法治是社会层面的价值取向。在社会层面，要建立社会诚信信息系统，在各社会部门间建立协同管理的诚信信息平台，坚决打击失信行为。

（3）个性发展层面——正确认识自我。爱国、敬业、诚信、友善是公民个人层面的价值准则。从公民道德建设深度着力培育个人层面的社会主义核心价值观。社会主义核心价值观本身包含了公民道德建设的基本内容。爱国、敬业、诚信、友善是我国公民应遵守的基本美德。以社会主义核心价值观引领公民道德建设，是核心价值观内化、培养合格公民的必然要求。

初中政治课是帮助学生了解、揭示人类社会发展规律的学科，包括经济、政治、文化、道德、伦理、民主、法制等在内的各种具体学科知识，更包括学生在进入社会生活中如何形成良好行为规范的培养和有正确价值判断的世界观建立。

（三）核心素养目标

学科核心素养是学科育人价值的集中体现，是学生通过学科学习而逐步形成的正确价值观念、必备品格和关键能力。思想政治学科核心素养，主要包括政治认同、科学精神、法治意识和公共参与。

1. 政治认同

我国公民的政治认同，就是拥护中国共产党的领导，坚持和发展中国特色社会主义，认同中华人民共和国、中华民族、中华文化，弘扬和践行社会主义核心价值观。

中国特色社会主义是改革开放以来中国共产党的全部理论和实践的主题，是党和人民历尽千辛万苦、付出巨大代价取得的根本成就。社会主义核心价值观是当代中国精神的集中体现，凝结着全体人民共同的价值追求。认同中国特色社会主义和社会主义核心价值观，才能形成全国各族人民团结奋斗的共同思想基础，坚持中国道路、弘扬中国精神、凝聚中国力量，为实现中华民族伟大复兴的中国梦而奋斗。青少年的政治认同是他们创造幸福生活的精神支柱、价值追求和道德准则；发展政治认同素养，才能牢固树立中国特色社会主义理想信念，成为社会主义合格建设者和可靠接班人。

2. 科学精神

我国公民的科学精神，就是在认识世界和改造世界的过程中表现出来的一种精神取向，即坚持马克思主义的科学世界观和方法论，能够对个人成长、社会进步、国家发展和人类文明做出正确的价值判断和行为选择。

当代中国正经历广泛而深刻的社会变革，正进行宏大而独特的实践创新。在这一社会变革和实践创新的过程中发扬科学精神，必须坚持辩证唯物主义和历史唯物主义基本观点，领会习近平新时代中国特色社会主义思想，认清社会发展规律和阶段性特征，解放思想、实事求是、与时俱进、求真务实,在全面深化改革的进程中,把握发展机遇,应对各种挑战。培养青少年的科学精神,有助于他们形成正确价值取向和道德定力,提高辩证思维能力,立足基本国情、拓展国际视野,在实践创新中增长才干。

3. 法治意识

我国公民的法治意识,就是尊法学法守法用法,自觉参加社会主义法治国家建设。

建设社会主义法治国家,是推进国家治理体系和治理能力现代化的必然要求;全面依法治国,必须坚持党的领导、人民当家作主、依法治国有机统一,坚持依法治国和以德治国相结合,实现科学立法、严格执法、公正司法、全民守法,在全社会树立法治意识。增强青少年法治意识,有助于他们在生活中依法行使权利、履行义务,严守道德底线,维护公平正义,做社会主义法治的忠实崇尚者、自觉遵守者、坚定捍卫者。

4. 公共参与

我国公民的公共参与,就是有序参与公共事务、承担社会责任,积极行使人民当家作主的政治权利。

广泛的公共参与,彰显人民主体地位,是公民行使知情权、参与权、表达权、监督权的表现,有助于更好地表达民意、集中民智,提高国家立法和政府决策的科学性、民主性;有助于鼓励人们热心公益活动,激发社会活力,提高社会治理水平。培养青少年公共参与素养,有益于他们了解民主管理的程序、体验民主决策的价值、感受民主监督的作用,增强公德意识和参与能力,追求更高的道德境界。

总之思想政治课的目标就是立德树人,培养有理想、有道德、有文化、有纪律的社会主义建设者和接班人。思想政治课程的核心素养是"政治认同、理性精神、法治意识、公共参与"。在政治认同方面,培养有立场、有理想的中国公民;在理性精神方面,培养有思想、有理智的中国公民;在法治意识方面,培养有自尊、守规则的中国公民;在公共参与方面,培养有担当、有情怀的中国公民。四个要素在内容上互相交融,在逻辑上相互依存,构成一个有机的整体。

(四)教师目标

通过课程开发,转变教师的观念,树立从学生需求出发,发挥学生的主体作用,为学生发展服务的教育意识,不断提升课程研发和实施的能力,提高科研水平和创新能力,促进专业成长。

1. 要转变传统的教学观念，树立服务学生、服务社会的意识

新课改后，在课堂教学中倡导一种新型民主平等的师生关系和互动式的教学课堂，即师生之间平等、互相学习、教学相长，学生应成为课堂教学的中心。教师身份发生转变由单纯的知识传授者向知识形成的引导者和知识产生的合作者转变。

2. 提高自身素质，职业当成事业

实施素质教育，要把学生的全面发展和终身发展作为教育的培养目标，课堂上教师要调动学生的学习兴趣，使得学生积极参与到课堂教学之中；课下教师要吃透教材，准确解读课标，还有了解学生的现有经验状况等，这就需要我们的教师提高自身的素质，包括提高自身的理论知识水平、提高专业素质、提高自己的敬业精神。把职业当成事业来追求，培养学生成才。

3. 改变传统，推陈出新

教师要不断创新教学方法方式，发挥学生的主体性。为了激发学生的学习兴趣，必须根据教学内容设计一些生动活泼的教学方法方式：采用辩论赛、演讲比赛、主题班会、讲故事、演小品、角色扮演或看录像等形式，从学生的情感体验出发，丰富其情感体验，才能使其感悟和理解社会，形成良好的思想品德和政治素养，最终实现本课程的追求。

4. 要突破传统，拓展教学空间

教师要敢于突破课本的束缚，树立"大政治"的观念，不仅指导学生学好教材，还要鼓励学生多读课外书籍，参与政治问题的思考和评论，努力拓展知识面；组织学生开展各种活动，参观各种展览，培养学生的实践能力、合作精神和自主精神。这样，思想政治课教学逐步将小课堂与大社会有机地结合起来，从而使学生对学习思想政治课的积极性大大提高，进而接受大课堂的教育，更好地适应社会。

5. 科学引导学生

引导学生在课堂学习和社会实践活动中获得思想政治基础理论常识，学会理论联系实际的学习方法和辩证思维方法，培养观察、分析和处理品德成长和社会实际问题的能力，正确做出价值判断和价值选择的能力，主动参与社会生活的实践能力，培育健全人格，弘扬民族精神，初步树立中国特色社会主义的理想信念，逐步形成正确的世界观、人生观和价值观，为终身发展奠定思想品德和思想政治素养基础。

四、课程设置

（一）初中道德与法治课程设置（必修课程）

1. 国家层面——社会主义核心价值观

了解中国国情，加强国家认识。富强、民主、文明、和谐是国家层面的价值目标。课程任务包括：了解中国国情、认同中华文化、促进民族团结、开阔国际视野、厉行勤俭节约、参与环境保护。

组织"四个一"学习活动，即参加一次天安门广场升旗仪式，分别走进一次国家博物馆、首都博物馆、抗日战争纪念馆，并走进北京丰富的博物馆、纪念馆等社会资源单位；每年游学活动等。

以"时事播报、时事论坛、时事评论"等多种形式学习宣传党和国家在现阶段的路线、方针和政策，了解、关心、关注国内外大事。

2. 社会层面——强化法治意识

自由、平等、公正、法治是社会层面的价值取向。

（1）要引导学生诚实守信：通过诚实守信故事、诚实守信格言、诚实守信成语等引导学生重信守诺。

（2）要强化学生法治意识。

1）法制教育增强学生保护意识。以宪法、治安管理处罚法、未成年人保护法、预防未成年人犯罪法、打击"黄赌毒"等方面法律知识教育为主，结合社会主义核心价值观教育，在青少年学生中弘扬社会主义法治精神，树立社会主义法治理念，强化尊法、学法、用法、护法等法制意识，提高青少年法律素质。针对青少年的身心特点，结合近期社会关注的校园欺凌案例，以案说法，引导同学们增强自我保护意识，远离校园欺凌。同时，从法理和情理的角度，向同学们阐明校园欺凌的危害，使同学们自觉增强法律意识，避免成为校园暴力的实施者。

2）安全利用网络。网络安全法草案最新修改：不得利用网络实施诈骗。网络安全法草案三次审议稿已提请全国人大常委会审议。三审稿规定，国家对公共通信和信息服务、能源、交通、水利、金融、公共服务、电子政务等重要行业和领域，以及其他一旦遭到破坏、丧失功能或者数据泄露，可能严重危害国家安全、国计民生、公共利益的关键信息基础设施，在网络安全等级保护制度的基础上，实行重点保护。三审稿规定，境外的个人或者组织从事攻击、侵入、干扰、破坏等危害中华人民共和国的关键信息基础设施的活动,造成严重后果的,依法追究法律责任。三审稿增加规定:任何个人和组织不得设立用于实施诈骗、传授犯罪方法、制作或者销售违禁物品、管制物品等违法犯罪活动的网站、通信群组,不得利用网络发布与实施诈骗,制作或者销售违禁物品、管制物品以及其他违法犯罪活动有关的信息;并增加规定相应的法律责任。

3)学会自我保护。以"生活中是否存在绝对的公平"为题,结合学习和生活的实际开展一次辩论活动,理解平等主要表现在人格与法律地位上。在12月4日国家宪法日,组织一次宪法宣传活动。开展"依法保护未成年人合法权利典型案例"的交流活动,体会未成年人增强自我保护意识的重要意义。搜集侵害消费者权益的典型案例,3月15日以"如何维护消费者权益"为题,开展讨论交流活动。

3. 个性发展层面——正确认识自我

爱国、敬业、诚信、友善是公民个人层面的价值准则。

第一,认识自我有三个方面。

认识外在的自我,即生理自我,包括身高、体重、性别、长相等外在的体征。

认识内在的自我,即心理自我,包括性格、爱好、兴趣、特长等精神世界中的内容。

认识社会中的自我,即自己在集体中的地位,包括在班级、学校中的位置和作用,在公共生活中的举止表现以及社会适应能力。

第二,客观、全面认识自我非常重要。

有利于良好心理品质的形成,认识自我是心理成熟的重要标志。

有利于认识和确立自身的价值。逐步形成清晰的自我形象。

有利于自我潜能的发现和发挥,有利于充分发展自我价值。

我们只有正确认识自己,才能在不断变化的世界、日益激烈的竞争中把握未来。认识自我是我们走向成功的第一步。

第三,完善自我的五个方法。

发扬优点。发掘自身的长处,在生活和学习中充分发挥自身优点的重要作用。

克服缺点。改善自身的短处,加强自我管理,注重自身改变。

追求进步。学会用发展的眼光看自己。不故步自封,不妄自菲薄,努力学习,长足进步。

比较评价。在与同伴或他人的比较中获得对自我的客观认识并择善而从。

他人评价。他人的评价往往排除了主观因素，能够更加客观地反映真实状况，应认真倾听他人对自己的评价。

第四，正确对待性别差异。

性别是先天决定的，任何人都无力决定自身的生理性别，但每个人都能决定自身对待不同性别的态度。

人类社会是由男女两性共同组成的。

男女两性在总体上没有优劣高下之分，两种性别各有长短，各有千秋。

第五，正确对待内在与外表。

外表无法由自身决定。

外表的不足可以以优良的内在素质与文明的言行举止来弥补。

以内补外，扬长避短，可以使我们变得可爱，我们会因为可爱而美丽。

第六，弥补当代中学生缺失的东西。

做事要有恒心和毅力，勤奋踏实的态度、吃苦耐劳的精神。

养成良好习惯和公德心，学会感恩。

培养批判性思维和创新能力。

4. 课程设置

政治教师在实际教学的过程中，必须要及时转变自身的教学理念，尊重班级中的每一位学生。教师需要运用自身丰富的知识底蕴、宽阔的学习视角来进一步引导学生进行知识的创新。因此在教学过程中我们主要设置三类课型。

第一类是基础类的课程，利用北京优势，学生以一个游客的身份进入博物馆，了解相关内容，这肯定是综合素质。

第二类是拓展类课程，这里面既涉及信息技术，又涉及化学、历史、美术等学科。多学科的融合，也是当前教育的一个方向和趋势。这些内容其实也是在培养学生核心素养。

第三类是综合课程，比如博物馆文化，涉及历史、政治、语文、地理等学科；宣传涉及信息技术、美术、音乐、语文、数学、物理、化学等多学科的综合。

我校初中道德与法治校本课程具体内容见表2-11-1。

表 2-11-1　第一单元 成长的节拍

年级	主题	单元设置			
初一	正确认识自我	第一单元：成长的节拍	第二单元：友谊的天空	第三单元：师长的情谊	第四单元：生命的思考
初二	做合法公民	第一单元：心中有法	第二单元：权利与义务	第三单元：法律与秩序	—
初三	做有责任感的公民	第一单元：在集体中成长	第二单元：积极适应社会的发展	第三单元：认识国情，爱我中华	—

（二）高中思想政治课程设置

1. 国家必修课程设置

必修课程是培育全体学生学科核心素养的基本载体。选择性必修课程是对必修课程的延展，满足学生多样化的学习兴趣和升学需要。选修课程更关注学生专业素养发展、高校自主招生及学生个性化发展的需要（表 2-11-2）。

表 2-11-2　高中思想政治课程结构表

必修	选择性必修	选修
中国特色社会主义（1学分）	当代国际政治与经济（2学分）	财经与生活
经济与社会（1学分）	法律与生活（2学分）	法官与律师
政治与法治（2学分）	逻辑与思维（2学分）	历史上的哲学家
哲学与文化（2学分）		

基于发展中国特色社会主义的主题、主线，设计必修课程的整体框架，包括四个模块。模块1"中国特色社会主义"，依循历史进程，讲述为何开创和发展中国特色社会主义。模块2"经济与社会"，模块3"政治与法治"，模块4"哲学与文化"，依托模块1的基本原理，讲如何坚持和发展中国特色社会主义。

模块1：中国特色社会主义

着眼于人类社会的发展历程，立足于中国特色社会主义的伟大实战，明确中国特色社会主义是科学社会主义理论逻辑与中国社会发展历史逻辑的辩证统一，中国特色社会主义已进入新时代，帮助学生树立为共产主义远大理想和中国特色社会主义共同理想而奋斗的信念。

模块 2：经济与社会

依据习近平新时代中国特色社会主义经济思想的基本原理，讲述我国社会主义基本经济制度，解析社会主义市场经济的基本特征，阐释指导我国经济社会发展的新理念，帮助学生理解全面深化改革的意义，提升在新时代参与社会主义现代化建设的能力。

模块 3：政治与法治

以党的领导、人民当家作主、依法治国有机统一为主线，讲述党的领导是人民当家作主和依法治国的根本保证，人民当家作主是社会主义民主政治的本质特征，依法治国是党领导人民治理国家的基本方式，奠定学生政治立场与法治思维的基础。

模块 4：哲学与文化

阐明马克思主义哲学是科学的世界观和方法论，讲述辩证唯物主义和历史唯物主义基本观点，坚持实践的观点、历史的观点、辩证的观点、发展的观点，在实践中认识真理、检验真理、发展真理；讲述社会生活及个人成长中价值判断、行为选择和文化自信的意义；为培育学生思想政治学科核心素养，奠定世界观、人生观、价值观基础。

基于必修课程强调实践体验的要求，采取内容与活动相互嵌入的组合方式。强调社会实践活动并不意味着减少学科内容的学习时间，而是要求采取社会实践活动的方式学习学科内容。为此，在对接内容要求的教学提示中，以议题的方式提示课程内容，并提出多种活动建议，供课程实施时选择。

基于选择性必修课程和选修课程是必修课程延展的需要，确定选择性必修模块和选修模块与必修模块的关系。选择性必修课程设置"当代国际政治与经济""法律与生活""逻辑与思维"三个模块，与必修课程的实施相互配合、相互补充。选修课程设置"财经与生活""法官与律师""历史上的哲学家"三个模块，是对必修课程和选择性必修相关课程的进一步拓展。

模块 1：当代国际政治与经济

围绕当今世界多极化与经济全球化趋势，解析不同的国家性质和国家形式，说明国际关系的主要影响因素和世界经济发展的基本特点，介绍国际组织的主要类型及其作用，引导学生在拓展国际视野的过程中，坚持总体国家安全观,坚定不移地走中国特色社会主义道路,积极贡献中国智慧和力量,推动构建人类命运共同体。

模块2:法律与生活

聚焦公民依法维护合法权益的法律行为,介绍公民一般的民事权利和义务,了解婚姻家庭中的法律关系和法律责任、劳动关系的法律保障、社会纠纷的解决机制和法律程序,为学生进一步发展思想政治学科核心素养、增强法治意识,提供日常生活中的法律常识。

模块3:逻辑与思维

通过科学思维的训练,引导学生掌握科学思维的基本要求,把握逻辑思维和辩证思维的方法,提高创新思维能力,学会运用科学思维探索世界、认识世界。

2. 校本选修课程

总的来讲,我校思想政治校本选修课程是在国家思想政治课程的总体框架中,为我校学生的进一步发展,在更大范围和程度上,提供他们所需要的相关课程,选修课的设置固然要基于学生情趣、兴趣、志趣方面考虑,更是基于学生未来不同发展方向的实际需要的选择。

高一、高二校本选修课程结构见图2-11-1。

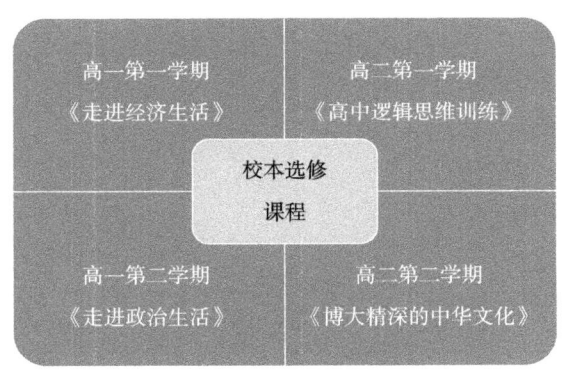

图2-11-1 校本选修课程结构

高一年级第一学期,我们开设校本课程选修1《走进经济生活》,开设目的是为了帮助学生了解现实的经济生活,为参与现实的经济生活做准备。是必修1《经济生活》的实践性课程,每周1课时,共16课时。

（1）走进经济生活

第一单元　银行类
 第一节　商业银行
 第二节　办理个人业务（存、取款，转、汇款）
 第三节　借贷与利息
 第四节　案例分析

第二单元　证券类
 第一节　证券公司
 第二节　债券
 第三节　股票
 第四节　案例分析

第三单元　保险类
 第一节　保险公司
 第二节　财产保险（汽车保险、家庭财产保险、盗窃保险）
 第三节　人身保险（人身意外伤害保险、疾病保险、人寿保险）
 第四节　案例分析

第四单元　其他投资方式
 第一节　基金、黄金
 第二节　外汇
 第三节　案例分析

第五单元　消费
 第一节　生活消费
 第二节　购置房产
 第三节　旅游
 第四节　案例分析

  高一年级第二学期，我们开设校本课程选修2《走进政治生活》，开设目的是帮助学生了解我国公民是如何具体参与政治生活的，培养学生的政治认同。是必修2《政治生活》的实践性课程，每周1课时，共12课时。

（2）走进政治生活

第一单元　感受民主　增强法制意识
 第一节　走进社区　体验民主管理
 第二节　走进法院　模拟法庭1

第三节　走进法院　模拟法庭 2

　　第四节　走进两会　模拟全国人民代表大会

第二单元　尊重风俗习惯　增强个人修养

　　第一节　城市宗教信仰和封建迷信的状况调查

　　第二节　走进"牛街"，调查回族的风俗习惯

　　第三节　辩论赛——对少数民族照顾政策是否违背民族平等

第三单元　政治参与　培养公民意识

　　第一节　做好监督　参与政治

　　第二节　聚焦社会　现场说法

　　第三节　有序的参与——班干部的选举　真实的体验

第四单元　中、美两国概述

　　第一节　美国的强大

　　第二节　中国的崛起

高二年级第一学期我们开设校本课程选修 4《高中逻辑思维训练》，目的是培养学生的逻辑思维能力，初步学习一些科学的思维方法，每周 1 课时，共 12 课时。

（3）高中逻辑思维训练

第一单元　逻辑是什么？

　　第一节　古希腊时期的逻辑学

　　第二节　中国早期的逻辑学

第二单元　逻辑思维的基本规律

　　第一节　同一律：保证思维的稳定性

　　第二节　矛盾律：保证事实的唯一性

　　第三节　排中律：保证思想的明确性

　　第四节　充足理由律：保证思想的论证性

第三单元　逻辑方法

　　第一节　假设法

　　第二节　计算法

　　第三节　排除法

第四单元　分析法

第五单元　观察法

高二年级第二学期我们开设校本课程选修 3《博大精深的中华文化》，目

的是让学生了解中华饮食文化、中国非物质文化遗产、中国民居与少数民族，以增强文化自信心和民族自豪感，做中华文化的传承者、弘扬者。该教材已经由董立军、卢丹义、顾英、杨龙老师编写完成，但是需要修改和完善，每周1课时，共12课时。

（4）博大精深的中华文化

第一单元　中华饮食文化演变史
　　第一节　中国菜系——了解中国菜系的发展过程
　　第二节　中国八大菜系简介及代表菜
第二单元　中国非物质文化遗产浅析与欣赏
　　第一节　我国非物质文化遗产的现状
　　第二节　剪纸
　　第三节　皮影戏
　　第四节　木偶戏
　　第五节　昆曲
第三单元　中国民居
　　第一节　中国传统民居欣赏
　　第二节　探究民居
第四单元　少数民族篇
　　第一节　蒙古语族民族
　　第二节　突厥语族民族
　　第三节　藏缅语族民族
　　第四节　满—通古斯语族民族

3. 自主实践课程

自主实践课程是在教师引导下，学生自主进行的综合性学习活动，是基于学生的直接经验和体验，密切联系学生自身生活和社会实际，体现对知识的综合应用的实践性课程，是一种独立形态的课程。综合实践活动课程为学生的发展开辟了面向生活、面向自然、面向社会的广阔空间，学生自己是社会实践课程的主体，而不是别人提供的课程的被动接受者。学生在游学活动、社团活动和研究性学习的过程中都会涉及与经济、政治、文化、哲学相关的知识与技能，因此政治教师可以作为导师参与到学生的社团活动和研究性学习中，与学生相互学习，共同成长。

五、课程实施

教学的组织与实施，应全面贯彻党的教育方针，以社会主义核心价值体系为导向，坚持正确的政治方向；应坚持课程改革的理念和要求，贯彻政治课的教学原则，进行教学改革，提高教学的实效性；应以本标准为依据，遵循学生身心发展和思想品德形成与发展的规律。

1. 把握教育性质，落实教育目标

教学应准确把握教育性质，把握好为国家培养合格接班人的根本目的，以学生健康成长为基线，将教学内容和社会需要进行有机整合、科学设计，避免将这些内容和社会发展脱节；应避免概念化、孤立化地传授和记诵知识，努力使知识的学习服务于学生思想道德发展的需要。

2. 研究本课程和社会生活以及与其他课程的联系

教师要深入了解社会变化发展的方向和学生的学习需求，面向社会生活，选取学生关注的话题组织教学，为学生的成长服务。

3. 整合使用教材，优化教学过程

教材是资源，但教材不是社会变化也不是学生生活，教师要了解和研究教材的整体布局，把握教材具体内容在单元和整个教材中的地位、任务，根据本标准，设定鲜明而集中的教学目标。

4. 注重学生的情感教育

情感是为人的基础，情感教育的培养也是教师教学的重中之重，教师要通过课本以及社会提供的丰富的素材培养学生的情感，引导和帮助学生通过对社会事件的观察与思考，获得情感体验，深化思想认识。教师利用各种社会实践的机会，指导学生观察思考，提高他们道德践行的能力。

六、课程评价

（一）课堂观察

观察学生在课堂分析和引导过程中所表现出来的情感、态度、能力和行为并记录下来作为对学生进行引导和评价的依据。

（二）语言评语

教师在对学生进行充分的观察和交流的基础上，用描述性的语言将学生在课堂和社会实践中的表现写成评语，评语应采用激励性的语言。

（三）小组同学评价

按照不同项目将学生分成若干小组，由学生自主设计活动计划，可以围绕真实的社会生活问题进行活动。小组成员之间对于各自在活动和学习过程中的行为进行评价，提升同学的合作能力和分析能力。

评价的目的是为了发展。把形成性评价与终结性评价结合起来，学生、教师和家长共同参与评价，以提升自身的不断发展。

七、实施保障

我校思想政治课程建设过程中遇到的问题不少，其中的两个主要问题是：一是正确的价值判断、价值选择如何融合在课程建设和课程实施过程中，进而形成教书育人、立德树人的强大合力；二是在落实课程目标的过程中，如何真正保障学生的身心健康，并为学生走向社会、面对未来培育终身发展的核心素养。

（1）师资力量需要汇集各方面的力量：以本校政治老师为主，还可以邀请经济、政治等领域的专家学者、大学生志愿者、懂行的家长等。

（2）加强研究。

（3）利用网络资源加强思想教育。

（4）经费保障。

（5）各班制订班级学生考评实施计划。

思想政治课是一门特殊的课程，不同于其他的学科特点。核心素养的评价培养是全方位的过程，它立足于学科取向，通过一系列的教育活动实现教育目标，从而铸造学生健全的人格。因此，我们必须整合资源，打造综合性课程，以多学科原理和方法为支撑，结合学科背景培养学生核心素养。

（张　磊　潘亭亭）

第 20 章　音乐学科一体化魅力课程体系

一、指导思想

音乐是一门情感的艺术，在音乐的教学过程中要以审美为核心，以兴趣爱好为动力，让学生与音乐保持密切联系，享受音乐，用音乐美化人生为前提，根据学生身心发展规律和审美心理特征，以丰富多彩的教学内容和生动活泼的教学形式，激发和培养学生的学习兴趣。教学内容应重视与学生的生活经验相结合，加强音乐课与社会生活的联系。音乐教学要面向全体学生，注重个性发展，重视学生的音乐实践和音乐创造能力的培养，全面贯彻和落实国家、市区关于课程改革与建设的文件精神，以课程的丰富、规范、高质量为重点，以"魅力教育"为特色，整体构建十五年一贯制魅力课程体系，使课程更加满足学生发展的要求，更加符合学生身心发展的特点，努力把学生培养为具有"中国灵魂、国际视野"的现代人。坚持以音乐审美为核心，使学习内容生动有趣、丰富多彩、有鲜明的时代感和民族性，引导学生主动参与音乐实践，尊重个体的不同音乐体验和学习方式，以提高学生的审美能力，发展学生的创造性思维，形成良好的人文素质，为学生终身喜爱音乐、学习音乐、享受音乐奠定良好的基础。

二、背景分析

音乐教育作为基础教育的核心课程之一，越来越被世界各国所重视。在全世界的音乐教育中，必须加强对所有音乐的尊重。在各个不同音乐中进行所谓质量的比较是不恰当的和不现实的。对音乐作品及演奏的判断，应该以该音乐所属文化的标准为基础。音乐在文化融合与保持民族身份之间以及在各种文化的接触中常常起着主要的作用。此外，在解决民族与民族之间以及多民族社会中的社会问题和政治问题方面，音乐的特殊功能已经得到充分证明。

"北京实验学校近五年教育综合改革记"中提出：学校计划通过3年的过渡，每一个在北京实验学校毕业的幼、小、初、高中学生都必须有一门艺术特长才能毕业。

这就需要丰富我们的艺术活动课程体系。充分利用学校已有的教师资源，引进部分校外师资力量，包括家长资源，开设一些高端的、有趣的艺术活动课程。如：民乐表演、京剧表演、舞台剧表演、舞蹈表演、歌唱表演、旗舞表演、管乐团表演、行进鼓号表演、绘画、景泰蓝等艺术课程。

三、课程愿景

在继承民族文化传统和借鉴、吸收国外有益经验的基础上，我校教育工作者对指导学校音乐课程的基本理念不断总结、更新，使其在与国情相适应的同时，体现出与21世纪国际音乐教育发展方向相一致的包容性和现代性。教学实践的音乐教育理念有：

（1）以音乐审美为核心，以兴趣爱好为动力。
（2）强调音乐实践，鼓励音乐创造。
（3）突出音乐特点，关注学科综合。
（4）弘扬民族音乐，理解音乐文化多样性。
（5）面向全体学生，注重个性发展。

作为课程愿景，这五条基本理念是不可分割的整体。音乐教学以学生为本，激发学生自主学习和主动参与音乐实践的兴趣；体现出对艺术体验和人文素养在实践活动中生成、获取的强调和对学生创造力开发的重视；涉及以美育人与不同文化认知、中国民族文化与世界多元文化、音乐本体与不同学科综合、面向全体未来公民与因材施教、发展个性等一系列的辩证关系，汇集了我校音乐教育工作者经过长期实践不断积累的对本学科基本理论的认识。这是对中外古今音乐教育理论重要内涵的综合，是魅力课堂的基本要素。

四、培养目标

（一）总体目标

音乐课程目标的设置以音乐课程价值的实现为依据。通过教学及各种生动的音乐实践活动，培养学生爱好音乐的情趣，发展音乐感受与鉴赏能力、表现能力和创造能力，提高音乐文化素养，丰富情感体验，陶冶高尚情操（图2-12-1）。

图 2-12-1　音乐学科课程体系构件图

1. 情感－态度－价值观

（1）丰富情感体验，培养对生活的积极乐观态度。通过音乐学习，使学生的情感世界受到感染和熏陶，在潜移默化中建立起对亲人、对他人、对人类、对一切美好事物的挚爱之情，进而养成对生活的积极乐观态度和对美好未来的向往与追求。

（2）培养音乐兴趣，树立终身学习的愿望。通过各种有效的途径和方式引导学生走进音乐，在亲身参与音乐活动的过程中喜爱音乐，掌握音乐基本知识和初步技能，逐步养成鉴赏音乐的良好习惯，为终身爱好音乐奠定基础。

（3）提高音乐审美能力，陶冶高尚情操。通过对音乐作品情绪、格调、思想倾向、人文内涵的感受和理解，培养音乐鉴赏和评价的能力，养成健康向上的审美情趣，使学生在真善美的音乐艺术世界里受到高尚情操的陶冶。

（4）培养爱国主义和集体主义精神。通过音乐作品中所表现的对祖国山河、人民、历史、文化和社会发展的赞美和歌颂，培养学生的爱国主义情怀；在音乐实践活动中，培养学生良好的行为习惯和宽容理解、互相尊重、共同合作的意识和集体主义精神。

（5）尊重艺术，理解多元文化。尊重艺术家的创造劳动，尊重艺术作品，养成良好的欣赏艺术的习惯。通过学习不同国家、不同民族、不同时代的作品，感知音乐中的民族风格和情感，了解不同民族的音乐传统，热爱中华民族和世界其他民族的音乐。

2. 过程与方法

（1）体验：倡导完整而充分地聆听音乐作品，使学生在音乐审美过程中获得愉悦的感受与体验；启发学生在积极体验的状态下，充分展开想象；保护和鼓励学生在音乐体验中的独立见解。

（2）模仿：根据中低年级学生的身心特点，从音乐基本要素入手，通过模仿，积累感性经验，为音乐表现和创造能力的进一步发展奠定基础。

（3）探究：通过提供开放式和趣味性的音乐学习情景，激发学生对音乐的好奇心和探究愿望，引导学生进行以即兴式自由发挥为主要特点的探究与创造活动，重视发展学生创造性思维的探究过程。

（4）合作：充分利用音乐艺术的集体表演形式和实践过程，培养学生良好的合作意识和在群体中的协调能力。

（5）综合：将其他艺术表现形式有效地渗透和运用到音乐教学中，通过以音乐为主线的综合艺术实践，帮助学生更直观地理解音乐的意义及其在人类艺术活动中的价值。

3. 知识与技能

（1）音乐基础知识：学习和了解音乐基本表现要素（如力度、速度、音色、节奏、旋律、和声等）和音乐常见结构（曲式）以及音乐体裁形式等基础知识，有效地促进学生音乐审美能力的形成与发展。

（2）音乐基本技能：培养学生自信、自然、有表情地歌唱；学习演唱、演奏的初步技能；在音乐听觉感知基础上识读乐谱，在音乐表现活动中运用乐谱。

（3）音乐创作与历史背景：以自由、即兴的创作方式表达自己的情感，学习浅显的音乐创作常识和技能。通过认知作曲家生平及作品的题材、体裁、风格等，了解中外音乐发展的简要历史，初步识别不同时代、不同民族的音乐，加深对中国民族音乐的认识和理解。

（4）音乐与相关文化：认识音乐与姊妹艺术的联系，感知不同艺术门类的主要表现手段和艺术形式特征，了解音乐与艺术之外的其他学科的联系。根据自己的生活经验和已学过的知识，认识音乐的社会功能，理解音乐与社会生活的关系。

（二）学段目标

1. 小学 1~2 年级

应充分注意这一学段学生以形象思维为主，好奇、好动、模仿力强的身心特点，善于利用儿童自然的嗓音和灵巧的形体，采用歌、舞、图片、游戏相结合的综合手段，进行直观教学。聆听音乐的材料要短小有趣，形象鲜明。激发和培养学生对音乐的兴趣。开发音乐的感知力，体验音乐的美感。能自然地、有表情地歌唱，乐于参与其他音乐表现和即兴创造活动。培养乐观的态度和友爱精神。

2. 小学 3~6 年级

学生的生活范围和认知领域进一步扩展，体验感受与探索创造的活动能力增强。应注意引导学生对音乐的整体感受，丰富教学曲目的体裁、形式，增加乐器演奏及音乐创造活动的分量，以生动活泼的教学形式和艺术的魅力吸引学生。保持学生对音乐的兴趣，使学生乐于参与音乐活动。培养音乐感受与鉴赏的能力。培养表现音乐的能力。培养艺术想象和创造力。培养乐观的态度和友爱精神。

五、课程设置

教学对象：幼儿园至高三年级学生。

教学课时：幼儿园至小学五年级每周 2 节；小学六年级至高三年级每周 1 节。

基础课程：歌唱课、器乐课、鉴赏课。

拓展课程：舞台实践课。

探究课程：探究演唱与器乐课中对打击乐的认识与使用，即教授器乐演奏知识、技能技巧的课。例如：识谱、乐理、键盘、演奏技巧、吹奏技巧等。

融通课程：综合课，即器乐与唱歌、欣赏、创作等其他形式结合的课型。

（一）演唱

1. 小学 1~2 年级

知道演唱的正确姿势。能够对指挥动作及前奏做出反应。

能够用自然的声音，按照节奏和曲调有表情地独唱或参与齐唱。

能采用不同的力度、速度表现歌曲的情绪。

每学年能够背唱歌曲 4~6 首。

2. 小学 3~6 年级

知道演唱的正确姿势及呼吸方法，并能在唱歌实践中逐步掌握和运用。能够对指挥动作及前奏做出恰当的反应。

能够用自然的声音、准确的节奏和音调有表情地独唱或参与齐唱、合唱。

能够对自己和他人的演唱做简单评价。

每学年能够背唱歌曲 4~6 首。

3. 初一至初三年级

能够主动参与各种演唱活动，养成良好的唱歌习惯。

能够自信地、有感情地演唱歌曲，在合唱中积累演唱经验，进一步感受合唱的艺术魅力，学习基本的指挥图示，能对指挥的起、止、表情等做出正确的反应。

学习变声期嗓音保护的知识，懂得嗓音保护的方法。

能够简单分析歌曲的特点与风格，表现歌曲的音乐情绪与意境。能够对自己、他人或集体的演唱做简单评价。

每学年能够背唱歌曲 2~4 首（其中中国民歌 1 首），学唱京剧或地方戏曲唱腔 1 段。

4. 高一至高二年级

了解不同题材、风格、形式的声乐作品及相关知识，感受人声的艺术表现力与美感。

参与合唱、重唱、独唱等实践活动，在歌唱中学习并逐步掌握歌唱的基本方法与技能。

在独唱中，深入理解作品的风格及表现要求，并依据自己的声音特点，自信而又有表现力的演唱。

在重唱中，独立承担一个声部的演唱任务，并能与其他声部默契、和谐地合作演唱。

掌握合唱的基本技巧，积累多声部演唱的经验。在合唱中，能够倾听其他声部的声音，在音准、音量及音色等方面保持声部间的和谐与均衡。理解作品的艺术内涵和表现要求。能对指挥的动作做出恰当的反应。

具备识谱能力，较熟练地运用乐谱学唱歌曲。

能对所唱歌曲的风格特点、情感和意境等进行初步分析，并对自己、他人或集体的演唱做出较为客观的评价。

（二）演奏

1. 幼儿园中班、大班

培养基本的节奏感，能够用简单的打击乐器配合身体律动，参与音乐表现活动。

2. 小学 1~2 年级

学习常见的打击乐器。（鼓、三角铁、碰钟、双响筒等）。

喜爱音乐，能够用打击乐器或其他音源合奏或为歌曲伴奏。

3. 小学 3~6 年级

乐于参与各种演奏活动。

学习课堂乐器的演奏方法（竹笛、竖笛）。

能够选择适当的演奏方法表现乐曲的情绪，并对自己和他人的演奏做出简单评价。

每学年能够演奏乐曲 2~3 首。

4. 初一至初三年级

乐于参与各种演奏活动。

学习乐器：葫芦丝、口风琴。

能够参与合奏，表现乐曲的情绪，并对自己和他人的演奏做出简单评价。

5. 高一至高二年级

乐于参与各种演奏活动。

以选修课的形式，开展乐器学习。如钢琴、电声乐器、打击乐器等。

小型乐队组合进行合奏，并表现乐曲的情绪。

（三）鉴赏

1. 小学 1~2 年级

乐意参与音乐欣赏活动，有积极的欣赏态度。

体验并享受音乐欣赏过程的快乐。

初步学习运用文学、美术、韵律动作等各种艺术表现手段来表达自己对音乐作品的想象和情感体验。

喜欢倾听周围生活中的各种声音，并用自己喜欢的方式（嗓音、动作等）来表达。

体验不同情绪的音乐，能够自然流露出相应表情或做出体态反应。

体验并能够说出音乐情绪的相同与不同。

2. 小学 3~6 年级

能够感受、体验音乐欣赏作品所表达的内容和情绪。

能够再认和区分已欣赏过的音乐作品。

乐意参与集体的音乐欣赏活动，并积极尝试和体验音乐欣赏过程的快乐。

听辨不同情绪的音乐，能够作简要描述。

能够体验并简要描述音乐情绪的变化。

能够感知音乐主题，区分音乐基本段落，并能够运用体态或线条、色彩做出相应的反应。

3. 初一至初三年级

能够理解音乐作品最基本的表现手段。

能够在音乐欣赏的过程中尝试与同伴交流与配合，共同协作来表达对音乐的感受和理解；

能初步感受性质鲜明、结构短小的歌曲或有标题的器乐曲的形象、内容和情感，并产生一定的外部动作反应。

在四二拍、四三拍、四四拍、八三拍、八六拍拍号条件下，能听辨、模唱、识读、记写简单的音乐短句或经典音乐主题。

4. 高一至高三年级

了解音乐家背后的故事，研究曲风、音乐文化、社会背景之间的关系。

背唱主题音乐，分析主题和段落的变化，并能用音乐的语言进行描述作品的风格、体裁情绪特点。

确立研究主题与方向，撰写调研报告。

（四）舞台实践

结合学校的艺术节、合唱节、戏剧节等演出活动，给学生提供舞台实践的机会。

1. 幼儿园

音乐与舞蹈结合，孩子们参加园里的圣诞表演，使孩子们有初步的舞台体验。

2. 小学 1~6 年级

能够参与综合性艺术表演活动。在律动、集体舞、音乐游戏、歌唱表演等活动中与他人合作。

参加小学部的艺术节、"12.9" 合唱节演出。并以专业团队为依托（如合唱团、管乐团、京剧团等），增加舞台实践的专业性。

3. 初一至高三年级

能够主动地参与综合性音乐表演活动，并从中享有乐趣。

在有情节的音乐表演活动中担当一个角色。

参加中学部的艺术节、"12.9" 合唱节演出。并以专业团队为依托（如合唱团、管乐团、京剧团等），增加舞台实践的专业性。

能够对自己、他人的表演进行简单的评价。

六、课程评价

音乐课程注重评价与教学的协调统一，我们对学生进行评价的基本重心在于"发展"二字，即用发展的眼光、从发展的角度、从儿童身心发展的全方位来考察与评价学生。《基础教育课程改革纲要》指出："评价不仅要关注学生的学习成绩，而且要发现和发展学生多方面的潜能，了解学生发展中的需求，帮助学生认识自我，建立自信，发挥评价的教育功能，促进学生在原有水平上的发展。"《音乐课程标准》也明确指出："音乐课程评价应在体现素质教育目标的前提下，以音乐课程价值和基本目标的实现为评价的出发点，建立综合评价机制，评价的目的是为了促进每个学生全面发展。对学生教学学习的评价，既要关心学生学习的结果，更要关注他们在学习过程中的变化与发展。"

（一）评价原则

每位学生的音乐天赋、能力是有差异的，教师在评定学生音乐成绩时，一要依据课程标准的基本要求，注重创新精神和实践能力的发展；二要重视学生的自我评价；三要根据学生的具体条件做出公正合理的综合评定。

（二）评价内容

评价内容主要包括看、唱、听、赏、奏、演几方面。

看（注意力集中、看老师、看黑板等）；唱（演唱、说唱等）；听（倾听、听辨、听同学发言等）；赏（能准确说出相关年级听赏或图片等作品名称及相关的知识，表达自己的体验）；奏（演奏或掌握一种简易乐器或打击乐器，对相关年级所需了解的乐器名称等）；演（积极参与，大胆表现，敢于标新，结合相关知识、作品，表达自己的体验、自由表演等）。

（三）评价方法

1. 形成性评价与终结性评价相结合

音乐教学的实践过程，是评价的一个重要方面，应予充分的关注，在教学过程中经常进行。可采用观察、谈话、提问、讨论、唱（奏）等方式进行。

2. 定性评价与定量测评相结合

在音乐教学活动中，对学生的音乐兴趣、爱好、情感反应、参与态度、交流合作，知识与技能的掌握情况等，可以用较为准确、形象的文字进行定性评价,也可根据需要和可行性,进行量化测评,无论采用哪种方法都要注意科学性。

3. 自评、互评及他评相结合

学生的评价可采用自评的方式,以描述性评价和鼓励性评价为主。由于在音乐学习中学生个体差异明显,因此,学生评价的重点应放在自我发展的纵向比较上。

(四)评价措施

1. 建立每月学习评价机制

每月学生对自己的音乐学习进行一次自我评价、小组评价、教师评价,以表格形式进行。

评价操作:表中的各项评价,根据不同年级学生的年龄特点,心理特征而灵活设计。如低年级的学生对图画色彩、小贴画比较感兴趣也具有诱惑力,可以把单调的文字用简图代替,然后制成大表贴在墙上,由学生自评或互评的形式,教师及时鼓励、表扬、激励敢于实践,表现好的学生给予五角星或大笑脸的奖励,由学生自己贴在表中或由科代表贴。中、高年级的学生,由自评或互评的形式以等级评定,此表由科代表或学生推荐的"管理员"负责。

2. 学期终结评价

学期终结评价是目标达成评价,主要是总结、了解学生一学期或学年在学习过程中行为形成、能力培养、知识掌握等,它包括课堂练习、纪律、学习情感态度等。综合评价见表2-12-1。

表2-12-1 音乐综合评价表

音乐综合评价表							
看	唱	听	赏	奏	演	特长	总评

(1)评价等级:A、B、C、D四个等级。

(2)采用自评和组评的方式。

(3)特长项:有的学生参加各种文艺演出、比赛等,获奖证书、奖励等,都可记录。

七、实施保障

（一）满足学生学习的必备条件

在音乐学习中，我们要满足学生学习音乐的必备条件。如：管乐社团中，我们要具备场地保障、师资的保障、经费的保障、课时的保障等。

（二）丰富的音乐教学的书籍和音像资源

学校图书馆中的音乐书籍和其他资源，包括教师参考书、杂志、课堂实录光盘等，可供教师备课和上课、学生收集、查阅资料以及自学或合作学习时使用。

（三）拓展课外音乐教学的资源

教师应广泛利用图书馆、音乐厅、艺术活动中心等校外的课程资源，开展多种形式的艺术教育活动。

（四）充分利用社会文化资源

教师可以运用社会文化资源（如文体活动、节庆、纪念日、影视、戏剧等）进行音乐教学。

（刘智慧　黄丽娜　付云舍）

第 21 章　美术学科一体化魅力课程体系

一、指导思想

以《全日制义务教育美术课程标准》为主要依据，以曾校长倡导的"实现至少每人拥有一门艺术特长"为愿景，以美术学科五大核心素养为教学目标划分美术学习领域，加强学习活动的综合性和探索性，注重美术课程与学生生活经验紧密关联，注重学生的实践能力和综合运用能力。提高其审美意识、审美能力、想象力和创造力，增强对大自然和人类社会的热爱及责任感。

二、背景分析

美术教学在幼、小、初、高的教育中是不可缺少的组成部分。多年来由于教学思想的主导，美术课程的地位始终不明确，很多学校忽视美术课程的地位和作用，严重影响了中小学生在审美情操、道德品质、智力活动、劳动技术等方面的发展。特别是目前，初中后学生选择职业学校，或高中后选择与之相关的应用学科的大学，学生的美术能力根本适应不了现代化生产技术的需要。美术是直观教学，而直观教学是中小学生获得感性认识的重要途径。作为十五年一体化的学校，多数学生将从幼儿园开始学习，并在北京实验学校的校园完成 12～15 年的教育。这种直观的学习如果错过，将不可避免地耽误学生综合素养的提升。当他们的学业素质和综合素质随着年龄的增长逐年提高，有主动规划未来和很强的自主管理意识和能力，有迫切的求知欲望和广泛的课余爱好时，将美术课程体系科学开设，合理衔接，可促使学生在不同类课程的学习中发展能力、发展兴趣、激发动力、锻炼思维、增强活力。所以必要的美术基础知识教学和基本美术技能的训练，可以阶梯式地提升他们的审美能力、造型能力、空间想象能力、手工艺术操作能力，对其将来从事各项工作或进入高等学校学习都具有深刻的意义。

随着课程改革的逐年深入，加上学校魅力课堂的开展，美术课程资源逐年积累、充实。可供选择的版本多种多样，同时开发的多本校本教材均投入使用，构建了必修课、选修课、实践社团在内的综合美术技能培养体系。在硬件设施上，教室、美术教室、社团教室充分满足了目前美术课程授课及活动需要，为进一步的十五年一贯制的课程研究打下了坚实的基础。

通过几年的美术课程实践，已经确定各年级美术的基本学习任务和载体，多彩多样的美术实践活动充分满足了美术课程的需要，如绘画类、各类手工制作、美术设计实践等形式的学习，既满足学生对个性化学习的需求，又全面培养了他们的五大核心素养。但是在教学中不难发现，各阶段的课程没有统一的指导和安排，课程体系间是不连贯、不整体的，随着年级的升高和课程压力的增大，忽视对美术技能的训练成为必然，造成课程体系的进一步削弱，影响整体的教学效果。

三、课程愿景

伴随北京实验学校教育集团化办学发展的趋势，对十五年一贯制教育模式的探索，对建立幼儿园、小学、初中和高中一体化教育机制，实现各学段美术课程的有机衔接，实现美术教学资源共享，优势互补，共同发展。对创造适合孩子一生发展的美术教育，无疑具有更加重要的现实意义。

针对各学段美术教学的相关内容，教师通过教学计划，提升课程的整体性设计能力，运用手工、雕刻、绘画、设计等多种载体，结合日常课程、社团、实践等形式，将美术课的艺术魅力对学生进行传达，培养社会实用的综合素质人才。

四、培养目标

（一）美术课标准课程目标分析

美术课程不同于其他课程，课程设计的内容取决于学生的年龄特点和阶段的适应能力，因此在幼儿园（学前三年）、小学、初中、高中的具体目标均有其不同的特点，分析见表2-13-1。

表 2-13-1　各学段美术课程目标

阶段	目标描述
小班学段	（1）感受与欣赏 喜欢自然界与生活中美的事物，喜欢观看，容易被吸引 喜欢欣赏多种多样的艺术形式和作品 （2）表现与创造 喜欢进行艺术活动，并大胆表现
中班学段	（1）感受与欣赏 欣赏、感知自然界和生活中的美 能专心观察，有模仿参与的愿望，欣赏时会产生相应联想和情绪反应 （2）表现与创造 能用多种媒材表达自己所闻所想
大班学段	（1）感受与欣赏 收集、介绍、模仿、联想 欣赏时用表情、动作和语言等方式表达所有情感 （2）表现与创造 培养儿童对绘画的兴趣，能愉快大胆地作画
小学低学段 （1~2年级）	（1）尝试不同工具，用纸以及身边容易找到的各种媒材，通过看看、画画、做做等方法大胆、自由地把所见所闻、所感所想的事物表现出来，进行简单组合和装饰，体验造型活动的乐趣 （2）观赏自然和各类美术作品的形与色，能用语言大胆表达自己的感受
小学中学段 （3~4年级）	（1）初步认识形、色与肌理等美术语言，学习使用各种工具，体验不同媒材的效果，激发丰富的想象力与创造愿望 （2）学习对比与和谐、对称与均衡等组合原理，了解一些简易的创意和手工制作的方法，进行简单的设计和装饰，感受设计制作与其他美术活动的区别
小学高学段 （5~6年级）	（1）运用多种美术语言，以描绘和立体造型的方法，选择适合于自己的工具、材料，记录与表现所见所闻、所感所想的事物，发展美术构思与创作的能力，传递自己的思想和情感 （2）欣赏、认识自然美和美术作品的材料、形式与内容等特征，通过描述、分析与讨论等方式，了解美术表现的多样性，表达自己对美术作品的感受和理解。结合学校和社区的活动，以美术与科学课程和其他课程的知识、技能相结合的方式，进行策划、制作、表演与展示，体会美术与环境及传统文化的关系

续表

阶段	目标描述
初中阶段	（1）鼓励学生有目的的运用形状、色彩、肌理、空间与形体明暗等美术语言，并运用适当的工具材料，以平面或立体等不同的艺术形式进行美术实践与创作，用美术特有的方式，表达与传递自己的思想情感，并从中获得成功体验与成长感悟 （2）学习并了解不同的设计类别、功能与特点。运用形式美法则以及不同的组合原理，如对比与和谐、对称与均衡、节奏与韵律、多样与统一等艺术语言，利用不同的媒材特点，进行有机的创意与设计，形成初步的设计意识，从而达到美化生活，增添生活情趣 （3）培养一双发现美的眼睛，从多角度认识与欣赏自然之美，并能从美术作品的使用材料、内容形式和表现特征，获得初步的审美体验和美术欣赏能力，初步了解中外美术的发生与发展脉络，能对美术现象与美术作品进行简短的评述 （4）结合北京地域特点，调查、了解美术与传统文化及北京地域环境的关系，用美术的方式进行调研、规划、记录与制作；通过跨学科学习，理解在同一主题下共通的原理
高中阶段	（1）通过美术鉴赏的学习，懂得美术鉴赏的基本方法，使用恰当的美术术语（如空间、体量、结构、层次、明暗、对比、节奏、韵律），尝试用自己的观点，采用一种或多种方法对艺术作品进行分析、描述、评价与解释，并就美术作品与同学进行交流 （2）根据兴趣与自身特点，选择学习一至两个画种，如中国画、油画、水彩画等进行较深入的学习尝试与体验，从而掌握某种基本技法、表现形式，并进行创作实践。了解主要的设计类别、功能，运用对比与和谐、对称与均衡、节奏与韵律、多样与统一等组合原理，利用美术特性，进行创意和设计，美化生活，形成初步的设计意识 （3）结合通用技术课程，同时根据自己的兴趣爱好，在基础设计领域，如标志与招贴设计、服装设计、生活用品和环境艺术设计等内容中，选修一种或数种内容。根据作品功能和审美要求进行有创意的构思和设计，学习以口头或书面的形式对自己或同学的作品进行评价。多视角欣赏和认识自然美和美术作品的材质、形式和内容特征，获得初步的审美经验和鉴赏能力，初步了解中外美术发展概况，能对美术作品和美术现象进行评述 （4）通过调查和了解，认识美术与传统文化及环境的关系，运用美术的手段与方法进行记录、规划与制作，并理解其主题与原理具有共通性

（二）美术标准课程标准分析

通过上述目标展示，可以看到，美术课程在各学段教学内容既有交叉，又有不同。同一学习内容因学生的年龄层次，难易程度有所差异，同时年龄越小，直观的美术认知教育越强，中间年龄阶段又以动手实践的感知活动为主，随着年龄的增长，以熟练的操作绘画技巧和设计技巧展开。因此，美术课程体系的划分是按照学习内容构建的，新课标称之为四个学习领域，四个学习领域的构建见图2-13-1。

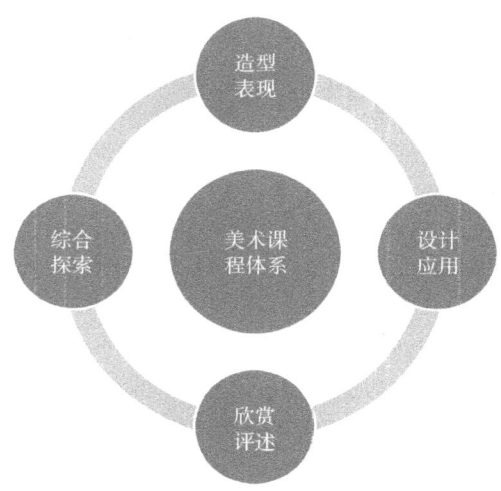

图2-13-1　美术课程体系的四个学习领域

1."造型·表现"学习领域

"造型·表现"领域是指运用多种材料和手段，体验造型乐趣，表达情感和思想的学习领域。造型是具有广泛含义的概念，但在本学习领域中指的是运用描绘、雕塑、拓印等手段和方法，创作视觉形象的艺术创作活动。表现则是通过美术创作活动来传达观念、情感和意义的过程。造型与表现是美术创造活动的两个方面，造型是表现的基础，表现是通过造型的过程和结果而实现的。本学习领域在低年级阶段强调感受、体验和游戏性，看、画、做、玩融为一体，模糊学科门类界线。随着学生年龄的增长和学习的深入，美术学科知识的轮廓将逐渐适度地显现。

设置"造型·表现"学习领域旨在突出学生的学习活动方式，淡化过于强调学科特色的倾向。本学习领域不是以单纯的知识、技能传授为目的，而是要贴近学生不同年龄阶段的身心发展特征与美术学习的实际水平，鼓励学生积极参与造型表现活动。在教学过程中，应引导学生主动寻找与尝试不同的材料，探索各种造型方法；不仅关注学生美术作业的结果，还要重视学生在"造型·表现"活动中参与和探究的过程。

2. "设计·应用"学习领域

"设计·应用"领域是指运用一定的物质材料和手段，围绕一定的目的和用途进行设计与制作，传递、交流信息，美化生活及环境，培养设计意识和实践能力的学习领域。本学习领域中"设计"一词包括与学生生活有关的现代设计基础和传统工艺。

在义务教育阶段设置"设计·应用"学习领域的主要目的是培养学生形成设计意识和提高动手能力。因此，在这一学习领域的教学中，应遵循学生认知发展规律，从学生实际出发，避免学科知识专业化倾向。教学内容的选择应贴近学生的生活实际，联系社会，加强趣味性、应用性，使学生始终保持学习的浓厚兴趣和创造欲望。

3. "欣赏·评述"学习领域

"欣赏·评述"领域是指学生对自然美和美术作品等视觉世界进行欣赏和评述，逐步形成审美趣味和提高美术欣赏能力的学习领域。除了通过欣赏获得审美感受之外，还应用语言、文字等表述自己对自然美和美术作品等视觉世界的感受、认识和理解。

"欣赏·评述"教学也可以利用当地的文化资源，使学生更好地了解艺术与社会、艺术与历史、艺术与文化的关系，涵养人文精神。

4. "综合·探索"学习领域

"综合·探索"领域是指通过综合性的美术活动，引导学生主动探索、研究、创造以及综合解决问题的美术学习领域。它分为三个层次：①融美术各学习领域（"造型·表现""设计·应用""欣赏·评述"）为一体；②美术与其他学科相综合；③美术与现实社会相联系。三个层次之间又有着不同程度的交叉或重叠。

"综合·探索"学习领域的教学，要求教师寻找美术各门类、美术与其他学科、美术与现实社会之间的连接点，设计出丰富多彩的"综合·探索"领域的课程。在教学过程中，应特别注重以学生为主体的研讨和探索，引导学生积极探索美术与其他学科、与社会生活相结合的方法，进行跨学科学习活动。

五、课程设置

(一) 课程结构

美术课程结构见图 2-13-2。

1. 基础课程

基础课程旨在深挖教材,最大限度地让全员都参与。教学以美术学科核心素养作为基础的教学活动,主要是教科书必修课程。

2. 拓展课程

拓展课程以选修课的形式来开展,凸显学科特色,尽可能地呈现学科的多样性,为专业的苗子打下好的基础。选修课是拓展课程中重要的部分,学生可以根据自己的兴趣爱好上报想学的课,真正的以学生为本,而不是老师来开设什么选修课让学生被动地选择。

3. 探究课程

探究课程是以学生的社团活动、研究性学习和艺术节活动的形式开展。研究性学习是学生以自己感兴趣的话题展开研究,以论文或者实验的形式呈现。

4. 融通课程

利用学校十五年一贯制的优势,发展艺术特长,建艺术特色校。幼儿园的老师应该熟悉小学的艺术课程,而小学的老师应该熟悉幼儿园和初中的课程,初中的老师则应该熟悉小学的课程。所以,通过幼、小、中教师一起教研能够达到这个目的。甚至利用固定的教研时间,老师到不同的班级上研究课。另外,可以招收十五年一贯制的实验班。艺术教育也具有一定的连贯性,把十五年一贯制的教材根据学情来进行改编,有专业教师自始至终的教学,从而从小培养学生的艺术素养。

5. 学科综合课程

不同学科的老师共上一堂课。例如,以飞机为主题,信息老师从飞机的飞行原理和结构组成的部分来讲解,接下来,美术老师以画飞机,重点让学生从飞机外形和结构上来表现。最后是折纸飞机,体育老师以抛掷纸飞机来讲解体育运动的相关知识。

第 21 章　美术学科一体化魅力课程体系 | 283

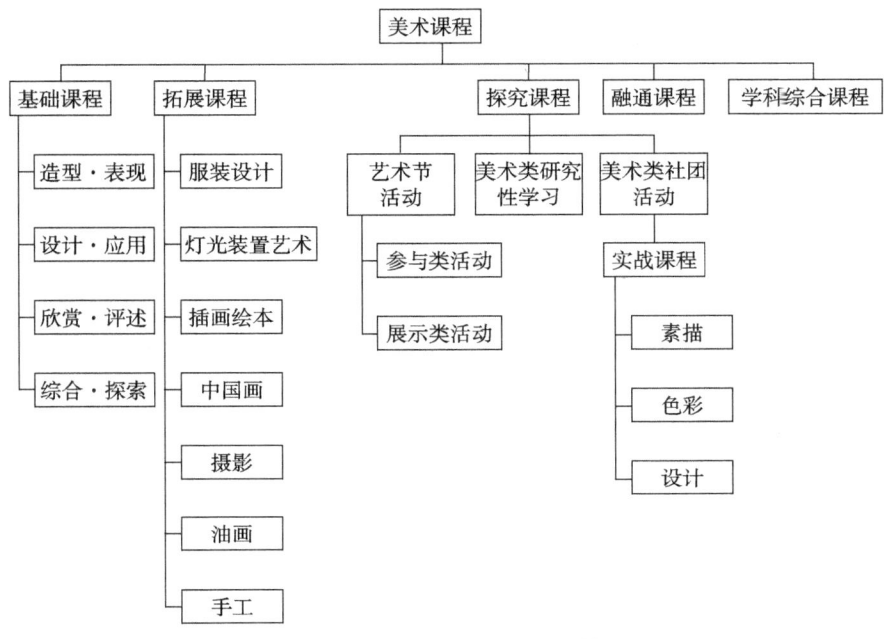

图 2-13-2　美术学科课程结构

（二）幼儿园课程

1. 幼儿园美术教学的内容主要包括绘画、手工、欣赏三个部分

（1）绘画：形式上可分为命题画、意愿画、装饰画；从工具、材料、表现技法上看，绘画又分为折纸添画、棉签画、印章画、指点画；按物体的轮廓可分为描画涂色、蜡笔水彩画、水墨画等。

（2）手工：泥工，包括命题泥工、意愿泥工、彩塑等；纸工，包括折纸、粘贴、撕贴、剪贴、染纸等；自制玩具，包括纸制、泥制、其他材料制作玩具。

（3）欣赏：美术欣赏的内容包括欣赏一些幼儿能够理解的美术作品，绘画、民间工艺美术品、自然景物、节日装饰、环境布置以及学习评价自己和同伴的作品等。

2. 内容分析

从上述内容分析，幼儿园的美术教学主要是发展幼儿对美的感受力、表现力，培养他们的观察力、记忆力、想象力、创造力和动手操作能力，并形成幼儿良好的个性心理品质，兼顾提高幼儿学习其他学科的效果。所以美术课的主要任务是培养幼儿初步的审美能力和对美术的兴趣；发展幼儿手的动作；教给幼儿简单的美术技能，发展幼儿的智力；培养幼儿良好的品德。

因此，从教学内容上看，"造型·表现"基本占到了课程的60%以上，教学载体以观察、简单的线描、对色彩的认知为主，不断启发学生发现生活中的美，描绘生活中的美。手工课上主要是锻炼动手造型的能力和兴趣，同时兼顾开发学生的智力。根据学生的年龄层次，"欣赏·评述"大概占课程的30%左右，需要接触简单的美术知识，并能够评价同学的作品。"设计·应用"占比大概在20%左右，主要是通过观看和感知，进行抽象和提炼，总结出线条和色彩。"综合·探索"大概占10%，局限在简单的综合美术应用。

3. 魅力幼儿美术课程提炼

综合上述分析和提炼，结合我校实际教学情况，幼儿阶段可开设国画、漫画、幼儿雕塑等魅力美术课程。国画主要是利用水墨颜料进行绘画的临摹练习，在体验中国传统文化的同时，利用线、晕染、色彩等多种造型手法，培养学生的造型表现能力，激发学生的绘画兴趣。漫画课程主要以线条和颜色的造型绘制动画片中的角色，感受漫画的绘制过程，鼓励进行动漫创作。幼儿雕塑课程可以综合利用各种材料进行作品的创作，促进幼儿对立体、空间感的形成，同时锻炼动手能力，提高他们的审美意识。

（三）小学课程

1. 内容分析

小学美术主要是促进学生创设情境，激发兴趣，并通过美术教学，培养学生的观察能力、想象力、创造力和动手操作能力。在对内容的研究上，由于小学学习时间的关系，可以分成不同的年龄阶段，如1~2年级段、3~4年级段和5~6年级段。在内容上，"造型·表现"训练占有很高的比重，占课程的70%左右，内容从简单的线条造型到具象绘画，再到六年级的抽象绘画，由简入繁，层次递进明显。在四年级初步讲解色彩的知识，并添加了很多写生的内容。"设计·应用"在小学阶段逐渐加大，占课程内容的60%左右，一年级就已经开设电脑美术，后期电脑动画和绘画直接面对未来应用领域。同时在抽象画、应用设计等方面均有突出的内容体现。"欣赏·评述"大概占课程的30%，特别是加大了对传统文化的认识。在新课标中激发学生的创造力是非常关键的，所以"综合·探索"大概占了课程的80%，主要是结合生活中的事、物、人等内容，进行认知、创作，让学生学会观察，激发他们的想象力。

2. 魅力小学美术课程提炼

综合上述分析和提炼，结合我校实际教学情况，小学阶段已开设国画、动漫、书法、基础绘画初级、景泰蓝艺术等魅力美术课程。国画课从幼儿简笔国画的基础上逐步加入技法的训练，从构图、用笔、透视、创作等内容上组织六年的课程。动漫课程在简单漫画创作开始，逐步加入数字绘画、Flash动画、优雅动画创作等基础动漫课程，鼓励学生的动漫创作热情。硬、软笔书法课从一年级开设，从简单的笔画训练开始逐步到书法创作。基础绘画初级从三年级开始开设，从简单的静物写生逐步拓展到组合静物的练习，四年级后开始色彩绘画的学习。景泰蓝传统艺术绘画课则以社团课形式1~6年级均开设。

（四）中学课程

1. 内容分析

初中美术逐渐注意各方面培养的均衡性，不再专以培养造型能力为主要目标，加大了欣赏评述、设计应用等内容的力度，同时更加贴近生活中真实的美术应用能力的培养。"造型·表现"占17%；"设计·应用"占23%；"欣赏·评述"占37%；"综合·探索"占23%。

2. 魅力初中美术课程提炼

综合上述分析和提炼，结合我校实际教学情况，初中学阶段已开设国画入门课、书法、电脑美术设计初级、基础绘画中级等魅力美术课程。国画、书法创作主要是通过写生、临摹等形式进行学习。基础绘画中级主要是练习石膏头像、色彩、速写等科目，为学生考学或职业选择奠定基础。

（五）高中课程

1. 内容分析

高中美术课程主要以欣赏类课程为主，同时开设中国画、书法篆刻等传统艺术课程，工艺、电脑美术，摄像摄影等现代媒体课程。学生可以从不同方面认识美术的作用与价值，并联系实际认识美术的文化内涵与存在意义，深入学习并理解美术的造型语言，了解美术的创作过程与方法，形式美感与审美价值，学习运用相关材料、技法或现代媒体创造性地进行创意表现、设计或制作，表达自己的思想和情感以及美化生活。利用技术语言表达自我，了解不同美术门类的特征特点及发生发展过程，通过不同形式获得有关美术的知识，理解美术作品的文化内涵与不同的风格特征，认识祖国优秀的传统文化，同时尊重并理解世界不同地域的文化多样性。丰富美术知识，涵养人文素质，提高美术综合素养。发展创造力，丰富想象力，促进思维方式的灵活性和多样性，学会用美术的方式方法或结合其他方式方法解决学习和生活中遇到的问题和困难。最后学会运用美术展示的知识和方法，有创意地展现美术学习的成果，增强自我表达意识，学会自我认识与评价，学会评价他人的美术成果；通过以造型艺术和视觉艺术为主的艺术交流活动，构架起与他人思想与情感沟通的桥梁。《造型·表现》占30%；《设计·应用》占60%；《欣赏·评述》占70%；《综合·探索》占50%。

2. 魅力高中美术课程提炼

综合上述分析和提炼，结合我校实际教学情况，高中学阶段可开设国画高级创作、书法高级创作、电脑美术设计高级、基础绘画高级等魅力美术课程。国画、书法是在标准美术课程的基础上，进行高级绘画原创的绘画学习。电脑美术设计高级是进一步进行设计课程的学习，从而为艺术考试做准备。基础绘画高级主要是练习人物头像、色彩、速写等科目，为学生考学或职业选择奠定基础

六、课程实施

幼儿园阶段的美术课以游戏和兴趣为主，体验各种绘画材料。小学阶段的美术可以在其他学科中有渗透，让学生对美术具有持久的兴趣。初中和高中阶段美术则是要尊重和满足不同学生的需要，运用多种教学方式和手段，引导学生积极主动地创造，掌握最基本的美术知识和技能，了解美术基本的门类，具有基本的审美意识，形成积极的情感态度和正确的价值观，提高人文素养，为学生的终身发展奠定基础。

七、课程评价

（一）测评原则

测评面向全体学生，紧扣美术核心素养，重激励，轻甄别，过程为主，结果为辅，学生互评为主，教师评价为辅。

基于美术学科的五大核心素养"图像识读、美术表现、创意实践、审美判断、文化理解"的评价标准和评价体系，以学生获得美术知识各有益信息为目的的对图像的观看、识别和解读；运用一定的媒材、技术和美术语言创造图像；对美术作品和现实中的审美对象进行感知、鉴别、评价、判断与表达；对在创新意识主导下的思维和行为，创新意识指从不同的愿望、

意识、文化的角度看待美术作品和现象，认同中华优秀文化，尊重人类文化的多样性。

根据核心素养将测评分为两个一级指标，四个二级指标，十四个三级指标。设计了三个测评维度以及五个观测点（表 2-13-2）。

表 2-13-2　美术三个测评维度以及五个观测点

一级指标	二级指标	三级指标	测评维度	观测点
美术素养	图像识读	识别图形图像	1. 学业测评 2. 社团测评 3. 实践测评	1. 美术应用 2. 美术创造 3. 情感态度 4. 美术实践 5. 理解文化
		了解美术规律		
		关注应用美术		
	美术表现	方法工具材料		
		类别技法语言		
		美术表达与创造		
人文素养	审美	流派人物术语		
		作品类别和特点		
		审美判断与赏析		
		理解作品内涵		
	文化理解	包容世界文化		
		了解民族文化		
		熟悉中国文化		
		认识历史文化		

美术课程评价的目的是提高教学质量，为此，根据北京实验学校十五年一贯制课程要求树立了全新的评价理念（表 2-13-3），主要包括以下四个方面。

（1）学生的自我评价。

（2）注重对学生美术活动表现的评价。

（3）采用多种评价方式评价学生的美术作业。

（4）学分制度的建立。

表 2-13-3　小学低、中、高学段美术素养评价表

序号	学段	评价提示	权重（建议用"√"表示）	
1	低学段（一、二年级）	1. 了解简单的线、形、色彩知识	5%	
		2. 了解简单的媒材，乐于表现	5%	
		3. 观赏自然景物和美术作品，并能大胆表达感受	5%	
		4. 培养想象力和创造力	5%	
		小计	5%	
2	中学段（三、四年级）	1. 初步认识线条、形色、肌理等美术基础知识与基本技能	5%	
		2. 尝试运用多种媒材，培养艺术探究精神，大胆表现，勇于创新	5%	
		3. 欣赏中外美术作品与民间特色作品，逐步形成尊重世界多元文化的美术素养	5%	
		4. 培养创造力，能对自己和他人的美术作品进行欣赏评述	5%	
		小计	5%	
3	高学段（五、六年级）	1. 初步掌握线、形、色、肌理、空间等美术语言	5%	
		2. 能综合运用媒材，提高动手能力、设计能力	5%	
		3. 欣赏中外美术作品，了解有代表性美术家，并能用简单美术术语进行分析	5%	
		4. 结合不同活动与课程综合探究，提高欣赏评述能力	5%	
		小计	5%	

（二）测评实施

1. 基础课程测评

基础课程测评面向全体学生，课程练习和作业展评各占50%。课程练习是考查学生运用教材中所学到的美术技能进行实践应用。作业展评分班级、

年级、学校作业展。班级展必须展出每一位学生的课堂常态作业，不需要甄选。每个教学单元举办一次，年级展是将各班级展中甄选出 50% 的作品，在年级所在的走廊集中展示，每学期 1~2 次。学校展是将各年级展中甄选出 30% 的作品，在学校艺术节或专题作业展中集中展示，每学期一次，充分利用学校所有的空间。

2. 探究课程测评

探究课测评以观测参加艺术节，参加研究性学习和参加美术类社团活动。另外参观美术展览、博物馆，阅读美术书籍，关注美术信息，记录美术活动进行测试，测评重过程、重综合能力、重思维培养和自主的学习方法。

八、课程实施保障

（1）组织保障。

（2）教研保障。

（3）师资保障。

（4）课程资源保障。

（5）选课指导保障。

（6）制度保障。

（刘少伟　姜　博）

第 22 章　舞蹈学科一体化魅力课程体系

一、指导思想

舞蹈教育是学校艺术教育中不可分割的重要组成部分，其承载的审美教育价值、身心健康价值、文化传承与创造价值等，在促进学生全面而有个性的发展、落实立德树人根本任务方面发挥着关键作用。舞蹈课是一门通用性和复合性很强的艺术课程，它不可局限于帮助学生接触了解有限的舞蹈作品，也不可满足于对舞蹈的鉴赏和舞蹈知识、技能的教授。因为舞蹈不仅是一种综合了动作、律动、表情、构图、音乐、舞美等形式美的舞台艺术，而且是特定历史文化背景下的产物。我们通过对舞蹈的鉴赏与学习，可以在历史、人文、生态、风俗等不同方面获得超出舞蹈形式本身的知识感受，并在与其他学科的相互参照与共鸣中，推动学生形成全面完整、相互贯通的知识结构和人文修养。因此，舞蹈课的教学应该在讲解基本舞蹈艺术理论、掌握基本舞蹈技能的同时，致力于从更深更广的文化层面阐释舞蹈与其他艺术门类的关联性，并注重挖掘其中传统与现代的关系，比照舞蹈在中外文化谱系中的异同，甚至要利用好舞蹈典型人物对学生的教育作用。

舞蹈门类千姿百态，舞蹈作品浩如烟海，舞蹈课学时有限，内容究竟该如何取舍？作为百年老校、北京艺术教育特色校，舞蹈教育要面向全体学生，注重个性发展，重视学生的艺术实践及其创造力。在内容的选择上，一是尽量兼顾不同舞蹈形式，古今中外大致有所涉猎；二是选择题材人物力求爱国立志、积极乐观，对学生产生正面激励作用；三是结合各学段学生年龄的特点，兼顾流行元素，适当吸收现代、时尚舞蹈形式，引导学生形成正确、全面的舞蹈审美认识。

蔡元培先生曾讲过，"美育是最重要、最基础的人生观教育"。舞蹈作为一种审美艺术教育，是一种孕育着人文精神的教育活动，是对不同学段学生艺术感觉培养的有效途径。作为教育者，我们应以现代课堂教学理念为指导，认真总结不同学段舞蹈课堂教学理论，不断探索适合北京实验学校十五年一贯制特点和需要的课程设置和教育模式，让每个北京实验学校学生都能通过舞蹈课程拥有一双能够发现美好事物的眼睛，能够拥有更加富有情趣的人生和更高的精神境界。

二、背景分析

"十八届三中全会"以来，党中央明确提出把美育作为教育的根本任务之一和衡量教育质量的一项重要内容，提出"改进美育教学，提高学生审美和人文素养"。国务院办公厅2015年发布《关于全面加强和改进学校美育工作的意见》指出，美育与德育、智育、体育相辅相成、相互促进，明确提出要构建包括优质舞蹈教育课程在内的美育课程体系。随着素质教育的不断推进，舞蹈教育日益成为中小学教育中一个必不可少的手段，在社会和学校越来越受到重视。舞蹈在美育中具有独特重要性，对处于发育期和青春期的中小学生而言，它不仅可以从技术层面提高学生舞蹈水平，在精神层面还能帮助学生提高审美能力，培育高尚的道德情操，在身体层面还可以起到强身健体、塑造形体的作用。

为贯彻国务院与教育部相关政策，加强实施素质教育，改进美育教育，提高学生审美能力和人文素养，北京市教委于2014年在北京市50所中小学校开设舞蹈课程，并将其纳入学校必修课。2019年，海淀区进一步修订了中小学舞蹈课程标准，确定了课程总目标与阶段性目标，并研发了相关系列资源和学科表现性评价工具，为教师在现场的教学实践提供了标准与指导。

"北京实验学校近五年教育综合改革记"中提出：学校计划通过十五年的教育，使每一个在北京实验学校毕业的学生都拥有一门艺术特长。曾军良校长倡导孩子们要实现自我超越，不仅要通过学习成绩，还要通过艺术手段彰显个人魅力，即精心精细出佳绩，用艺术教育点亮魅力教育。尤其是舞蹈教育，在我校始终被视为培养学生审美素养的气质胸襟的重要手段。多年来，舞蹈学科不仅在中小幼不同阶段的课堂舞蹈教学中不断探索，形成了基本的课程体系和教学方法，也在不断完善课堂舞蹈教育的同时，通过抓好学校舞蹈团的建设，努力打造中小学生在课堂之外参与舞蹈活动的重要平台。课程体系的不断完善和舞蹈团的规范稳定运营，大大激发了学生热爱和参与舞蹈的积极性，为我校舞蹈教育事业的发展注入了动力和活力。

北京实验学校作为百年名校，是北京艺术教育特色校，海淀区艺术教育传统校，是顺应孩子天性发展、激发孩子自然成长、自己成长、自觉成长，并张扬个性、启迪灵性的学校。北京实验学校又是一所中小幼一贯制学校，学校师资丰富又相互融通，教学计划通盘设计且彼此呼应，不同阶段教育之间的衔接本来就比他校更具优势。在开展中小幼一体化课程体系建设方面，北京实验学校舞蹈教育的基础是好的，条件是具备的。

三、课程目标

舞蹈学科的核心素养是帮助学生在接受相应学段舞蹈教育的过程中，逐步形成适应个体发展和社会发展需要的必备品格、关键能力与价值观念。根据舞蹈学科的特殊性与育人价值，这些素养主要包括四个方面：一是身体表达，即通过舞蹈帮助学生学会通过身体动作传达情感、表达思想，提升学生表现美的能力，进而塑造形体，促进身心健康成长；二是实践创新，主要是指舞蹈的表演和创新能力，其中表演是手段，创造是目的，推动学生发挥想象力，创造性地编排、设计舞蹈动作乃至作品；三是审美趣味，主要是指推动学生在艺术鉴赏和体验中，培养辨别美丑、区分雅俗的能力，提升对于美的品位，培养健康向上的审美价值取向；四是文化理解，即帮助学生通过接触各种舞蹈形式，加深对世界多元文化的感知与理解，不断开阔视野，培养社会责任感。

根据舞蹈学科的核心素养，舞蹈课程的主要目标为：推动学生通过对各学段舞蹈课程的学习，在不断获得舞蹈基本知识与技能的基础上，在舞蹈感知与体验、表达与创造、审美与评价等过程中，不断培养健康的身心，塑造良好的身体形态，陶冶高尚的道德情操，提高审美意识与创造能力，为成为具有时代精神的优秀人才奠定坚实基础。概而言之，可以分为三个层次。首先，是通过舞蹈的肢体训练来认识和训练身体，形成良好体态，并逐步掌握舞蹈技能。其次，是帮助学生进一步发展身体感觉，提高调动身体抒发情感的能力。再次，通过舞蹈教学，逐步提高学生审美能力，深化学生的文化认知，提高文化自觉，培养学生的爱国情怀和国际视野。

为构建和实施具有北实魅力教育特色的中小幼一体化舞蹈课程体系，应注重从以下三个方面做出努力：一要加强一体化舞蹈课程的整体性设计。要把技能训练、审美提升、艺术体验、爱国教育、文化自信等贯穿中小幼各学段。在一体化课程设计过程中要充分遵循青少年成长的规律，注意因时制宜、放眼长远，整体设计教学目标。二要加强一体化课程的差异性设计，结合不同阶段学校总体课程设计中舞蹈课程的时长安排及实现形式。结合不同学段学生认知规律的特征，按照循序渐进、螺旋上升的规律，对各学段教学目标进行差异化设计。幼儿园阶段重在增强孩子身体的协调能力，培育身体对节奏的敏感性，增强儿童的注意力、模仿力和形象思维能力；小学阶段重在进一步培养学生学习舞蹈的兴趣，培养正确的形体姿态和良好的气质，增强集体意识，培养学生的乐感，使学生的身心得到健康发展；初中阶段主要通过舞蹈社团活动，进一步增强学生对身体的控制能力和对情绪的表达能力，加强舞蹈技能训练，增强对不同风格舞蹈的认识和把握；高中阶段主要通过"音乐与舞蹈模块课程"，重在提高学生的鉴赏能力和文化认知，加强德育渗透，帮助学生通过舞蹈课进一步筑牢文化自信、开阔文化视野、塑造完善人格、培养高尚情操、增强使命担当。三要加强一体化课程的衔接性设计。中小幼各学段都要关注临近学段的舞蹈教育目标的设计，加强彼此之间的衔接。小学低段年级要加强与幼儿园衔接，注重游戏化、体验式教学；小学高年级段加强与初中衔接，结合儿童年龄特点和成长需求进行技能训练和审美教育；加强初中与高中衔接，通过舞蹈训练和鉴赏，潜移默化地对学生进行传统文化、民族艺术、中外交流、集体主义、爱国情操的教育，着力培养学生的社会责任感和创新实践能力。

四、课程设置

（一）幼儿园阶段

好奇、好问、好动、爱模仿是幼儿的心理特征，这个阶段的孩子大方、活泼，十分喜欢唱歌和舞蹈。针对这样的特点，幼儿舞蹈的形式应该是边歌边舞，形象直观，易于被儿童理解和接受。在舞蹈教学中主要采用以下几种方法：一是游戏、趣味法，让幼儿在游戏中歌舞，让幼儿感到舞蹈就是一种游戏活动、一种娱乐，此方法可以引起幼儿的兴趣，提高幼儿的学习热情。二是边歌边舞综合法，幼儿阶段的孩子活泼、热情，边歌边舞是这个阶段孩子最常见的艺术表现形式，教师可以借鉴"达尔克罗兹的体态动律"和"奥尔夫音乐教学体系"，在舞蹈动作的学习中加入节拍、律动，使孩子在潜移默化中感知音乐与律动的关系，感受舞蹈音乐的旋律、情绪、速度等。三是细心、耐心示范法，这个年龄段的孩子，语言理解力有限，因此教师语言讲解要生动形象，通俗易懂，示范动作时采用镜面示范法，也就是说，面对孩子，需要孩子伸出左手，那么教师就要伸出右手，直观展示动作，并且教师要以饱满的精神面貌吸引孩子的注意力,耐心指导,多多鼓励,使幼儿沉醉在愉快的环境中,享受音乐与舞蹈的美。通过幼儿舞蹈的学习,可以锻炼幼儿的身体柔韧度、平衡力、协调力,同时大大增强儿童的注意力、模仿力、表演能力、逻辑思维能力等。因此,舞蹈活动对幼儿的情感、审美、注意力等方面的发育和提高有着十分重要的意义。幼儿园阶段的舞蹈课程可按小中大班循序渐进进行设计。

1. 幼儿园小班——"小手小脚动起来"

(1)阶段目标

1)训练幼儿肢体协调性、肌力控制力以及动作模仿力。

2)学会简单的舞蹈基本动作,培养幼儿对音乐的感受力和节奏感。

3)训练幼儿的注意力,培养幼儿舞蹈兴趣。

(2)课程安排:具体课程安排见表2-14-1。

表2-14-1 幼儿园小班舞蹈课程安排

课时	任务	新授内容	新授舞蹈
第一周	熟悉幼儿,训练基本体态	基本站姿与体态;头部组合训练,训练孩子的头部上下左右方位感	《穿衣服》《十个印第安小朋友》
第二周	步伐、柔韧度训练	走步;摆臂	《小小士兵》《划船》
第三周	上肢训练	上肢伸展练习;音乐律动练习	《虫儿飞》《小手小手》
第四周	勾绷脚练习	勾绷脚训练;节拍击打	《小松树快长大》《印第安鼓》
第五周	双脚移动重心练习	双脚左右移动重心;点步练习	《孙悟空与猪八戒》《男子第一志气高》
第六周	腰背肌练习	地面"小超人"训练;腰部背部正确姿态	《飞飞飞》
第七周	柔韧性练习	腿部柔韧练习	《鹅鹅鹅》
第八周	胸肩伸展姿态	胸肩伸展练习	《草原小雄鹰》《小鱼小鱼游啊游》
第九周	音乐律动练习1	三拍子律动	律动拍手练习
第十周	音乐律动练习2	响棒律动;音锤律动	《听听这是什么声音》

续表

课时	任务	新授内容	新授舞蹈
第十一周	音乐律动练习3	六拍子律动练习	《我的本领多么大》
第十二周	手脚协调配合训练	手脚协调组合练习	《泥娃娃》
第十三周	吸脚步伐练习	单吸脚练习	《青春舞曲》
第十四周	舞蹈综合表演1	完整舞蹈节目表演（每个节目约3分钟）	《我们都是小青蛙》
第十五周	舞蹈综合表演2	完整舞蹈节目表演（每个节目约3分钟）	《小兔子乖乖》
第十六周	舞蹈综合表演3	完整舞蹈节目表演（每个节目约3分钟）	《过年啦》

2. 幼儿园中班——"手舞足蹈跳起来"

（1）阶段目标

1）训练提高肌肉控制力与耐力等基本能力。

2）训练对音乐的感知能力，能够区分音乐中快慢、强弱等基本音乐要素，相对应身体能够做出正确的反应。

3）重视儿童之间的动作配合能力，培养幼儿群体的合作精神。

4）培养幼儿初步的舞台表现能力，增进他们的表现欲，树立幼儿大胆自信的个性。

（2）课程设置：略，参见幼儿园小班课程安排。

3. 幼儿园大班——"又演又唱舞起来"

（1）阶段目标

1）在中班基础上加大难度进行脚位站立、上肢训练、胯关节训练，腰的训练、跑跳步等更为精准、细致的身体机能训练。

2）结合民歌演唱，学习藏族、傣族、秧歌等少数民族舞蹈动律，培养孩子们的观察力和模仿力，并为小学阶段少数民族舞蹈学习进行衔接。

3）随着孩子身体各方面能力的完善，加大综合性舞台表演训练的难度，让孩子们敢于上台表演，帮助孩子们建立自信。

（2）课程设置：参见表2-14-2。

表 2-14-2 幼儿园大班舞蹈课程安排

课时	任务	新授内容	新授舞蹈
第一周	一拍一次变换方位加步伐	1. 快速变换方向 2. 手脚协调	《打花巴掌》
第二周	协调力训练1	走步换跳跃步伐	《乌龟与小白兔》
第三周	协调力训练2	1. 走步、跳跃、跑步互换 2. 加入手部动作	《森林运动会》《小小交通指挥官》
第四周	腰部训练	1. 腰部左右横拧训练 2. 腰部灵活训练	《小蛇没有脚》
第五周	步伐练习1	1. 单腿跳跃练习 2. 小踢腿练习	《我的皮鞋真漂亮》
第六周	步伐练习2	大跳步	《瘸腿的小鸭子》《袋鼠宝宝》
第七周	造型练习	1. 学习塑造人物形象 2. 按人物形象表演	《我是小战士》《我来开火车》
第八周	音乐律动练习1	三拍子舞步律动	《小兔子的华尔兹》
第九周	音乐律动练习2	乐器律动（沙锤、响棒）	《火车火车》
第十周	音乐律动练习3	跳跃附点律动练习	《摘葡萄》（新疆附点节奏）
第十一周	藏族舞蹈动律	1. 藏族舞蹈步伐 2. 藏族舞上肢动作	《我的家在日喀则》
第十二周	傣族舞蹈动律	1. 傣族三道弯 2. 傣族快踢步	《小鱼吐泡泡》
第十三周	维吾尔族舞蹈动律	1. 维吾尔族基本手位 2. 简化维吾尔族步伐	《我的小花帽》
第十四周	舞蹈综合表演1	完整舞蹈节目表演（每个节目约5~6分钟）	《快乐木屐鞋》
第十五周	舞蹈综合表演2	完整舞蹈节目表演（每个节目约5~6分钟）	《摘葡萄》
第十六周	舞蹈综合表演3	完整舞蹈节目表演（每个节目约5~6分钟）	《小骏马》

（二）小学阶段舞蹈

1. 课程理念与目标

孩子从幼儿园升入小学，是他们成长过程中所面临的一个重要转折。小学阶段的舞蹈课程，应该开始注重对学生的舞蹈知识、兴趣、鉴赏能力以及舞蹈基本功方面的训练与培养。

第一，小学舞蹈教学不同于幼儿园期间半游戏半舞蹈的"游舞"教学形式，要注重通过优美的节奏、优美的旋律、优美的舞蹈动作及组合，帮助学生逐步掌握基础舞蹈技能，并使他们在学习、训练、表演的过程中受到美的教育，逐步形成美的形体、美的心灵，从而实现外在形体和内心人格形成美的统一。第二，通过舞蹈训练，使学生变被动为主动，培养其自制、自持能力及意志品质。少年儿童好奇心和表现欲强，好动，爱模仿，舞蹈课顺应这种特点，对学生的每个动作都要反复进行训练，需要他们付出辛勤的劳动，通过出大力、流大汗，培养学生勇于战胜困难的意志品质。第三，在舞蹈教学中适当注入人文理念。在少儿舞蹈教育中，始终坚持人文视角至关重要。教师要充分把握这一年龄阶段学生的身心发育特点，避免单纯进行机械的动作练习，要更多引导大家通过舞蹈动作的组合来表达内心真实的情感，比如表达对小伙伴的友谊，表达对校园的赞美，表达对大自然的向往，表达对祖国的热爱等等，努力帮助学生树立用肢体动作表达情怀感受的舞蹈意识和能力，不断提高他们的艺术感知能力和表达能力。

2. 小学阶段舞蹈课程设置

1~2年级的舞蹈课程为课堂教学，从开始就逐步导入基础练习元素和律动，降低部分训练难度，使原本较为枯燥的基础强化训练变得更为轻松活泼，更方便学生掌握。在音乐上主要采用一些律动性较强的音乐，使学生对今后学习、编排舞蹈有一个整体的感受和理解。同时，训练学生逐步克服身体的自然状态，获得正确的直立感，不断发展舞姿动作的协调性、灵活性、节奏感。

3~6年级阶段的舞蹈教育主要通过舞蹈社团活动实施。除一般性基础训练外，在组合中更多加入一些方位和节奏变化的训练，以不断强化学生的整体适应能力和表演能力。为了强化学生的自学能力、加强学生学习的积极主动性，在授课过程中，对一个动作或一个组合不再同时教授正反方向，而是只教授动作或组合的一个方向，让学生自己把反方向动作或组合做出来，使学生较快掌握舞蹈规律。这种方式既提高了学生对舞蹈的领悟能力和接受能力，又增强了课堂教学的互动性。

（1）一年级：对于新入学的一年级学生，前期安排观赏一些活泼有趣的成品舞蹈或舞剧，通过欣赏与讲解来提高学生们的艺术鉴赏力，并通过简单的基本功训练来锻炼学生身体各部位的灵活性，加强动作与音乐的协调，逐步提高学生的气质与修养。依托"高参小"项目，借助中央民族大学舞蹈学院的教育资源，开发适合低年级学生的民族舞蹈、情景舞蹈等内容（表2-14-3）。

表2-14-3 小学一年级舞蹈课程设置

周次	内 容
1	首先自我介绍、观看及介绍学生舞蹈作品《我们刚上一年级》《劳动最光荣》教学，主要解决学生从幼儿园到小学的心态过度
2	压前腿、竖叉、压旁腿、横叉、压后腿，主要解决学生的软开度问题及柔韧性等
3	活动组合、勾绷脚组合教学、释放天性训练 主要解决学生的上课注意力集中等问题
4	学习傣族《小鱼舞》，让学生了解傣族的知识。学习傣族的手形及基础的屈伸动律
5	学习傣族《小鱼舞》组合中的步伐
6	完成傣族《小鱼舞》组合
7	学习佤族《小木鼓》，让学生了解佤族的知识。并复习傣族《小鱼舞》
8	学习佤族《小木鼓》中的手型、手位、屈伸动律以及组合中的前半部分
9	完成佤族《小木鼓》组合，并给学生扣动作
10	学习蒙古族舞蹈《鸿雁》。并向学生介绍蒙古族舞蹈的基本知识。学习蒙古族舞蹈组合中的柔臂、提拉臂等手部动作。复习佤族舞蹈组合《小木鼓》
11	学习蒙古族舞蹈《鸿雁》
12	完成蒙古族舞蹈《鸿雁》
13	复习并扣动作蒙古族舞蹈《鸿雁》
14	复习傣族舞蹈组合《小鱼舞》
15	复习佤族舞蹈组合《小木鼓》
16	复习蒙古族舞蹈组合《鸿雁》
17	复习傣族舞蹈组合《小鱼舞》和佤族舞蹈组合《小木鼓》
18	复习蒙古族舞蹈《鸿雁》
19	复习傣族舞蹈组合《小鱼舞》、佤族舞蹈组合《小木鼓》、蒙古族舞蹈《鸿雁》
20	复习傣族舞蹈组合《小鱼舞》、佤族舞蹈组合《小木鼓》、蒙古族舞蹈《鸿雁》

（2）二年级：通过教授，引导学生对事物的动态和舞蹈动作产生模仿兴趣，并乐于参与自娱性的集体舞蹈、情景舞蹈等训练，初步理解舞蹈表情，了解舞蹈与音乐的密切关系（表2-14-4）。引导学生欣赏舞蹈，了解和掌握舞蹈风格。在单个舞蹈组合教学过程中，加入分组讨论和展示，引导学生自主合作创新，通过舞蹈学习和练习增强集体向心力。

表2-14-4　小学二年级舞蹈课程设置

周次	内　容
1	活动组合教学。主要解决学生的软开度问题及柔韧性等
2	压前腿、竖叉、压旁腿、横叉、压后腿，主要解决学生的软开度问题及柔韧性等
3	活动组合、勾绷脚组合教学、释放天性训练，主要解决学生的上课注意力集中等问题
4	学习傣族舞蹈组合《小孔雀》，向学生讲解傣族舞蹈文化知识。学习傣族的基本手型和动律
5	学习傣族舞蹈组合《小孔雀》中的舞姿及步伐和动律的结合
6	学习傣族舞蹈组合《小孔雀》的动作，并完成傣族舞蹈组合《小孔雀》
7	游戏舞蹈《老鹰捉小鸡》教学，通过游戏中各形象动作，锻炼学生观察模仿能力是舞蹈的基础形式，在造型特点学习过程中，对孩子观察模仿能力的反复锻炼与提升，激发孩子的艺术表现力
8	游戏舞蹈《老鹰捉小鸡》教学，解决学生对舞蹈中静态与动态动作造型的掌握
9	游戏舞蹈《老鹰捉小鸡》教学，学习舞蹈动律及风格特点在舞蹈动作中的掌握，游戏舞蹈表演当中对节奏、队形、力度的把控
10	学习彝族舞蹈《快乐的啰嗦》，向学生讲解彝族舞蹈文化知识。学习彝族的"背背篓"的体态
11	学习彝族舞蹈《快乐的啰嗦》，掌握四川彝族舞蹈的步伐
12	完成彝族舞蹈《快乐的啰嗦》
13	学习汉族舞蹈组合《东北秧歌》，向学生讲解汉族舞蹈文化知识。学习汉族舞蹈的基本体态和动律
14	学习汉族舞蹈组合《东北秧歌》动作
15	完成汉族舞蹈组合《东北秧歌》
16	学习蒙古族舞蹈《小马舞》，通过向学生讲解蒙古族舞蹈的文化知识，让学生懂得骑着小马的蒙古族小孩儿的形象。并学习蒙古族舞蹈的步伐

续表

周次	内　　容
17	学习蒙古族舞蹈《小马舞》中蒙古族的跟步、半脚掌碎步、原场等脚下的训练，并掌握勒马手、挥鞭及扬鞭等手位
18	完成蒙古族舞蹈《小马舞》
19	复习傣族舞蹈《小孔雀》和彝族舞蹈《快乐的啰嗦》
20	复习汉族舞蹈组合《东北秧歌》、彝族舞蹈《快乐的啰嗦》、蒙古族舞蹈《小马舞》

为推动校园文化，秉承"魅力校园，魅力北实，魅力艺术"的宗旨，丰富学生的课后兴趣活动，小学专门组织成立了舞蹈社团。除本学校专职舞蹈教师外，特聘请教学经验丰富、教学水平高、师德好的校外专家，与学校专职教师一起组成教师团队为同学们授课和训练。根据不同年级、不同年龄段的学生制订的舞蹈教学计划，让学生全面发展，实现综合素质的提升，打造优质舞蹈社团。3~6年级学生还以舞蹈社团为平台，排演完整剧目，多次参加中央电视台等媒体的节目录制。通过不断增加舞台经验，让孩子们开阔眼界、增长见识，在更大更高的舞台上实现舞蹈技能和艺术修养的进一步提升。

（3）3~6年级舞蹈兴趣社团

1）社团组建。在社团选拔学生时，制定以下几点招生条件：①所有学生以自愿报名的方式，通过学校系统网上报名；②专业老师参考学生综合素质的考核，选拔出优秀的团队成员加入舞蹈社团中；③队员应具有良好的团队合作精神，尊重艺术指导老师，热爱舞蹈；④积极、自觉、认真、准时参加舞蹈团一周两次的训练活动。

当舞蹈社团组建起来后，根据年龄不同分成A梯队和B梯队两个小队。A梯队以低年级为主，以民族民间舞基础训练为目标，扎实练习基本功，规范学生学习态度，培养乐感、节奏感和美感，当学生各方面能力达到优秀水准，能准确完成专业老师所要求的课堂内容，具有良好表现力和基本功，就可以推选至B梯队进行进一步的强化训练。B梯队以4~6年级学生为主，课堂内容以中国古典舞为训练为重点，把"神，形，劲，律"作为动作元素，通过舞蹈组合和剧目的形式训练学生的舞蹈表现力。

2）舞蹈社团的管理和建设。在课堂上，教师以口传身教的方式，在课堂勤于示范，并充分发挥学生的想象力和二度创作能力，在统一教学的基础上，针对不同学生出现的问题分别给予辅导。结合老带新的课堂方法，促进新学员尽快跟上学习进度。如个别学员进度慢，则安排班里 5~6 年级同学以分组的形式分别练习，使新同学尽快融入，同时增进同学之间的友谊互助，增强团队合作意识和集体荣誉感，实现共同进步。

3）成果展示。舞蹈社团成立以来，硕果累累，多次参加校内外的舞蹈表演及比赛，代表学校参加各电视台的晚会录制。曾连续四年参加《童声唱》春节特别节目，连续两年参加《福寿中国年》等栏目录制，为学校争得荣誉，受到一致好评。每年学校艺术节展演，舞蹈社团的同学都会为全校师生带来别出心裁的精彩表演，收获热烈掌声，社团成员自信心和荣誉感不断增强。

（三）初中阶段舞蹈

随着素质教育的不断推进，舞蹈教育日益成为中小学教育中一个必不可少的手段，在社会和学校越来越受到重视。舞蹈在美育中具有独特重要性，对处于发育期和青春期的中小学生而言，它不仅可以从技术层面提高学生舞蹈水平，在精神层面还能帮助学生提高审美能力，培育高尚的道德情操，在身体层面还可以起到强身健体、塑造形体的作用。通过舞蹈训练，一是可以促进学生的身体发育，提高学生身体素质；二是舞蹈可极大开发学生的创造潜能，在创造性的艺术活动中，可以培养学生们的形象思维，训练他们的观察能力和思考能力；三是通过优美的音乐旋律和舞蹈形象，可以陶冶学生的情操，提升审美能力，进而加强传统文化渗透，促使他们养成文化自信；四是初中学生舞蹈多以群舞形式进行排练或演出，通过长期的群舞训练，可以增强团队意识和集体观念。

我校初中舞蹈教育主要依托校级舞蹈社团与学生自主舞蹈社团开展。校级舞蹈社团的构成为初中三个年级中有一定舞蹈基础并热爱舞蹈的学生。校级社团开展的时间为课后"艺术科技活动一小时"时间，每周两次。这种社团活动的形式，既丰富了学生的生活，也不会影响其他科目的教学。校级社团活动内容主要为基本功训练、完整舞目的学习、国内外的舞蹈交流和展演等。学生舞蹈社团由各年级学生自发组织而成，多为街舞社团或是流行舞社团，这些学生自主社团在年级或学校的文艺晚会演出中比较活跃，进一步丰富了学校舞蹈活动的内容和形态。初中舞蹈社团多次参加电视台晚会录制。

1. 校级舞蹈团开展活动的背景

"北京实验学校近五年教育综合改革记"中提出：学校计划通过十五年

的教育，使每一个在北实毕业的学生都拥有一门艺术特长。根据不同学习阶段的课程安排和艺术学科的特点，除合理安排课堂教学外，学校还成立各种艺术团体，为学生进一步发展艺术特长搭建平台。中学舞蹈团成立于2008年，是学校众多艺术团体中较为年轻的一支，现有校内、校外辅导老师各一名，队员30余名。舞蹈团的宗旨是为具有舞蹈特长的同学提供一个相对专业化的学习训练环境和展示艺术才能的舞台，发掘他们的舞蹈艺术潜能，并根据北京实验学校魅力教育的要求，不断丰富学生的校园艺术生活，营造校园艺术文化氛围。学校舞蹈团在区教委和校领导的关心支持下，一是精心组织和管理好舞蹈训练和教育，积极参与交流演出、舞蹈比赛，以训备赛，以赛促训；二是通过舞蹈团的各项活动，不断增强每个团员的集体主义观念和团结奉献意识，着重培养其健全的人格，为他们将来升学、就职打好基础；三是积极组织舞蹈团参与学校和社区的公益活动，积极开展社会实践，培养学生的社会责任感。

2. 校级舞蹈团发展目标

（1）选拔更多舞蹈人才加入舞蹈团，为舞蹈团增加新鲜血液。

（2）加强古典舞身韵组合的学习，强化舞蹈技能训练。

（3）进一步巩固和发扬舞蹈团的汉唐舞蹈风格，弘扬传统文化。

（4）刻苦训练完整剧目，积极参与各种艺术展演或国内外舞蹈交流活动。

（5）以舞蹈团为平台和载体，助力学校舞蹈课堂教育和中小幼舞蹈课程衔接，丰富学校艺术教育形式和内容，宣传学校魅力教育理念和成果。

3. 校级舞蹈团活动举措

（1）拓宽招生渠道，扩大选才面，发挥学校中小幼一体的优势，加强与小学的资源共享，从小学毕业生中招收一批舞蹈基础扎实、热爱舞蹈的学生进入我校中学舞蹈团。加强校园舞蹈文化建设，加大宣传力度，在每年开学季吸收更多喜欢和擅长舞蹈的同学加入，积极发掘和培养有潜力的学生。

（2）为突出舞蹈在传统文化渗透方面的作用，培养学生的文化自觉和文化自信，中学舞蹈团在一段时间内重点排演汉唐风格舞蹈，并将其确立为学校舞蹈团的特色优势。汉唐舞蹈是以中国古代文明史中最辉煌的汉、唐精神和艺术气质为审美主干，以汉、唐以来乐舞文化传统和明、清以来戏曲舞蹈形式为支点，创建的中国古典舞学派。其创始人孙颖教授从二十世纪八十年代至二十世纪末，以其渊博的历史文化知识和独特的艺术灵性积累了大量的古典舞蹈剧目，期间逐步明确了汉唐古典舞学派的形式与风格。舞蹈团将以组合形式进行动律、体态的学习，进一步加强汉唐舞蹈，包括中国古典舞的基础训练，并通过学习和训练，有效引导孩子们理解传统、亲近传统文化，让传统文化成为一种认同、一种情怀。

（3）按照考核标准，定期开展单项技能测试，督促学生掌握和提高舞蹈技能，并相互切磋、取长补短，共同进步。

（4）加强团队管理。一方面大力完善并严格执行选拔、训练、考勤、参赛、奖惩制度，保证每一项工作在制度的轨道上运行，在公平、公正、公开的环境下推进；另一方面，不断加强对舞蹈团团员的关心关爱，结合中学生成长阶段和心理生理特点，加强因材施教、启发疏导，用舞蹈活动促进身心健康和人格成长。

（5）每年下半年完成次年舞蹈团的活动预算，切实保障练功服、演出服、道具、场地、交通以及支付专家授课费用等，做到计划精准、项目清晰、专款专用、务实节约。

（6）积极参加市、区高水平比赛及国内外舞蹈交流，在比赛与交流中总结经验、开阔视野、提高能力、扩大学校和舞蹈团的影响力。

（7）利用暑假、寒假组织两次集训，增加训练强度，加强技能训练，进一步提升平时训练成果，并根据参赛或表演计划，集中围绕特定剧目进行训练彩排。

（8）根据上级和学校总体课程安排，视情况面向初中学生开设舞蹈选修课，通过舞蹈进课堂加大对初中学段舞蹈教育的普及。

（9）对具有突出舞蹈才能的学生进行一对一辅导，充分发挥其专业特长，使其艺术修养和技能的成长对其个人的升学就业形成有力支撑。

（10）组织舞蹈团全体成员进入剧场观摩优秀舞蹈作品。利用北京丰富的演出资源，争取每个学期进剧场 1~2 次，观摩学习国内外优秀舞团与舞者的艺术作品，开阔视野、增长见识。

（11）舞蹈团每三年举办一次小型舞蹈专场演出，以独舞、双人舞、群舞、舞蹈小剧的形式对舞蹈团的作品和成果进行展演。

（12）对舞蹈教师加强专业培训，不断提高专业素养。用好各种培训资源，推动担当教师认真钻研教学方法，不断提高业务水平，与时俱进更新专业知识，持续提高带好舞蹈团队、上好舞蹈课程的能力。

（13）将舞蹈团档案进行分类化管理，对训练、比赛及参加活动的音频、视频与图片等不同形式的资料，按年度整理归档保存，为学校魅力教育、艺术教育、特别是舞蹈教育留下比较完整、可供参考的资料，为每名参与北实舞蹈团活动的师生留下珍贵美好的记忆。

4. 校级舞蹈团示范作用

舞蹈团从创立至今，一直在北京实验学校校园文化舞台上发挥着重要作用。不仅在学校的五月艺术节、开学典礼、元旦晚会等系列活动中表现突出，而且在北京市、海淀区群舞艺术节展演中，以自己独特的舞蹈风格和精神风貌获得了评委以及专家的一致认可。

2008年至今，舞蹈团排演了《俏花旦》《剪纸姑娘》《瑶族舞曲》《快乐的甲板》《邵多丽》《春节序曲》《成长路》《环兮佩兮》等几十个涉及民族风情、传统文化、学生生活、人与自然等主题的舞蹈作品。其中表现学生生活的原创舞蹈作品《成长路》《化茧成蝶》《蔚蓝天空》等获得北京市二等奖等奖项。展现少数民族风情的《瑶族舞曲》、重现辉煌汉唐舞蹈风貌的《环兮佩兮》先后参与德国与日本的艺术交流活动，用中学生独特的精神风貌为中华优秀文化的传承做出了自己的贡献。这些舞蹈作品抒发了学生的情怀，丰富了校园文化，也为传承中华传统文化、加强对外交流做出了力所能及的贡献。

自2008年以来，校级舞蹈团培养出了一大批优秀舞蹈人才，有的学生后来考入国内外不同大学的舞蹈专业继续深造；有的学生则继续从事舞蹈事业，成为一名专业的舞蹈演员；更多的学生则将舞蹈作为自己长期的兴趣与爱好，让舞蹈伴随自己的成长，点亮自己的生活。

（四）学生自主舞蹈团成立

1. 成立背景

北京实验学校作为百年名校，是北京艺术教育特色校，海淀区艺术教育传统校。曾军良校长倡导通过艺术手段彰显个人魅力，用艺术教育点亮魅力教育。受此带动，近几年，初中学生自主艺术社团呈现出良好的发展趋势，数量不断增加，种类更加丰富，制度逐渐完善。这些社团的活跃，满足了学生们日益多元化的兴趣爱好，大大拓宽了学生加强艺术修养的渠道。中学生自主舞蹈团是学生根据自己的兴趣、特长自愿结成的，它弥补了当下舞蹈课堂教育的不足，并在校舞蹈团之外另行开辟了一方完全由学生自己主导的舞蹈活动小天地，让更多热爱舞蹈的学生在自己喜欢的舞蹈门类中充分享受自主练习、自由表达的快乐。自主舞蹈团活动规范、活跃，有自己的组织机构，也建立了比较规范的活动章程。

2. 运营宗旨和模式

（1）宗旨：以舞蹈服务学生、丰富学校艺术生活，推动建设积极、向上、活泼、和谐的校园艺术氛围。

（2）加入方式：通过老师、同学推荐加入或者个人提出申请报名加入。

（3）组织架构：①正社长：一人，负责舞蹈社团整体规划与管理、舞蹈作品选择及训练。②副社长：一人，协调各年级团员排练时间、地点，协助社长处理日常工作。③秘书部：秘书一人，负责考勤、照片、视频等档案管理。④项目部：干事一人，负责舞蹈社团活动的策划以及组织执行和人员安排。⑤联络部：联络员两人，分别负责与各社团、学校各年级负责人进行沟通与联络，负责社团宣传工作。

3. 学生自主舞蹈团引领作用

（1）以点带面、舞动校园。学生自主社团自成立以来，积极参与学校各项活动。编排出《古典与现代的碰撞》《可爱的你》《青春无敌》等学生喜爱的现代舞、流行舞及街舞作品，在学校的各项活动及晚会中发挥了积极的作用，吸引了更多的学生参与到舞蹈实践活动中。

（2）陶冶情操、培养社会责任感。学生自主舞蹈团多次积极参与公益演出、慰问学校师生及社区群众等社会实践活动，培养其社会认知和社会责任感。

（3）增进集体意识与团队精神。在舞蹈中，学生不仅需要完成自己的动作，也要充分考虑并配合同学的动作，在社团的排练中同学们感受到只有团结、合做才能完成舞蹈作品，大大增强了集体意识和团队精神。

（4）提高自主学习的能力与积极性。学生自主舞蹈团完全由学生自己管理、组织，在活动的磨合中，学生会更加主动和积极地参与社团的管理和运行，学会沟通、规划，这对学生自主学习能力的提高起到了积极的作用。

（五）高中阶段

1. 高中阶段舞蹈校本课程——《舞蹈鉴赏》

在普通高中新一轮教学改革中，首次把"音乐与舞蹈"作为选修模块列入了音乐课程。但这对于没有前例可循的高中舞蹈教师来说，无疑是一种新挑战。鉴于高中学习情况与课程设置，高中舞蹈课程以鉴赏为主，体验为辅，并且针对我校学生情况，编写了校本教材《高中舞蹈鉴赏》。舞蹈不仅是一种集动作、韵律、表情、构图、音乐、舞美、服装等形式美于一体的舞台艺术，它同时又是特定历史文化背景下的产物。因此，舞蹈鉴赏课程是一门通用性、复合性很强的艺术课程，它不能仅局限于帮助学生接触和了解有限的舞蹈作品，也不能仅满足于单纯的艺术形式的欣赏和舞蹈知识的教授，而是要通过舞蹈鉴赏和分析，帮助学生获得超出舞蹈形式本身的历史、人文、生态、风俗等多方面的知识感受，与其他学科产生较高程度的相互参照与共鸣，从而有助于高中生形成全面完整、相互贯通的知识结构和人文修养。因此，高中舞蹈鉴赏课的教学应该在讲解基本舞蹈艺术理论和舞蹈美学知识的同时，从更深更广的文化层面来评价、鉴赏艺术作品，同时注重阐释舞蹈与其他艺术门类的关联性，注重挖掘舞蹈中传统与现代的关系，注重比照舞蹈在中外文化谱系中的异同，更要利用好舞蹈典型人物对学生的励志作用。

2. 高中阶段舞蹈鉴赏课程目标

舞蹈审美是一个由表及里、由浅入深的过程，舞蹈鉴赏也是一个循序渐进的认知过程。在教授过程中，首先是要培养学生的审美能力，通过对舞蹈作品的赏析，引导学生领悟舞蹈的肢体美、音乐美、形式美、道德美，形成健康正确的审美情趣，涵养积极向上的道德情操。其次是要唤醒学生的文化自觉，通过舞蹈这个抓手，在放眼世界、中西比较的过程中，深入了解中华民族悠久灿烂的历史文化和祖国各地的地域人文特性，从而进一步养成坚定的历史自信和文化自信。再次是通过开放、互动式的教学方法，推动学生作为舞蹈鉴赏的主体和评判者主动进行思考，并通过每一单元之后的探索环节进行讨论发言，在思想碰撞中激发学生对舞蹈艺术规律性的深层次思考。

3. 高中舞蹈课程设置

高中舞蹈课程安排见表 2-14-5。

表 2-14-5　高中舞蹈课程安排

单元	主题	环节
第一单元	中国古典舞	一、中国古典舞从何而来 二、中国古典舞的美学 三、中国古典舞经典赏析 四、古典舞表演艺术家——黄豆豆

续表

单元	主题	环节
第二单元	中国民族民间舞	一、繁花似锦的民间舞 二、民间舞的功能与文化 三、民间舞经典作品赏析 四、东北秧歌实践体验
第三单元	中国汉唐舞蹈	一、汉唐舞蹈的建立及汉唐舞蹈专家——孙颖 二、汉唐舞蹈经典作品赏析 三、中国台湾"汉唐乐府"与日本"雅乐"中的汉唐舞蹈遗存 四、学校导入汉唐舞蹈教育,发扬传统文化
第四单元	西方芭蕾舞	一、芭蕾的历史 二、芭蕾之西方古典审美标准 三、芭蕾舞经典作品赏析 四、"现代芭蕾"的到来及其特征
第五单元	西方现代舞	一、现代舞的诞生 二、怎样欣赏现代舞 三、现代舞经典作品赏析 四、现代舞实践体验
第六单元	其他舞蹈	一、街舞 二、踢踏舞 大河之舞 三、社交舞 四、创意舞蹈

五、课程评价

《海淀区义务教育学业标准与教学指导——舞蹈》中指出,舞蹈课程评价是舞蹈教学中的重要环节,引导舞蹈教学向科学性、导向性、可操作性、实效性与整体性发展,同时发挥质量监控的作用。对学生舞蹈课程学习的评价,既要关注学生掌握舞蹈知识与技能的情况,又要关注学生对舞蹈学习的兴趣、习惯、方法以及学生模仿、观察、思维、想象、创造的能力,更要重视学生在舞蹈学习过程中的独立自主性、同伴合作主动性与积极创造性等。舞蹈课程评价的过程要遵循舞蹈学科的规律,体现课程的性质与价值,同时评价的指标、工具和方法要简便,易于操作。舞蹈课程评价要重视评价的诊断功能、发展功能及内在的激励作用，弱化评价的甄别与选拔功能，促进每一个学生的全面发展。结合我校的实际情况，制定以下评价手段。

（一）形成性评价

教学形成性评价是相对于传统的终结性评价而言的。所谓形成性评价，是对学生日常学习过程中的表现、所取得的成绩以及所反映出的情感、态度、策略等方面的发展做出的评价，是基于对学生学习全过程的持续观察、记录、反思面做出的发展性评价。

1. 观察法

教师在教学过程中，采用观察法评价学生的舞蹈学习过程，如观察学生课堂学习的状态是否专注，是否能够积极主动参与舞蹈的学习，观察学生的模仿能力与协调能力等，教师对学生的行为观察要完全建立在教师的正常教学和学生的正常学习的自然状态下来由教师不动声色地进行，教师要以爱心和公正心态去评价每一名学生。

2. 问卷调查法

问卷调查就是以书面提出问题的方式收集评价所需信息的一种方法。通过问卷和交流的方式，随时询问学生对某次活动的意见、建议、收获，还可收集学生在审美和艺术爱好方面发生的变化。问卷调查的优点在于方便、实用且省时，收效大，能收集到较大样本信息资料，便于整理归类，容易计分。例如，想了解高中课程中《现代舞》一课的教授情况，和对教学内容的喜好情况，设计了一次问卷调查，调查题目为选择题和问答题。问卷收集整理后，可以非常直观地了解学生的心声，以及课程渗透的情况。

3. 成长记录法

艺术的学习既有显性的一面，又有隐性的一面，这就要求评价的方式要多元、丰富。舞蹈学习的效果往往不够显性，如舞蹈对体态的调整与变化，需要一段时间才能够显现出来。所以，教师对学生的舞蹈学习进行记录很有必要。为了中小幼一体化的艺术人才培养，我校已采用学生艺术成长手册的方式进行档案式管理，学生们人手一本手册，其中直观、详实地记录了学生从幼儿园一直到高中阶段的所有艺术活动以及艺术课程完成情况，这也为培养每个孩子的艺术特长提供了翔实的依据（表2-14-6）。

表 2-14-6　高中学生艺术成长手册

2012—2013 学期高中女生柔韧度级别分类

姓名　李＊＊　　　　　　　　　　　　班级　高二 2 班

部位名称	级别 D	级别 C	级别 B	级别 A
肩	双手扣住，能将两臂向额头前伸直	双手扣住，举过头顶，能将双臂伸直	双手扣住，举过头顶，能将双臂向体后押至 30°	双手扣住，举过头顶，能将双臂向体后押至 30°以上
腰	能够笔直站立，腰部没有明显的弯曲	双腿并拢，趴于地面，双臂撑起与地面形成 30°角以上	双脚与肩同宽，分别可做前、旁腰 90°下腰	达到 B 级水平的同时，可做后腰 90°及更高度数的下腰
髋	能完成双腿外开下蹲的动作	脚后跟并拢，脚尖外开达 120°以上，并在此基础上完成下蹲动作	在髋关节外开的基础上能够下横叉，并且与地面形成 140°以上角	横叉与地面贴平，可以自由转换横竖叉
腿	双脚并拢，双腿直立，身体可以前倾 90°	可做前、旁腿 90°以上的踢腿动作	可做前、旁腿 120°以上的踢腿动作。可以较为规范地完成竖叉动作	可做前、旁腿 160°及后腿 120°以上的踢腿动作。较为规范地完成横竖叉动作
分析	柔韧度的级别分别为 B、B、A、C，较上学期，腿部柔韧度有了提升，髋关节外开度还需更加努力			

（二）终结性评价

终结性评价是对学生某一课时、某一单元或某一学期最终成果的评价方式，主要采取成果展示法。成果展示法是舞蹈课程评价最为重要的方法之一，可以评估学生对所给任务的努力情况和完成情况，这些任务包括舞蹈创作与校内外活动等。成果展示的内容有舞蹈作品、组织活动、设计舞蹈服饰等，还可以通过竞争、现场表演、布置某一专题演出等动态形式展出活动成果，用活动本身说明成果价值。

（李　端　富晓萌）

第 23 章　书法学科一体化魅力课程体系

一、指导思想

在以习总书记为核心的党中央领导下，在深入教育、教学的改革浪潮下，重视、弘扬中华优秀传统文化已成为社会的一大潮流，同时也成为深入教育教学改革工作的重要举措之一。中华优秀传统文化包罗万象，书法就是其中的一个分支，它不仅是历代中国人民智慧的结晶，更是一部中国的文化史。全面认真实施书法学科课程改革与建设文件精神，丰富课程、规范课程、开发课程，促进每个学生全面、可持续发展。坚定文化自信，坚定传承优秀传统文化，坚定优秀传统文化进课堂。

结合我校曾军良校长提出的"魅力教育"思想，整体构建十五年一贯制书法魅力课程体系，充分发挥课程的整体育人价值，以落实课程计划提升办学品位和教育品质，办"孩子向往、教师幸福、社会满意"的品牌学校，实现全科育人、全程育人、全员育人和实践育人，努力把学生培养成为具有"中国灵魂、国际视野的现代人"，努力实现曾军良校长倡导的"在北实上学的每个学生，到高中毕业至少有一项艺术特长"的北实一体化艺术目标。

二、背景分析

（一）社会背景分析

书法是中华优秀传统文化的一个分支，它以文字为载体，展示了中华五千年的历史、文化与艺术之美。作为中华儿女有责任、有义务认识、学习、传承它，让它繁荣兴盛，让它不断铸就中华文化新辉煌。2011年在党中央的关怀下，在中小学阶段恢复了书法课。出版了适合中小学生使用的书法教材，明确要求在小学阶段，拿出一节语文课上书法内容，由此可见，国家对书法的重视。随着社会的进步与发展，人们已经认识到认识繁体字、学习书法的重要性。2018年3月在"两会"上，苏士澍等多位委员再次提出，要在中小学中推广书法教育，"写好中国字、做好中国人，从自己做起，从现在做起"的倡议。由此可见，学习书法，开展书法教育是利国利民的一件大事。

（二）学校背景分析

1. 校情分析

我校是百年老校，位于钓鱼台国宾馆北侧，原名香山慈幼院，诞生于1920年，由民国首任民选总理、近代慈善教育之父、著名教育家熊希龄先生创建。经过几代人的努力，伴随北京深化教育领域综合改革的浪潮，2015年6月，学校更名为"北京实验学校"，联合平谷区幼小初高四所学校，发展成集幼、小、初、高于一体、十五年一体化的教育集团，形成了一校六址的办学格局。

作为海淀区一所十五年一体化学校，我校着力打造中国基础教育普适品牌。这一研究被全国教育科学规划办批准为教育科学规划重点课题。在课程建设方面，学校以学术委员会为依托，集中优势力量，与人民教育出版社、北京师范大学合作，着力研究"幼小初高十五年一体化的魅力课程体系"。在曾军良校长的引领下，提出艺术教师要加强艺术学科教育，加强育人功能，实现"在北实上学的每个学生，到高中毕业至少有一项艺术特长"。

2. 师情分析

没有好的教师，就没有好的教育。我校十分重视师资队伍建设，通过内培，实现了教师队伍的不断优化。目前学校有一名专职书法教师，多名兼职书法教师。其中书法学科专职教师为骨干教师、海淀区书法学科兼职教研员、海淀区书法家协会会员，具有较强的书法教育能力、教科研能力、教材开发能力与学科活动策划与实施能力。

3. 学情分析

学校义务教育阶段现有教学班50多个，在校学生近两千名，所有学生均来自社区划片，属普通生源。自2011年起，学校开始十五年基础教育综合改革实验，开展了幼、小、初、高一体化实验研究，开发编著十五年融通教材，有效促进孩子生命的健康成长。针对魅力教育的核心思想，本着"因材、因性施教"，增强课程的选择性、适洽性，开发系列课程，使学生在不同类课程的学习中发展能力、磨炼意志、提升兴趣、激发动力、锻炼思维、强健体魄、增强活力、产生魅力。

三、课程愿景

书法学科一体化魅力课程体系坚持课程的丰富性、关联性、严密性、发展性。

依据立德树人、弘扬中华优秀传统文化指导思想与精神，结合多尔提出的后现代主义课程思想，结合我校的实际情况，结合书法教学指导意见，从十五年一贯制长期艺术发展目标出发，打造书法魅力课程体系，满足多年龄、多层次学生需求，满足书法教师教学需求，培养社会需要的人才。体现书法魅力课程的意义，体现书法教育与文化理解方面的关联。注重书法学科学术逻辑、科学观念和教学的精确性。注重书法学科与语文学科、美术学科、音乐学科等学科融合，注重书法教学的与时俱进与创新发展。

四、课程目标

（一）国家层面目标

全面贯彻落实国家提出的继承与弘扬中华优秀传统文化的思想，为实现中华民族伟大复兴的中国梦而努力奋斗。在书法魅力一体化课程建设中，注重立德树人，培养为社会服务的现代人为目标。

（二）学科教学目标

1. 书法魅力一体化课程要求

依据中小学书法教育指导意见内容，结合国家级书法教材，按课程标准要求开展书法魅力一体化教育。

2. 书法魅力一体化课程教学要求

书法魅力一体化课程应着重培养学生良好的意志品质；着重培养学生养成正确的书写习惯；着重提升学生的书法技能与欣赏能力；着重提高学生书法学科核心素养；着重加强书法学科与其他学科间的融合与发展；着重坚持循序渐进螺旋上升的原则。

书法魅力一体化课程在小学阶段应着重培养学生正确的写字姿势，养成良好的书写习惯，培养学生的意志品质与书法技能技巧；初、高中应着重培养学生书法核心素养，书法学科与其他学科间的融合与发展，着重坚持循序渐进螺旋上升。

（三）学校教育目标

1. 办学定位

书法学科一体化魅力课程以学校办学目标为依据。从一体化课程的框架的确立，教师教学内容与学生学习内容、教学方式方法和学生学习方法，教师教学资源与学生学习资源等方面，都以关爱每个学生，关注每个学生的成长与发展，关注每个书法教师教育教学能力的稳步提升上下功夫。

2. 育人目标

书法学科一体化魅力课程重点培养每个孩子健康的身心、良好的品质与习惯、过硬的艺术水平与能力，最终达到培养"具有中国灵魂、国际视野的现代人"。

3. 学校课程建设目标

（1）学校目标：以十五年基础教育综合改革实验为依托，不断提高学校课程领导、管理和开发能力，逐步形成富有"北实特色"的"书法魅力课程"体系，满足一贯制、整体化的办学需求，实现课程整体育人的功能，全面提升学校的办学品位和教育质量。

（2）学生目标：书法学科一体化魅力课程的安排、内容、资源要根据教育改革的深化，不断发展与完善，确保每个学生的需求，确保每个学生在学科技能、综合能力、创新精神的发展，确保学生在书法方面学有所长。

（3）教师目标：通过书法学科一体化魅力课程开发与使用，树立课程观、教学观、学生观等。依据时代需要与社会发展，不断研发书法学科特色学习内容，例如结合中华传统节日——春节，开发以"福文化"为主题的综合实践活动（其中包括"福进我家""己亥传福""庚子崇福"）等内容。再比如，结合学校探春节，开展"舞扇北实"书法学科实践活动。切实提高教师对课程的研发与实施的能力，切实提高教师学科融合和创新能力。

五、课程结构

书法课程结构设置见表 2-15-1。

表 2-15-1　书法课程结构

领域	课程	类别	学分
书法领域	硬笔书法课程	技能	2（每学年一个学分）
	软笔书法课程	技能	4（每学年一个学分）
	篆刻课程	技能	1
	传拓课程	技能	1

(一)课程建设理念

紧紧围绕我校的办学目标和核心理念,突出我校十五年一贯制的办学特色,科学规划书法学科一体化魅力课程体系,满足学校、学生、教师、社会需求。

(二)课程建设原则

1. 以"魅力教育"为特色,彰显教育魅力

以培养"具有中国灵魂、国际视野的现代人"为核心,突出十五年一贯制的优势,建立学校书法魅力课程体系,全方位实施魅力教育,彰显教育的魅力。

2. 以教师、学生发展为中心,全面发挥课程的育人功能

书法学科一体化魅力课程建设,要符合社会、学校、学生、家长、教师的需要。以教师、学生发展为中心,注重书法学科知识间的融合;注重传统节日与书法活动的结合;注重语文、美术学科知识与书法内容的结合;注重学科的育人功能与全面发展,最终达到从学科教学走向学科教育。

对学生而言,书法学科一体化魅力课程内容要注重学科知识的贯通,要注重满足不同学生需求,既有基础知识,又有提高内容;既有集体学习,又有合作提高;既有自我反思,又有多元评价;既有摹贴临帖,又有背临创作;既有教材学习内容,又有特色实践活动。以全面、丰富、多元、创新为核心,让每个学生有所得、有所悟、有所获。最终实现学生学有所长,为培养社会所需要的人才奠定坚实基础。

(三)课程结构内涵

从我校育人目标"培养具有中国灵魂、国际视野的现代人"为出发点,遵循教育规律,遵循课改精神,提出了"北实学生"的核心素养,确立了"显性课程与隐性课程"为支柱的全方位实施魅力教育的书法课程体系,指导和引领学校书法课程建设与实施。

依据陈侠课程分类,结合我校十五年一贯制魅力课程教育理念,制定书法魅力课程结构图(图2-15-1)。

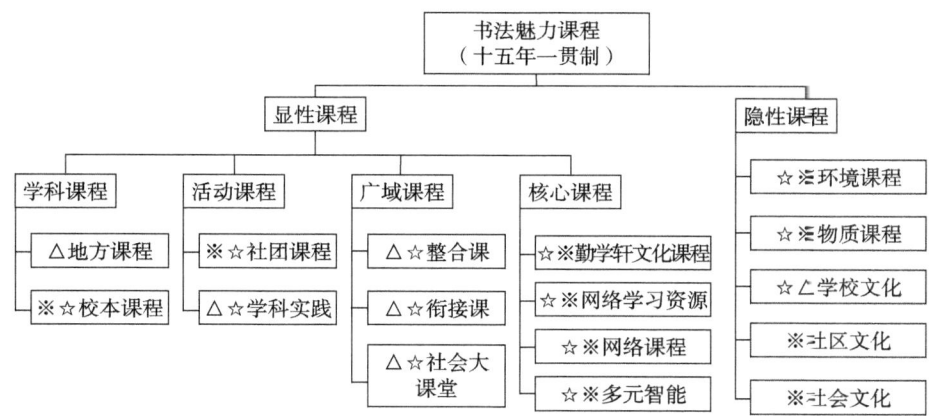

注：必修课程前用"△"表示；选修课程前用"※"表示；特色课程前用"☆"表示。

图 2-15-1　书法魅力课程结构图

六、课程设置

（一）课程实施方式

1. 学科课程

书法学科一体化魅力课程内容包含显性课程与隐性课程两部分。显性课程主要以教育部推荐使用的书法教材为主。通过十五年一贯制的书法学习，学生能十分清晰地学习到书法学科知识。此教材在内容上不仅具有科学性，同时还具有连贯性。为了满足我校学生需求，我校还开设了篆刻课程与传拓课程。隐性课程主要以"勤学轩书法课程"和"勤学轩环境课程"为主。以上两个课程重点突出了以关注学生核心素养为核心的魅力教育的特色课程。

2. 活动课程

活动课程包括社团活动课程与 10% 书法学科实践活动课程。社团活动课程包括硬笔书法社团活动课程、软笔书法社团活动课程、篆刻社团活动课程、传拓社团活动课程。我校书法课还结合传统节日——春节开发"福文化"课程。结合我校探春节活动开发"舞扇北实"课程，这两个课程充分发挥学生自主、合作、创新能力，注重与生活结合，注重与社会结合的理念，深受师生与家长欢迎。

3. 广域课程

广域课程包括整合课程、衔接课程与社会大课堂课程三部分内容。整合课程包括书法与数学学科整合的课程——"我与桥"，书法与美术学科整合课程——"书画合璧"，书法与语文学科整合课程——"成语有你有我"，书法与音乐学科整合课程等。衔接课程包括幼小衔接课程——我来学握笔，小初衔接课程——认识五种字体，初高衔接课程——走进生活大课堂"找找牌匾中的错字"。

4. 核心课程

核心课程包括"勤学轩家文化"课程、网络学习资源、网络课程、多元智能。

（二）学时设置

根据学生年段特点和各类课程的学习规律，采用长短课时结合、时间固定与灵活，满足不同年段，不同层次学生需求的方式设置学时。教学方式更多样、学习内容更丰富、学习时间更适合学生的学习规律。

1. 幼儿园课程课时安排

微课时：5~10分钟。认识书法。

2. 幼小衔接课程课时安排

微课时：5~10分钟。书法的应用。

3. 小学课程课时安排

微课时：5~10分。每天十分钟硬笔习字。

短课时：15~30分。阅读勤学轩网站与其他网站内容，做点赞、评价等活动。

标准课时：40分钟。地方课程。

长课时：80分钟，完成一幅书法作品，参加书法类社团。

大课时：半天以上。外出参观、游学、社会实践、社区服务、综合实践等。

4. 小初衔接课程课时安排

短课时：15~30分钟。认识五种书体。

5. 初中课程课时安排

长课时：80~100分钟，书法类社团。

6. 初高衔接课程课时安排

长课时：40~60分钟，中考书法知识点讲座。

7. 高中课程课时安排

长课时：80~100分钟，书法类社团。

七、课程实施

中国书法被称为是中华民族的文化瑰宝，从字形来看，由繁到简；从字体看，出现了篆、隶、楷、行、草五种基本字体；从书法作品和书法家看，可谓是人类文明的知识宝库。书法离不开书写，更离不开文字。因此在我校书法一体化魅力课程的实施上，注重学生身心健康的同时，注重书写能力、审美情趣和文化品质的培养。为推进我校十五年一贯制书法教育，传承中华民族优秀文化，特制定以下内容。

（一）基本理念

我校书法学科一体化魅力课程注重与语文学科结合，尤其是识字教学，不仅会认、能写简化字，更注重对繁字体、异体字的辨识与书写的教学；注重对汉字的认识与理解，通过图文，向学生展示汉字的发展历程，感受汉字演变和书法的魅力。通过十五年一贯制书法教育，我们在面向全体学生、遵循书写规范与书写规律的基础上，关注学生个性差异与不同体验，真正做到软硬兼修。

（二）目标与内容

1. 书法教育总体目标与内容

（1）通过十五年一贯制书法学习，学习硬笔、软笔的书法写法，不断提高书写能力，培养良好书写习惯。

（2）通过多种形式学习，认识书法名人，欣赏书法名作，感受书法魅力，提高文化品位。

（3）珍视优秀文化，传承优秀传统，热爱书法，热爱祖国，增强文化自信。

2. 硬笔学习的目标与内容

（1）小学低年级重点掌握铅笔的执笔方法，学习正确的书写姿势，在书写时注意纸面的清洁，懂得爱惜文具。认识、学习汉字的基本笔画和常用的偏旁部首，学习汉字的笔顺规则；会借助田字格，或我校独创的"房子格"学习汉字笔画和结构写法，能做到正确、规范、美观。

（2）小学中年级重点掌握签字笔、钢笔的执笔方法，体会笔画起笔、行笔、收笔的运笔感觉。能做到书写正确，结构平正、匀称，纸面干净，书写美观，逐步提高书写速度。

（3）小学高年级学习横线格成篇书写方法，在书写正确的基础上，做到规范、整齐、美观，还要有一定的速度。

（4）初中、高中阶段，在书写正确、规范的基础上，开始学习硬笔行书、隶书、篆书等字体，力求美观。

3. 毛笔学习的目标与内容

（1）小学1~2年级：依据教育部提出的书法教学要求，小学1~2年级学生开设硬笔书法课，且一周一节，故此阶段不再另开设软笔书法课。

（2）小学3~4年级

1）学习毛笔的执笔方法和正确的书写姿势，了解文房四宝，注意保持卫生和整洁。

2）学习欧体基本笔画和简单汉字的书写。认识、学习笔画起笔、行笔、收笔的基本方法。认识繁体字。

3）认识《九成宫醴泉铭碑》，尝试集字练习。

4）积极参与书法社团活动。

（3）小学5~6年级

1）在欧体学习的基础上，学习颜体的基本笔画写法，体会笔画的提按、力度、节奏的变化。注意笔画的规范，结构的准确和美观。保持正确的书写姿势和良好的书写习惯。

2）五年级临习《九成宫醴泉铭碑》，六年级临习《勤礼碑》。

3）学习欣赏其他碑帖，例如《多宝塔碑》《玄秘塔碑》《三门记》《兰亭序》等。了解条幅、斗方、对联、中堂等常见的书法形式，并进行集字创作。

4）结合春节书写福字，参与学校各项书法社会实践活动。

5）积极参与书法社团、篆刻社团、传拓社团活动。

（4）初中阶段

1）在学习唐楷的基础上，可以学习魏碑的书写，有兴趣的学生可以尝试学习隶书、行书等其他字体，了解篆刻常识。

2）结合语文中考内容，了解一些书家代表性作品内容背后的故事，体会历史人物、书写内容与笔法、结构、章法、墨法之间的关系，初步感受书法之美，交流欣赏体会。

3）结合学校探春节等活动愿意在班级、学校、社区展示自己的书法作品。

4）积极参加书法、篆刻社团活动。

（5）高中阶段

1）继续巩固楷书、行书、隶书等书写方法，继续用毛笔临摹自己喜欢的经典碑帖。

2）结合语文、历史、美术、艺术等学科教学内容，认识、挖掘书法的丰富知识内涵、文化价值与历史意义。

3）积极参与篆刻、书法社团，进一步深入学习，学有所长。

（三）实施建议与要求

（1）注重书法全方位学习。既要注重书法技法知识，又要注重书法与其他学科融合；既要注重教学方式方法的创新，又要注重激发学生的学习动力；既要注重基础知识的讲授，又要注重对学生创作意识的培养；既要注重课堂教学的魅力，又要注重课外社会实践活动有效开展；既要注意关注到每个学生成长，又要注重对特长生的培养。

（2）重视学生书写习惯的培养。尤其要发挥隐性课程的作用。让自查、互助成为学生成长的臂膀。

（3）遵循书法学习规律，注重循序渐进、以点带面的原则。从铅笔–签字笔（钢笔）–毛笔，到楷书–行书–隶书–篆书的过程，再到书法–篆刻–传拓的过程。

（4）强化讲练结合，强化激励与引导。努力把练字与应用有机结合。

（5）按照《中华人民共和国国家通用语言文字法》要求，规范书写硬笔字。

（6）发挥教师的示范作用。技法课老师要给学生进行示范讲解，针对学生的书写问题，教师可对学生进行一对一的示范指导，为学生树立榜样。

（7）加强教学方式方法的改革与研究，让固化下来的教育研究成果应用于课堂。

（8）重视社会实践活动课的开发与有效开展，让社会真正成为学生学习书法的大课堂，展示自我的大课堂。

（四）教学用书选择建议

（1）小学阶段可以选择教育部制定使用的包括学生用《书法练习指导》和教师用《书法教学指导》。

（2）初中、高中阶段可以选择书法选修教材或自编教材。

（3）幼小初高均可从十五年一贯制书法学科阅读书目中选择经典碑帖作为补充教材。详见勤学轩公众号。

八、课程评价

课程评价是对课程实施效果的重要判断依据，是课程改革落实的基础。因此，搞好课程评价是推进课程方案落实的关键环节。

（一）评价目的

结合书法学科一体化魅力课程核心思想，发挥魅力评价功能，激发学生学习书法的兴趣与动力，逐步养成良好的书写习惯，逐步提高学生的书写水平和审美情趣。

（二）评价重点

书法学科一体化魅力课程分为小学阶段与初、高中阶段两部分。小学阶段的评价重点侧重于对基本笔画、结构把握；关注身心健康，注重书写态度和书写习惯的养成；初中、高中阶段的评价重点侧重于关注身心健康；书写水平，审美情趣持续提升方面。

（三）评价方式与方法

课程评价目标以立德树人为根本目标，以培养"具有中国灵魂的现代人"为核心目标。课程评价机制要具体、完善，不仅要有校级评价、部门评价，还要有课堂评价、课外评价。评价内容要与课程内容紧密关联，要注重各学段书法知识的关联性、逻辑性。不仅要关注全体学生，还要关注书法爱好者。评价对象指向学生、教师、课程。评价人员涉及学生、教师、部门课程领导、学校课程领导以及家长、社会。最终达到以课程推进教师成长，推进学生发展，推进学校课程优化，推进素质教育改革创新。在评价形式上不仅要有自评、互评和他评。还要有形成性评价与终结性评价，真正做到定性评价与定量评价相结合。形成有趣、民主、和谐、全面、具体、多元的评价体系。课程方案实施效果评价表见表2-15-2。我校书法教育不举行专门的考试，不开展书法等级考试。

表2-15-2　课程方案实施效果评价表

评价指标	评价标准	评价要素	评价等级
课程目标	育人期待	目标明确，符合学校育人目标要求	
课程内容	课程定位	富有创意，设计精巧，学科特点鲜明	
课程实施	学习规律	便于学生学习，利于促进学生学科核心素养提升	
课程关系	师生关系	教学相长，关系融洽，共学共进，相得益彰	
课程状态	学习状态	师生投入，状态良好，兴趣盎然，兴高采烈	
课程效果	学生满意度	育人目标实现，效果明显，师生满意	
课程发展	课程动态发展	动态生成，与时俱进，促进发展，和谐自然	

九、实施保障

（一）师资配置

要结合不同学段书法教育的实际情况，对书法教育的课程安排、教学管理、教师任职条件及资源配置等进行规划，稳妥推进书法教育。

（二）教师培训

各学段应有计划、有步骤地安排书法教师或兼职书法教师进行各种培训，逐步提高教师书法教育教学的能力和水平。

（三）教学研究

要把书法教育纳入教学研究工作的范围，研究中小学书法教育的教学规律和评价方法，安排教研人员指导学校和教师开展书法教学工作。

（四）社会合作

学校可根据需要，聘请当地青少年校外活动中心、少年宫、文化艺术团体的书法专业人员根据中小学书法教学要求指导学生学习书法。鼓励社会各界及个人为学校开展书法教育活动提供支持。学校全体教师应努力提高自己的书写技能和书法欣赏水平。

（五）专项督导

要加强对书法教育工作的指导和管理，要把书法课程开设情况纳入学校督导的专项内容。

"学生向往，教师幸福，社会满意"是北京实验学校的办学理念，北京实验学校的义务教育阶段的课程建设将以这一理念为指导，站在育人高度，科学规划书法学科的课程建设，紧紧围绕立德树人、书法学科核心素养的提升这一新命题，通过课程的研发与建设，提高课程的育人价值，更新教师的教育理念，从学科教学走向学科教育，进一步提升学校的办学品位和教育质量，为培养具有"中国灵魂，国际视野的现代人"打下坚实的基础。

（白毅诠）

第 24 章　体育与健康学科一体化课程体系

一、指导思想

1999 年,《中共中央国务院关于深化教育改革全面推进素质教育的决定》中指出:"健康体魄是青少年为祖国和人民服务的基本前提,是中华民族旺盛生命力的体现。学校教育要树立"健康第一"的指导思想,切实加强体育工作。"《课程标准》明确提出,体育新课程是一门以身体练习为主要手段,以增进中小学生健康为主要目的的必修课程。

我校高度重视学生身心健康发展,把健康教育作为学校的首要工作,专门成立了"体育与健康教育中心",特别制定了《体育与健康教育发展战略》,配备足额的体育教师,开足开齐体育课程,开设大量体育选修课程,激发孩子对体育的兴趣,让每个孩子拥有一门体育特长;配齐心理教师,建立多功能心理咨询室,加强心理辅导,促进心理健康;定期开办健康教育讲堂,定期开展健康素质测试,以评促教,强化健康教育。

为了满足学生全面而有个性发展的需求,搭建各种平台进一步促进教师专业化发展,以课程的丰富、规范、高质为重点,凸显我校"魅力教育、魅力课堂"教育理念和办学特色,整体构建十五年一贯制魅力课程体系,满足学生发展的要求,符合学生生理和身心健康发展的特点,充分发挥课程的整体育人功能,不断提升办学品位,促进学校内涵式发展,办"孩子向往、教师幸福、社会满意"的品牌学校,实现全科育人、全程育人、全员育人和实践育人,努力把学生培养成为具有"中国灵魂、国际视野"的现代人。在魅力教育的引领下,学校重视学生全面发展,突出学校体育的育人功能,把体育教师的培养和建设放在重要位置。

二、背景分析

全面贯彻党的教育方针，践行社会主义核心价值观，充分发挥课程在人才培养中的核心作用，全面深化课程改革更好地促进中小学学生全面发展、健康成长。

强调以培养学生兴趣、养成锻炼习惯、掌握运动技能、增强学生体质为主线，建立大中小学体育课程衔接体系。科学安排课程内容，在学生掌握运动机能的基础上，根据学校自身情况，开展多种运动项目教学，提高学生专项运动能力。倡导和鼓励学校开展课程创新实验，关注课程的整体育人功能及学科内、学科间的联系与整合，加强综合实践活动课程的开发与实施，大力培育和践行社会主义核心价值观。丰富特色体育课程教学形式。积极贯彻教育部"一校一品"或"一校多品"的体育课程教学模式。

三、理论支撑

（一）心理学视野中的体育学科一体化课程体系

"兴趣是人们积极认识和探究某种事物或从事某种活动的一种心理倾向，是获得知识、开阔眼界、丰富心理活动的重要动力。"体育学科一体化课程体系将课堂教学延伸到课外活动和校外活动当中，丰富多彩的社团活动和各种水平的竞赛活动有利于在时间和空间两个维度上增加学生体育参与的广度和深度，对于培养学生的运动兴趣，进而提高学生运动技能水平、养成终身体育意识都具有重要的作用。

首先，体育学科一体化课程体系易于使学生产生运动需求的满足感。其次，体育学科一体化课程体系更有利于提高学生的运动技能水平。再次，体育学科一体化课程体系能带给学生更多成功体验。最后，体育学科一体化课程体系更易营造融洽的师生关系。师生关系直接影响着学生的学习情绪，良好的师生关系往往会在潜移默化中引导学生产生对教师所授课程的学习兴趣。

（二）社会生态学视野中的体育学科一体化课程体系

首先，体育学科一体化课程体系显著改善了个体微环境。

其次，体育学科一体化课程体系显著改善了个体与其他个体及组织之间的互动关系。

最后，学生行为的改善有赖于社会生态环境的改良，体育学科一体化课程体系就是从改善学生个体内环境和个体间微环境角度寻找突破口，提高学生个体与环境间的作用频率和信息交换效率，为学生的体育参与行为提供良好的环境基础。

（三）系统学视野中的体育学科一体化课程体系

体育学科一体化课程体系注重学生信息的反馈。

体育学科一体化课程体系鼓励和引导学生开放自身。

体育学科一体化课程体系提供了学生与环境系统互塑共生的机会。

体育学科一体化课程体系在于转换教学观念，真正从学生出发，精心设计课程。精准把握规律，教师要充分把握不同学段学生的动作发展、认知发展、身体发育规律。注意上下衔接，教师要注意上下学段、年级之间的衔接、内容的安排要呈螺旋式上升。

（四）体育学科一体化课程体系的成绩

我校在体育教学、体育督学、体育训练、教科研等方面做了大量的尝试，取得了可喜的成绩。

（1）在体育教学中，我们遵循幼、小、初、高一体化教研新课程理念，提倡合作，不仅是指学生的学习方式，还应该是教师的教研方式。发挥团队精神，发挥每个教师的特长，互相取长补短，群策群力，增强教师之间的合作关系，每个教师的个人优势被整合为集体的智慧就会迸发出令人惊喜的创新思维与教学设计。"以思维碰撞思维，以智慧点燃智慧"发挥教研组的"群研智慧"，真正做到资源共享，优势互补。还有一个优势就是了解各个学段学生的生理和心理特点，了解各学段学生的学习内容，科学有效地制订教学计划，站在终点考虑起点，更加高瞻远瞩与高效。魅力体育促进魅力教育。

（2）我校组建了由特级教师、学科带头人牵头的庞大的督学团队，纵跨小、初、高三个学段，横跨所有学科。三个学期的时间，督学们认认真真、扎扎实实、如火如荼地开展着工作。督学工作可以推动学校魅力课堂的发展、提升教师的专业成长，提升体育专业的能力。开学初按照学校的要求，制订计划。每周上报上课教师的计划表，包含上课的时间、内容、课的节次以及上课地点，前期准备课的设计和教案，教研组提前做好指导，督学领导小组准时听课，听课后及时进行评课，每位领导进行200字左右的反馈。上课老师在评课后进行教案整理并做500字以上的教学反思，每学期召开几次督学会议，学期末进行督学总结大会，督学平台让我们在"督"中学，学后思，在思中寻找突破点、成长点。"学而不思则罔，思而不学则殆"。我们在"督""学""思"中一路同行，不忘立德树人的初心，牢记"建设学科团队，提升教师研究力，促进课程改革，提升教育质量"的使命，循着"发现问题以求解决，总结经验以求推广"的路径，以"魅力课堂"为抓手，落实校长倡导的魅力教育。督学工作也为进一步推动北京实验学校魅力教育的健康、均衡和可持续发展提供了坚实保障。同时，多节督学学科再提炼升华后多次参加区级、市级评优课评选，并获得多个一等奖和二等奖。督学工作提高了课堂教学能力，丰富了课堂教学方法及评价。

（3）我们在训练方面进行一体化的设计。在田径、足球、定向越野、游泳、跆拳道、武术六项运动项目上，实行分开训练，定期交流，场地互相使用，教练之间更是交流甚多，尤其是小升初阶段提供名单以及学生的水平、学生的性格等，更加有利于教练的尽快熟悉与掌握情况，在这种一体化优势下，我们的人才都是阶梯式输送，给初高中老师带来更多的优势，成绩的取得在市区级、国家级比赛中有着得天独厚的优势，定向、跆拳道、游泳在区市国家级比赛中多人次获得个人冠军、团体冠军。教师的付出，梯队建设，一体化教学的优势凸显，运动队的成绩处于市区级领先位置。

（4）各阶段升学衔接一体化。在幼升小学衔接中，在大班阶段进行小学体育课内容的渗透，同时定期会安排小学部体育教师来上体育衔接课，让孩子们在上小学之前，先适应课堂，先接受老师，这样到上学时，孩子们就会开开心心地进校园享受体育的魅力教育。

在小学升初中衔接中，在六年级体育课中渗透初中体育相关知识，比如，①针对女生要对仰卧起坐的动作以中考的标准对学生进行讲解和规范。②针对男生要对引体向上进行提前了解，并增加上肢力量及针对引体向上辅助的练习。使学生晋升中学，不会在体育方面有太多困惑，可以集中精力全面发展。

在初中升高中衔接中，自己培养的学生，知根知底还有连续性，校园文化理念、教师更亲切，也更有感情，每年"1+3"的学生、体育生，都为学校的学习人才、体育人才的输送提供了优质保证。

（5）在教科研方面，即将出版体育魅力丛书，其中包括：①学校体育管理篇，共6节，由体育中心主任负责撰写；②魅力体育课堂探索篇，共7节，由中小体育教师负责撰写；③幼小中体育一体化实践篇，共6节，由幼小中教师负责；④建设有魅力的体育社团篇，共13节，由各个教练负责撰写。我们有着区市级一等奖的论文，有着区级、市级、国家级的课题，有着学校的大力支持，我们将一直前行在路上。

四、可行性分析

（一）学校资源优势分析

北京实验学校是百年老校，经过几代人的努力，伴随深化教育综合改革的浪潮，2015年6月，经市、区政府批准，学校更名为"北京实验学校"，联合平谷区幼小初高四所学校，发展成集幼、小、初、高于一体、十五年一贯制的教育集团，形成了一校六址的办学格局。是北京市示范幼儿园、北京市一级一类幼儿园、小学教育质量一类校、海淀区首批示范高中校、是北京市唯一一所幼、小、初、高十五年一体化基础教育综合改革实验学校。在继承、弘扬熊希龄"面向社会、全面育人、追求高水平教育"的教育思想基础上，"北实人"励精图治，不断创新，成效显著。学校先后被评为"全国科研兴校先进单位""全国科学教育实验学校""北京市教育科研先进学校""全国基础教育课程教材改革实验先进单位"。这一得天独厚的办学条件和优质的师资力量为我们研制并实施十五年一贯制课程体系提供了可能。

学校体育教师中硕士3人、市级骨干教师2人、海淀区学科带头人4人、区骨干教师4人、中学高级教师6人，人才济济，开拓创新；学校拥有400米标准田径场、游泳馆、篮球馆、室外篮球场、体操房、击剑场地、跆拳道场地和多功能训练厅，为实施"魅力课堂"课程体系奠定基础。

（二）学情分析

我校是海淀区示范中学，学生学业素质和其他综合素质逐年提升，他们有着自主管理和主动规划未来的能力和意识，有着迫切的求知欲和广泛的业余爱好，期待着丰富多彩的课余生活和宽广的认知领域，并自发或在教师指导下创办了丰富多样的社团组织。学生们的积极状态成了我校进一步推进校本课程建设的又一强大动力。自2011年起，学校开始十五年基础教育综合改革实验，开展了幼、小、初、高一体化实验研究，开发校本教材研究，有效促进学生参与体育运动的积极性。同时，针对我校学生独生子女较多，自我约束能力不够、学习兴趣、动力不足等问题，本着"满足不同类学生的需求"的原则，增强课程的选择性，开发系列选修课程，使学生在不同类课程的学习中磨炼意志、发展兴趣、强健体魄、产生魅力。

我校学生体质健康状况同北京市调研结果相一致，还是不容乐观，学生体质健康水平有待提高，肥胖率和近视率居高不下，体育老师在上课时也如履薄冰，害怕运动给学生带来伤害。学生的整体身体素质下降，不仅使孩子在成长中遭到生理、心理疾病的严重威胁，而且会使未来社会劳动力的身体素质整体下降，这是社会发展的一个潜危机。

（三）课程资源与实施效果分析

近年来，学校以魅力教育为核心，以培养具有"中国灵魂、国际视野的现代人"为目标，紧紧围绕五大核心素养（语言与文学、自然与科技、体育与健康、艺术与审美、实践与创新），统筹各学段、各学科、各方参与人员和资源，开发和建设了系列课程，形成了基础型、拓展型、探究型三类课程体系，满足了不同类学生的学习需求，逐步形成了自己的特色，有效地促进了学生综合素养的提升。

五、课程愿景

我校基于创新型人才培养的十五年一贯制的魅力课程体系建设的目标是，运用3~6年时间（2016—2018年，2019—2021年）依托十五年一贯制的学制优势，建构"十五年一贯制"魅力课程体系，积极推进国家、地方、学校三级课程的协同发展，并形成校本化的课程特色。实现国家校本化、地方课程校本化、校本课程特色化、课程资源优化的基本目标，实现课程体系的综合性、连续性和贯通性。

六、培养目标

（一）幼儿园体育课程目标

1. 课程总目标

（1）开展丰富多彩的户外游戏和体育活动，培养幼儿参加体育活动的兴趣和习惯，增强体质，提高对环境的适应能力。

（2）用幼儿感兴趣的方式发展基本动作，提高动作的协调性、灵活性。

（3）在体育活动中，培养幼儿坚强、勇敢、不怕困难的意志品质和主观、乐观、合作的态度。

（4）培养幼儿对体育活动的兴趣是幼儿园体育的重要目标。

2. 年龄段课程目标

（1）3~4岁课程目标

课程目标：对体育活动初步认识与培养适合自身的体育活动。

身体目标：能够简单掌握动作要领完成基本动作要求。

心理目标：能做到集中注意力即可。

社会参与目标：培养与老师之间的互动关系。

（2）4~5岁课程目标

课程目标：在对体育产生初步认识与兴趣的基础上，进一步学习体育运动，形成爱运动的好习惯。

身体目标：能初步掌握较复杂的体育活动技术动作。

心理目标：能够认真地学习技术动作，尽快地学会技术动作。

社会参与目标：培养孩子之间互相学习与协作精神，互帮互助共同完成体育活动。

（3）5~6岁课程目标

课程目标：发掘有运动特长的孩子，发掘每个孩子的运动特长。

身体目标：能较好地掌握较复杂的动作，并能发挥自己创新想象的空间。

心理目标：有一定的自学能力，适当培养孩子的抗干扰能力。

社会参与目标：培养孩子与老师、孩子与孩子之间良好的互动关系，互帮互助，为建立良好和谐的社会人际关系打下基础。

（二）中小学阶段培养目标

1. 学校目标

以十五年基础教育综合改革实验为依据，不断提高学校课程领导、管理和开发能力，逐步形成富有北京实验学校特色的"魅力课程"体系，满足一贯制、整体化办学需求，实现课程整体育人的功能，全面提升学校的办学品位和教育质量。

2. 学生目标

通过体育科学设置课程，合理配置资源，满足学生发展需求，培养学生的实践能力和创新精神，全面提升学生的身体素质，每个学生掌握1~2项体育技能。

3. 教师目标

通过课程开发，转变教师的观念，树立从学生需求出发，为学生发展服务的教育意识，不断提升课程研发和实施的能力，提高科研水平和创新能力，促进教师专业成长。

七、课程设置

（一）课程类别

小学和中学的体育学科课程具体设置结构见图 2-16-1、图 2-16-2。

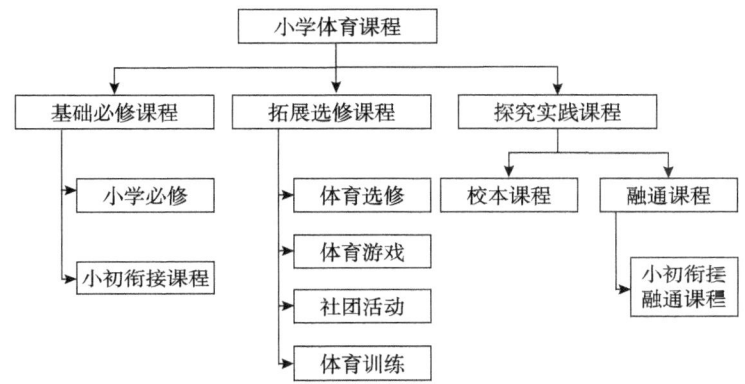

图 2-16-1　小学体育学科课程具体结构图

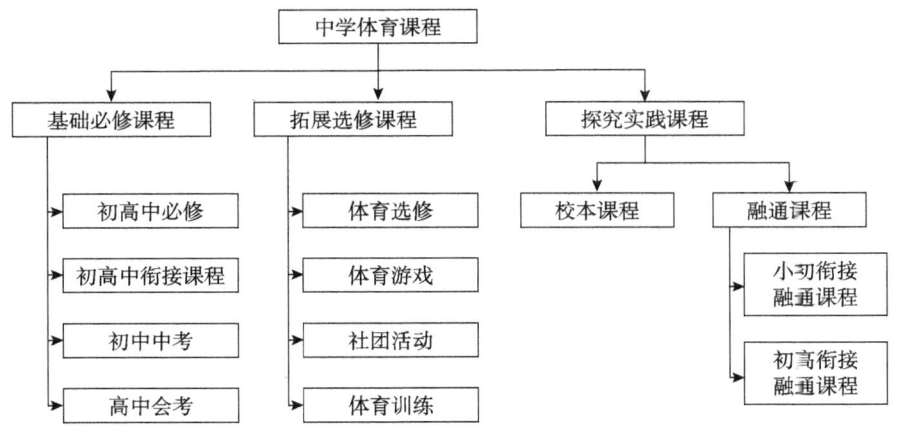

图 2-16-2　中学体育学科课程具体结构图

（1）幼儿园集体游戏选自北京师范大学出版的《幼儿园快乐与发展》一书，幼儿园体质测定标准是执行国家体育总局编制的《国民体质测定标准手册》（幼儿部分）。

（2）基础型课程是由学习领域共同基础要求的学科课程组成的，是学生统一必修的课程。

（3）拓展型课程以培育学生的主体意识、完善学生的认知结构、提高学生自我规划和自主选择能力为主，培养、激发和提高学生的兴趣爱好，不断开发学生的潜能，具有一定开放性的课程。拓展型课程由学科能力拓展课程、综合素养拓展课程和自主拓展课程三部分组成，是学生限定选择修习的课程。

体育学科先后开设10多种选修课，如：足球、篮球（男、女）、排球、瑜伽、击剑、武术、跆拳道、游泳、旱地冰球、乒乓球、定向越野、羽毛球、板羽球等；组织了10多支运动队，为学校荣誉而战；活跃着多支学生组织、教师参与的社团活动。

（4）探究型课程：为提高教师专业化水平，发展学生的专长与特长，教师对体育学科领域进行深入研究。编写了《腰旗式橄榄球》《形意拳》《瑜伽》《室内课的动与静》《速度与智慧——定向越野》《足球》《篮球》等校本教材。

为了更好地发挥我校十五年一贯制的衔接优势，为新初一和将毕业的初三年级学生编写衔接课程，以适应升学学段的课程衔接和贯通，注重连续性和衔接性。不断创新和完善一体化的中小学体育课程体系框架。

体育课程衔接方式主要包括：课标衔接、教材衔接、教法衔接、学法衔接、体育游戏、课外活动衔接、体能衔接和教学评价衔接等。

（二）必修课课程结构

体育课程体系见表2-16-1。

表2-16-1　体育课程体系

年级	课程类型	课程设置
一、二年级	必修课	一、二年级体育教材、体质健康标准测试项目
	选修课	足球、篮球、健美操、武术、跆拳道、田径、乒乓球、定向越野
三、四年级	必修课	三、四年级体育教材、体质健康标准测试项目
	选修课	足球、篮球、健美操、武术、跆拳道、田径、乒乓球、定向越野
五、六年级	必修课	五、六年级体育教材、体质健康标准测试项目
	选修课	足球、篮球、健美操、武术、跆拳道、田径、乒乓球、定向越野、羽毛球
七年级	必修课	七年级体育教材、过程性评价、体质健康标准测试项目
	课后一小时	足球、篮球、健美操、击剑、武术、跆拳道、游泳、搏击操、定向越野、体健班

续表

年级	课程类型	课程设置
八年级	必修课	八年级体育教材、过程性评价、体质健康标准测试项目
	课后一小时	足球、篮球、健美操、击剑、武术、跆拳道、游泳、搏击操、定向越野、体健班
九年级	必修课	九年级体育教材、过程性评价、国家体质健康标准测试项目
	课后训练	
	初中体育中考	
高一	必修课	高一年级体育教材、模块教学内容、国家体质健康标准测试项目
	选修课	足球、篮球（男、女）、排球、瑜伽、击剑、武术、跆拳道、游泳、旱地冰球、乒乓球、定向越野、羽毛球、板羽球
高二	必修课	高二年级体育教材、模块教学内容、国家体质健康标准测试项目
	选修课	足球、篮球（男、女）、排球、瑜伽、击剑、武术、跆拳道、游泳、旱地冰球、乒乓球、定向越野、羽毛球、软式棒垒球
高三	必修课	高三年级体育教材、模块教学内容、国家体质健康标准测试项目
	课后训练	
	高中体育会考	

1. 课程开设年级及课时

幼儿园体育活动时间：每日上、下午各 1 小时体育活动时间，其中半小时为教学活动（集体游戏）时间，其余半小时为幼儿自选材料游戏（分组游戏）时间。

1~2 年级的体育课程每周安排 4 个课时，3~6 年级的体育课程每周安排 3 个课时，每节课为 40 分钟。初一至初三年级的体育课程每周安排 3 个课时，每节课为 40 分钟。高中各年级每周安排 2 个课时，高一、高二年级每周两节模块教学选修课，高三每周两节模块常规课。

2. 课型安排

课的类型包括室内引导课、体育健康知识、风雨教材、各个项目的新授课、复习课和考核课。

3. 教材的选择

主教材是人教社的《体育与健康》，还要执行《北京市过程性考核评价标准》《国家学生体质健康评价标准》，同时，自选或自编的校本教材，丰富了课堂内容，拓宽了学生视野。

八、课程实施

（一）指导思想

在"健康第一"的指导思想下，落实立德树人的根本任务，强调实践性特征，突出学生的学习主体地位，努力构建较为完整的课程目标体系和发展性的评价方式，重视教学内容的基础性、选择性及教学方法的有效性和多样性，注重激发学生的运动兴趣，引导学生掌握体育与健康基础知识、基本技能和方法，增强学生的体能，培养学生坚强的意志品质、合作精神和交往能力等，为学生终身参加体育锻炼奠定基础，促进学生健康、全面发展。

（二）学校特色

近几年来在我校体育学科一体化课程体系的指导下，各学部积极参加区、市及国家级比赛，均取得了骄人的成绩，足球比赛更是获得了很好的成绩，我校以此为契机，足球项目成为国家级特色，游泳成为市级传统校。确定了"以特色促发展""以特色打造品牌"的发展思路，并设想将足球运动、游泳项目发展成为我校的一项群体运动，并逐步引向深入并拓宽领域，并形成一种文化与精神，引领学校各项工作的实施与开展，形成鲜明的办学风格，使师生在教学相长的基础上，拓展成为我校的办学特色，从而不断深化素质教育，提高教育教学质量，逐步实现魅力教育。

（三）课程实施的目标

（1）倡导全面、和谐发展的教育。积极主动的学习态度，学会学习的过程。

（2）建立新的课程结构。体现课程结构的均衡性、综合性和选择性。

（3）体现课程内容的现代化。关注学生学习的兴趣，注重培养学生的体育意识和能力。

（4）促进学习方式的变革。主动参与、乐于探究、勇于实践。

初中学部，初三、"1+3"实验班，采取小班教学，班级人30人以内，初三一部分学生回原籍，每年大约60人以上优秀学生直接升入"1+3"，剩下的初三学生小班教学，学生少，练习次数多，学生的各项身体素质优势凸显。"1+3"实验班在课程安排每周三节体育课，没有中考的压力，课程更加丰富，自主的空间大，学生更加主动、幸福。

（5）形成争取的评价观念。评价促进学生发展，教师的提高。

高中学部，高一、高二选修课，实行学习走班制。年级内打破班级制，所有学生安排在同一课时授课。实施以学生所选课程组成基本教学班。这样最大的优势发挥每个体育教师的专长，使资源得到最大化的利用。对于学生而言，选自己喜欢的项目，可以和专业水平较高的教师学习，积极性和主动性大大提升。开学初根据每个教师的特长报名选修课的名称，每年级10~12个项目，每个项目大约20人左右，根据学生人数，网上设置项目，教材内容、考核要求以及人数和学生的性别和能力设置，同一时间网上选课。这样在保证每个学生掌握一项以上的体育技能，每学期结束进行专项技能考核和体能考核。高二年级第二学期结束根据任课教师的考核内容，考核小组2~3人轮流进行考核，成绩合格者颁发证书。不断促进教师的专业水平提高。

（四）课程实施建议

（1）形成健康文明的生活方式；遵守体育道德规范和行为准则，塑造良好的体育品格，发扬体育精神，增强社会责任感和规则意识

（2）应针对不同水平学生的身心发展特点，遵循不同内容的教学规律与要求，进行更有针对性和实效性的教法与学法创新，调动学生体育与健康学习的积极性。

（3）创设民主、和谐的体育与健康教学情境，有效运用自主学习、合作学习、探究学习与传授式教学等方法，引导学生在体育活动中通过体验、思考、探索、交流等方式获得体育与健康的基础知识、基本技能和方法，培养应对问题、自我锻炼、交往合作等能力，开展富有个性的学习，不断丰富体育活动经验，学会体育学习和锻炼。

（4）在运动技能教学的同时，选择简便有效的练习内容，采用多种多样的方法，发展学生的体能。

（5）高度重视学生之间的个体差异，在体育与健康教学中做到区别对待、因材施教，特别要关注体育基础较弱的学生，有针对性地采用相应的教学方法，提高他们的自尊和自信，促进每一位学生综合发展。

九、课程评价

课程评价我们将从以下几个方面实行：①即时性评价与阶段性评价相结合。②定性评价与定量评价相结合。③他人评价与自我评价相结合。④绝

性评价与相对性评价相结合。⑤形成性评价与终结性评价相结合。在体能方面，不断发展和提高学生的体能，发展心肺功能，肌肉力量和有氧耐力；在知识与技能方面，学习体育与健康知识，获得运动技能，掌握形成自己的兴趣爱好，发展运动能力，懂得科学锻炼身体的方法；在情感态度与价值观与合作方面，学习态度是过程性评价的重点，在运动中逐渐形成乐观开朗的生活态度，形成正确的价值观，学会健康的生活方式；社会适应和心理健康方面，建立和谐的人际关系，正确处理合作与竞争的关系，学会调控情绪。

课程评价必须紧紧地围绕课程改革的方向，以关注学生健康成长为目的，制订出切合实际情况的评价方法，科学地、全面地并具有激励性地进体育课教学评价。

十、实施保障

（一）领导重视、机构健全、管理到位

校长倡导魅力教育，更加重视体育工作，评优、评先更是平等对待。建立了以校长为组长的领导机构。体育学科一体化课程体系作为体育教学的一项突破性教学改革，发展与实施必然要得到校方领导与老师的理解与支持，校方领导的重视与认可会推动体育学科一体化课程体系的实施与推广。保证体育学科一体化课程体系在实际教学的全面开展。

（二）狠抓体育教研组建设，创建和谐教研氛围

体育教研组作为学校体育教学的重要教研机构，对提升体育教学质量有着举足轻重的作用。在中小学一体化大教研的优势下，在教学方面取得了海淀区教学评优课、教学设计、说课比赛、综合比赛取得了一等奖的优异成绩。在教科研方面，取得了区、市级论文一等奖，拥有市、国家多个课题。

（三）场地规范、器材充足

学校拥有一系列的体育设施，保证学生上课和活动。体育教学作为德智体美劳全面发展教学的重要一环，对强健学生体质，塑造健全人格起着重要的作用。体育教学先要规范安全的场地做基础保证，需要先进充足的器材做保证，学校每年根据预算和上报计划，每学期进行教育教学设备的更新与补充，保证教育教学的顺利实施。

（四）一流的体育师资队伍

学校体育教学水平关键在体育教师，应不断提高中小学体育与健康课教

学质量。体育教师是体育教学的实施者,是体育教学理念的践行者,打造一流的体育教师对体育学科一体化课程体系的实施起着至关重要的作用。一流的体育教师不仅要具备深厚的专业理论知识,体育教师应充分发挥体育促进学生身心健康的手段作用,在课堂教学中对教材、教学方法、手段和组织形式的选择上要针对教学对象的差异,倡导探究、自主、合作的学习方式,促进全体学生身心健康的全面发展。积极落实教学目标,以督学为平台,注重每一节体育课的质量,让体育教育的魅力之花开遍校园的每一个角落,成为有魅力的体育教师。

在校长魅力教育的引领下,突出学校的体育育人功能,坚持以体育教育为先导,坚持以立德树人为根本,以体育教师的魅力人格引导学生健全的人格,以教育者的深度情怀践行魅力教育,在一体化课程体系的指引下,共创魅力教育卓越品牌。

(马卫兵 冯全军 任 军 廖青超 齐 超 李广慧)

第 25 章　信息技术与通用技术学科一体化魅力课程体系

一、指导思想

全面贯彻和落实国家、市区关于课程改革与建设的文件精神，以课程的丰富、规范、高质量为重点，以"魅力教育"为特色，整体构建十五年一贯制魅力课程体系，使课程更加满足学生发展的要求，更加符合学生身心发展的特点，充分发挥课程的整体育人功能，提升办学品味，促进学校内涵式发展，办"孩子向往、教师幸福、社会满意"的品牌学校，实现全科育人、全程育人、全员育人和实践育人，努力把学生培养为具有"中国灵魂、国际视野"的现代人。创造最适合学生发展的教育，为基础教育的综合改革提供可资参考的课改实例，提供可借鉴的普适模式的鲜活样板，成为创建中国基础教育现代化的普适品牌。

二、背景分析

技术是人类社会的重要组成部分，是人类活动的主要形式之一，随着社会的发展，新的技术不断地出现，人类社会的生产和生活方式正在面临着革命性的改变，技术正在潜移默化地影响设置改变人类行为方式和思维意识。在普通高中课程中开设技术课程，是对初中劳技课程的延伸，强化基础教育的技术教育、培养学生的创新精神和实践能力，进一步推进基础教育的素质教育，也是贯彻落实"科教兴国"的战略决策和可持续发展的需要。

普通高中的技术课程、初中教育中的技术教育（信息技术课程和劳动技术课程）和小学课程中信息与科学教育项目衔接、一贯相乘，从小学开始逐步渗透技术意识和技术思想，提高学生的技术素养，培养学生的技术意识。

随着课程改革的深入和魅力课堂的开展，我校的技术教育已经初步形成由必修课程、选修课程、科技活动、技术社团、研究性学习和学校技术科技节在内的综合课程体系，在硬件设施上拥有一个设计教室、一个综合实践教室、两个金工木工实践教室、一个电子电路实践教室、一个 3D 打印和机器人活动教室、四个信息技术教室，充分满足了目前技术课程以及科技实践活动的需要，而即将施工的新教学楼中的科技实践空间，为进一步的十五年一贯制的课程研究打下了坚实的基础。

通过近几年的技术课程实践，已经确定了以项目研究实践为载体的技术课程实施模式，充分满足技术课程对技术实践的需求，为此我们已经编写了《通用技术项目实践手册》，包含了二十个项目实践活动，满足了学生在学习过程中的个性化实践活动的需求，编写的《lego 机器人》为科技活动提供了可参照的载体，编写的《3D 打印实践》预示着新的技术在未来技术实践活动中的全面应用。

目前已经开设的技术课程包括：初一和初二年级的信息技术必修课程，高一年级的技术必修课程，高二年级的技术选修课程，以及技术校本选修课程（乐高机器人和 3D 打印实践）和初中科技实践课程（单片机及应用）。

三、课程愿景

与科学课程不同，技术课程着力提高学生的技术素养，通过学习，让学生认识到技术与人和社会的关系，提高学生使用技术解决问题的能力，进一步培养学生管理技术，合理使用技术的意识。

在技术课程的学习中，学生通过运用所学到的学科知识，认识到所学的学科知识不仅可以帮助学生认识自然、了解自然，还会运用所学知识利用自然和改造自然，真正感受到学习的真正含义。

技术的实践活动就是一个发现问题、分析问题和解决问题的过程，通过实践，学生可以逐步掌握发现问题、分析问题和解决问题的能力，并能将这种能力应用到自己的学习和生活中去，提高学生的整体素质。

技术课程以其立足实践创新的特点是我校十五年一贯制课程体系中重要的一环，也是作为一个现代中学生应该经历的学习历程和应该具备的基本能力，同时也是未来进一步学习的能力基础，因此以多种形式全面开展技术课程是我校未来课程体系中的一个靓丽的魅力点。

四、培养目标

技术课程的核心素养是"认识技术、使用技术、管理技术"。即培养学生从认识技术开始，通过对技术的知识与技能的学习，能够在自身的生活和学习中去运用技术为之服务，并能合理地去实用技术。

技术课程是为了满足现在社会对人才的需求而增设的新的学习领域，是基础教育培养目标中的一个重要组成内容，我们不仅要培养具有科学知识的合格中学生，也要培养能够运用所学知识进行创造性实践的现代中学生，还要培养能够正确使用技术为社会做出贡献的时代创客。技术课程由于其实践性的特点，以及其无所不在的性质，所以，技术课程的开展应该是开放式的、多种形式并存的现代课程。

五、技术课程的内容结构

技术课程体系从横向上包括技术技能的学习课程和技术技能的应用课程两部分（图2-17-1）。技术技能的学习课程是技术实践活动开展的基础，是学习技术课程的基础，是必修部分的内容；技术技能的应用是技术实践活动中的创新活动，是跨学科综合实践活动，是极具个性化的创新性实践活动，是满足学生个性化需求的实践活动，是可以和大学专业进行对接的应用型实践活动，是选修部分的内容。

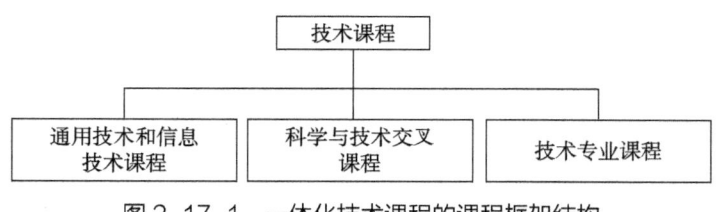

图2-17-1 一体化技术课程的课程框架结构

技术课程体系从纵向可按照学生年龄段的生理、心理和智力的特点开设的阶梯式逐渐提高的课程体系，每个年龄段都包含技术技能的学习课程和技术技能的应用课程两部分。

技术课程的实施形式是多元化的，包括以课堂教学为主的必修课程，有以工作室为基础的选修课程，有学生自主实践的社团活动和研究性学习，有学生参与和能力展示的科技竞赛和学校科技节活动，还有涉及跨学科研究的综合实践活动。

由于幼儿和儿童阶段的认知和理解能力的限制，幼儿园和小学阶段没有涉及科学知识的学习，但科学素养的培养要从小开始循序渐进地进行。因此，结合幼儿和儿童阶段的手工课程，将动手与科学实践结合在一起，开设介于科学与技术间的科学与技术交叉课程,既满足了科学素养的养成,也丰富了幼儿园和小学阶段手工课的内容。

科学与技术交叉课程以科学知识的认知为主,技术实践活动是学生认知科学知识的载体和手段,在培养学生动手能力的同时,培养学生科学研究的方法和素养。

(一)必修课程

必修课程是培养学生基本技能的课程,是技术课程开设的基础,是每一位选择技术课程的同学必修的课程,包括信息技术技能、设计技能、加工技能、测试和优化技能。设计技能包括设计的表达(设计草图、设计图纸)、设计的原则、材料;加工技能包括材料的性质、加工工具的选择和使用;测试和优化技能是应用类技能,是作品使用价值的体现。

信息是现今社会的一个重要的生活要素,信息技术不仅仅是计算机使用技术,更是针对信息的采集、加工、发布、交流、利用的综合技能,是所有技能的重要补充和辅助。

计算机辅助设计(CAD)和计算机辅助制造(CAM)是具有新时代印记的技术,是技术必修模块不能忽视的基本技能。

幼儿园和小学阶段只开设必修课程——科学与技术交叉课程,以基本技能培训和认知科学知识为主,培养学生认识世界和改造世界的兴趣。从幼儿阶段到小学阶段的技能培训是一个由难到易、由简到繁的过程,逐渐提高学生使用工具的能力。

(二)专业化选修课程

技术课程是一门以技术技能为基础的涉及多学科知识的综合实践课程,技术选修课程是一门个性化课程,即便是同一个项目学生的设计往往也各不相同,但是在不同的选修项目中会涉及相同的学科知识,因此在开设选修课时参照大学的专业课程设置,安排公共课模块和个性选修模块,进行专业化课表管理,学生根据课表安排完成公共课的学习。

《赛车经理人》项目是一个技术选修课,学生通过实践活动组建自己的车队,制作1或2部赛车,进行最终的弹射速度比赛,在比赛的同时要对赛车进行展示和宣传,项目涉及物理、美术设计知识以及3D模型的建立和打印技能,项目除了有小组实践活动个性化时间,也有随着进度安排的知识与技能学习的公共课程,因此课程的管理通过课表来实现,安排公共课的上课时间、上课地点和任课教师,实践操作课的时间和实践教室。

（三）自主实践课程

技术是人类生活的有机组成部分，与学生的学习和生活密切关联，学生在社团活动和研究性学习的过程中都会涉及与技术相关的知识与技能，可以说学生的社团活动和研究性学习是一个学生自主的技术实践活动。实践表明，导师在学生研究性学习的过程中起到了非常重要的作用，因此我们可以把这一类的实践活动设置为导师参与的学生自主实践课程，通过实践学生会意识到认识技术和使用技术在日常学习和生活中是非常重要的。

科技节是我校每一年必做的学生展示交流活动之一。参与是科技节的中心内容，也是技术课程开设的目的之一，因此将科技节作为技术课程体系中的一个重要窗口所带来的成功体验对激发学生的技术热情和创新精神来说是非常关键的。

六、课程设置

为了构建我校十五年一贯制的课程体系，技术课程的开设分为幼儿园阶段、小学阶段、中学阶段和高中阶段四个阶段。在幼儿园和小学阶段开设科学与技术交叉课程，从中学阶段开始开设技术与设计必修课程和项目设计选修课程，信息技术课程作为现代工具课程从幼儿园开始涉及，在教会使用的同时，让学生从幼儿开始培养合理使用信息技术工具的理念，避免对信息技术工具产生依赖性。

在幼儿园和小学阶段的技术课程以科学和技术交叉课程为主，项目活动的内容包括必修的技能培训和知识的认知为主的实践活动，以及兴趣化、个性化的选修活动（图2-17-2）。项目实践的方式包括教师引导的教室活动模式和教师辅助的自主实践活动模式。

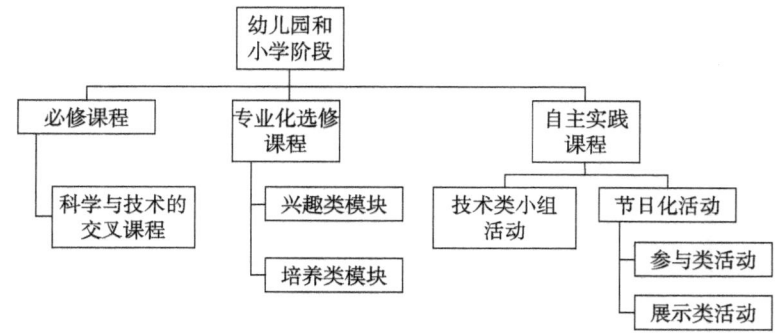

图2-17-2　幼儿园和小学阶段技术课程结构

在中学阶段的技术课程由科学与技术的交叉课程向技术实践课程转化，技术实践的目的不只是在认知科学，而是在使用科学，认识科学知识的实用价值和创造价值（图 2-17-3）。

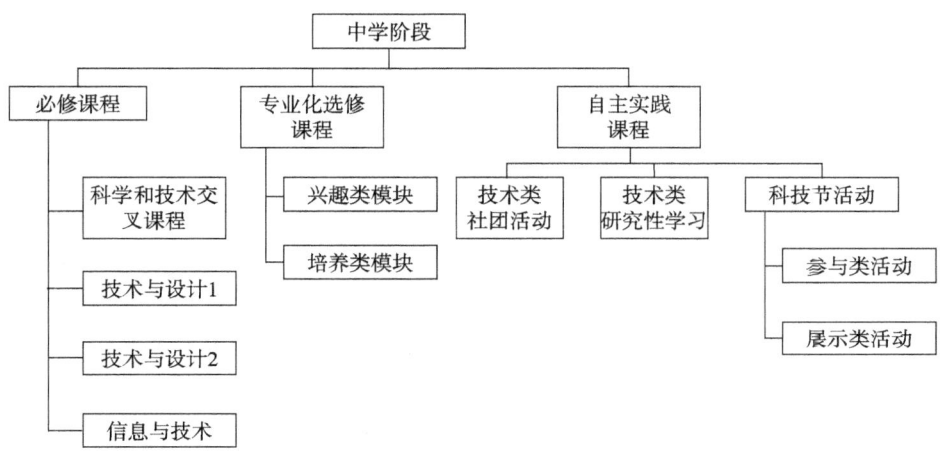

图 2-17-3　中学阶段技术课程结构

高中阶段的技术课程进入到"创客"阶段，以专业化的选修课模式开展，课程设置具有共性的兴趣类模块和培养类模块（图 2-17-4）。兴趣类模块以培养学生兴趣，发现个体潜能为开展方向；培养类模块以创客工作室的学习方式培养学生专业化发展。

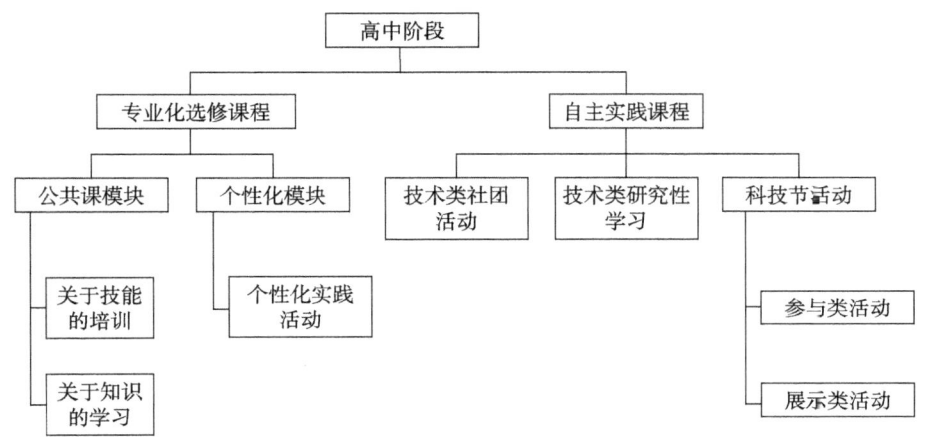

图 2-17-4　高中阶段技术课程结构

七、课程实施

（一）一体化课程体系的建设

技术是人类文明的有机组成部分，也是学生学习生活的组成部分，是学生学习过程中不能回避的，是学生学习过程中的重要组成部分。

在幼儿园阶段，技术课程嵌入在幼儿园生活的方方面面，培养幼儿认识技术、使用技术和管理技术的意识，开设认知科学知识的实践课程，在认知科学的同时学习技术的技能和方法。不管是开设技术课的教师还是开设其他课程的教师都要具有技术素养和技术素养的培养意识。

在小学阶段，随着年龄的增长，小学生初步具备了手脑结合的动手实践能力，技术与科学实践课程的课时数要做适量的增加，课程所涉及的技能和方法也要随之提高，通过技术认知科学到利用科学知识和技术手段去实现设计的过度是整个小学阶段的课程教育发展方向，专业的教室和专业的教师是这段时间课程实施的关键和保障。

中学是由科学与技术的交叉课程向由技术主导的技术创新实践课程过度的阶段，在这个阶段技术基本技能的培训非常重要，是未来创客生活和大学选择专业的重要阶段，通过专设的技术课程认识技术，学习技术的技能和方法，以及了解科学改造世界的另一面是这个阶段学习的主要内容。

高中阶段是技术放飞的阶段，创客是这段时间技术活动的中心，体验过程学习技术，重新定义科学，以及初步辨析未来发展的方向是这段时间的主要技术内容，提升对技术的认识，从而更好地管理技术、面对技术是这段时间技术实践的核心。专业化的课程模式，小组化和工作室化的活动方式让学生提前体验了未来学习和工作的方式；专业的教室，更加专业和先进的设备和专业的教师是课程开设的保障。

（二）一体化课程体系下的教学资源建设

在学校一体化课程体系建设的背景下，以学段为分界的教研组设置将得到进一步发展，在此基础上成立一体化模式的大教研组，实施在一体化模式下的教研组活动，统筹学校整体的技术教学开展和技术课程的实施。

教师队伍的建设是一体化课程体系建设和实施的重要保证，提高每一位教师的专业水平是一体化课程体系实施的首要任务，教师不仅要能够胜任本学段的教学任务，还能够融通从幼儿园到高中各个学段的教学知识与技能，以能够胜任在一体化课程背景下贯通式教学，而不仅仅是限制在自己学段的教学内容中。

一体化校本教材的编写是课程体系实施的基础，在课程体系下编写相互关联的教材，确保技术教学的连续性和完整性。

八、课程评价

评价是课程构成的一个重要内容，与其他课程不同，技术课程的评价更像是能力级别的评价，但培养技能不是课程学习的目的，技术课程的评价既要考虑到技能的差别，也要考虑到课程的学习目的，评价不是目的，而是一种激励的手段。因此，技术课程对作品的评价以"完成"作为合格的基准，同时从合格向上分出技能的不同等级，最终的评价除了对作品的评价外，还包括对实践过程的评价。

在幼儿阶段，评价的方式包括过程的参与和结果的积累，对结果的评价不分等级，过程的评价不是指出问题，是一种体验性的培养和学习。

小学阶段的评价中，对结果的评价在合格基础上分出不同的等级，目的是激发不是判定，过程的评价仍然是体验和培养。

从中学开始，评价中的过程和结果有了更深的含义，在过程性评价中要指出问题，并且要对问题做出结果性评价，对作品的评价不只是一个等级，而是给予指出性的评价，为今后的作品给予一种期待性的预期。

高中阶段，技术课程的评价是作品评价为主导的评价方式，对作品的评价激发学生对过程的思考和对未来的期望。

九、实施保障

（一）制度保障

技术学科作为基础教育体系的重要组成部分，需要学校从制度上为各个学部开齐课程提供必要的制度保障，从开足课程、师资配备、师资管理、课程管理等角度给予有力的支持。

（二）资金保障

实践活动是技术课程主要实现方式，而实践活动的开展需要场地、设备、工具、材料、信息、新技术的保障，这都需要教学资金的支持，并且随着新技术的涌现和技术课程的发展，更需要一定的资金来让技术课程适应社会发展的趋势。

（三）教师人才的保障

技术是一门综合的专业学科，不仅需要教师具有师范院校的教育学专业背景，更需要教师具有非师范专业的工科专业背景，因此，教师的专业技术发展就十分重要。通过培训、继续教育、参观交流等方式可以保证专业技术的提高以适应技术学科的教学需求。

（四）课程开设保障

我校是一所十五年一贯制学校，从幼儿园、小学、中学到高中的逐层展开、由浅入深的学科课程设计是一体化的技术学科课程重要保障。

幼儿园从儿童的年龄和心理出发，由浅入深地开设综合实践活动，培养儿童的动手能力和设计创新意识。

小学通过信息课、科学课、课外活动等系统地培养学生的技术设计和技术实践的能力和意识。

中学以劳技课和信息课为主，以高中课程标准为依据，系统地设计和开设相关课程，设计有效的评价标准。

高中通过信息技术和通用技术课程，从专业技术的角度系统地培养和提高学生的设计实践能力和创新的意识。

（丁立华　李　怡　乔乐博）